# 東アジア連携の道をひらく

## 脱炭素社会・エネルギー・食料

進藤榮一・朽木昭文・松下和夫 共編
国際アジア共同体学会 編集協力

花伝社

東アジア連携の道をひらく——脱炭素社会・エネルギー・食料◆目次

## Ⅳ部　食料自給は国境を超える——食料安全保障共同体の構築へ



### コラム

（編者注）

第Ⅱ部では「脱炭素」と「低炭素」という用語が混在するが、パリ協定の目指す社会は「脱炭素社会」であるので、第Ⅱ部の表題では「脱炭素共同体」という用語を用いた。

# はじめに 「脱 大日本主義」のすすめ

鳩山友紀夫（元内閣総理大臣・東アジア共同体研究所理事長）

世界は今、ナショナリズムとポピュリズムの異常拡張期にあります。いかにしてこれに歯止めをかけるのか、民主主義国家は共通の困難に直面しています。格差拡大と貧困で国が分断されるグローバリゼーション・ファティーグ（疲労）に陥っているのです。その分断された社会に対して、ナショナリズムを鼓吹し統合しようとする政治勢力が勢いを強めています。日本でも同じです。

ナショナリズムによる排外的政策は、国家間の緊張をいやがうえにも増していきます。私は、東アジアでのナショナリズムの相克を回避するには、一方でグローバリズムの弊害を抑制し、他方で周辺諸国との協調を重視するリージョナリズム、すなわち「開かれた地域主義」にこそ「解」があると考え、日本が東アジア共同体構想の推進に指導力を発揮すべきと主唱してきました。そしてこの共同体構想を推進していくためには、環境、エネルギー、食料など、地域に共通の課題の議論を進めていく常設の会議体が必要だと提案してきました。

明治以来の大日本主義的志向は、敗戦後も「経済大国から政治大国へ」の夢として続いてきました。しかし中国をはじめ新興国の台頭で、世界経済における日本の相対的地位は年々低下し、人口減少と低成長経済は続いています。経済的にも政治的にも、大国の夢は幻に終わりつつあります。

もし今世紀の日本が中規模国家化の宿命を避けることができないのであるなら、ミドルパワーとして何をなすべきか、「大日本主義」ではなく、「脱 大日本主義」の国家構想が問われる時代を迎えているのです。

「脱 大日本主義」の選択は、日本の政治と経済に新たな地平を拓くことにつながります。東アジア地域との連携に努めながら、低成長下での新たな分配政策を実現する。成熟国家としてのモデルを世界に向けて打ち立てる。その時日本は、成熟期を迎える多くのミドルパワー諸国の模範として世界から尊敬のまなざしを向けられましょう。

東アジア共同体構想はまさに、「脱 大日本主義」の国家構想としてその意義を新たにしているのです。

# 序章　アジア人間安全保障共同体への道

進藤榮一（アジア連合大学院機構理事長）

**ポイント**
○覇権国主導のグローバリズムの共通リスクにどう対応するのか。
○ネットワーク分業がつくるアジア経済一体化の共通利益がデファクトの地域統合を進める。
○21世紀共生ゲーム下、非伝統的安全保障領域でデファクトの連携を積み上げていく。

## 一　グローバリズムがつくる〝共通リスク〟

### 米韓FTAとNAFTAの帰結――アジア型FTAへ

「私たちは日本に、米韓FTAの二の舞を演じてもらいたくないのです、それは、アメリカとチェボル（財閥）のための自由貿易なのですよ」――。韓国有数の市民団体「参与連帯」の事務局長は、私たちにそう語った。壁には「経世済民」の額がかかっている。米韓FTA締結（2009年）の翌年のことだ。

覇権国主導の自由貿易協定（FTA）がいま米韓FTAの帰結として、韓国経済に黒く長い影を落としている。確かに李明博《イ・ミョンバク》政権はウォン安を利用し、米韓FTAをはじめ積極的な海外通商開放政策を推進し、貿易黒字を稼ぎ出した。高度経済成長を成し遂げ、現代自動車など超巨大企業は収益を上げた。しかしその対外通商開放政策の影で、農村部は疲弊し、貧富の差は拡大して少子化が進展した。若者は非正規雇用で使い捨てられ、非婚率と自殺率で日本をしのぎ、先進国中で最悪水準にある。その影が、朴槿恵《パク・クネ》政権を退陣させ、文在寅《ムン・ジェイン》政権を登場させた。

覇権国主導のFTAが、国境を超えた規制の緩和と撤廃を進め、地域社会を崩壊させていく。その格好の例証だ。

しかもその先例は、北米自由貿易協定（NAFTA）下のメキシコにも見ることができる。1994年、NAFTA締結後、貧富の差を示すジニ係数は今日0・51にまで上昇し、格差でも相対的貧困率でも、世界最悪水準にある。

疑いもなく米国主導のグローバリズムの波は、NAFTAを介してメキシコ社会を襲った。GDPは膨れたけれども、米系アグリ多国籍企業が参入し、土着資本が淘汰されて伝統農業が崩壊した。そして土地を失った農民たちが、不法移民として米国に流入し続ける。

その同じNAFTAが米国製造業を空洞化させ、米国の労働者から職を奪い、格差拡大と貧困化が進み、民衆の反逆を引き出していく。その反逆が、トランプ大統領を誕生させた。NAFTAという自由貿易の「制度的欠陥／デフィシエンシー」（アペンディーニ）の帰結である。

覇権国主導のグローバリズムは、貧困と格差を国境を超えて溢れ出させていく。

そこから私たちは、生産大工程を軸にネットワーク分業によって結ばれるアジア型のFTAと、金融サービスと医薬品とアグリビジネスを軸にグローバリズムを推し進める覇権国主導のFTAとの、本来的な異質さを見ることができる。

前者は、諸国家間の発展段階を考慮し、緩やかな国境措置（関税）の縮小削減による自由貿易体制構築の道だ。関税の撤廃よりもむしろ、域内共同開発を進め、港湾や道路、情報網を建設整備し、国々と社会間の連結性（コネクティビティー）を強めていく。

その時改めて、関税の限りない撤廃を軸にしたTPPと、米韓FTAやNAFTAに共通する米国型FTAの陥穽が見えてくる。覇権国家とグローバル企業主導の自由貿易体制の陥穽だ。問われているのはだから、だれのための、何のための自由貿易かという、交易のあり方自体を問う政策知だ。その政策知が、TPPとは異質な、もう一つのFTAと地域協力のあり方を浮上させて、いまRCEP（東アジア地域包括的経済連携）の形をとってあらわれている。

アメリカン・グローバリズムの共通リスクが、1997年のアジア通貨危機以来、アジア地域統合に向けたデファクト（事実上）の動きを潜在的につくり続けた。その動きを、2008年グローバル金融危機が強めた。そして皮肉にも、米国トランプ政権が打ち出したTPP離脱

図表1　デファクトのアジア地域統合の進展

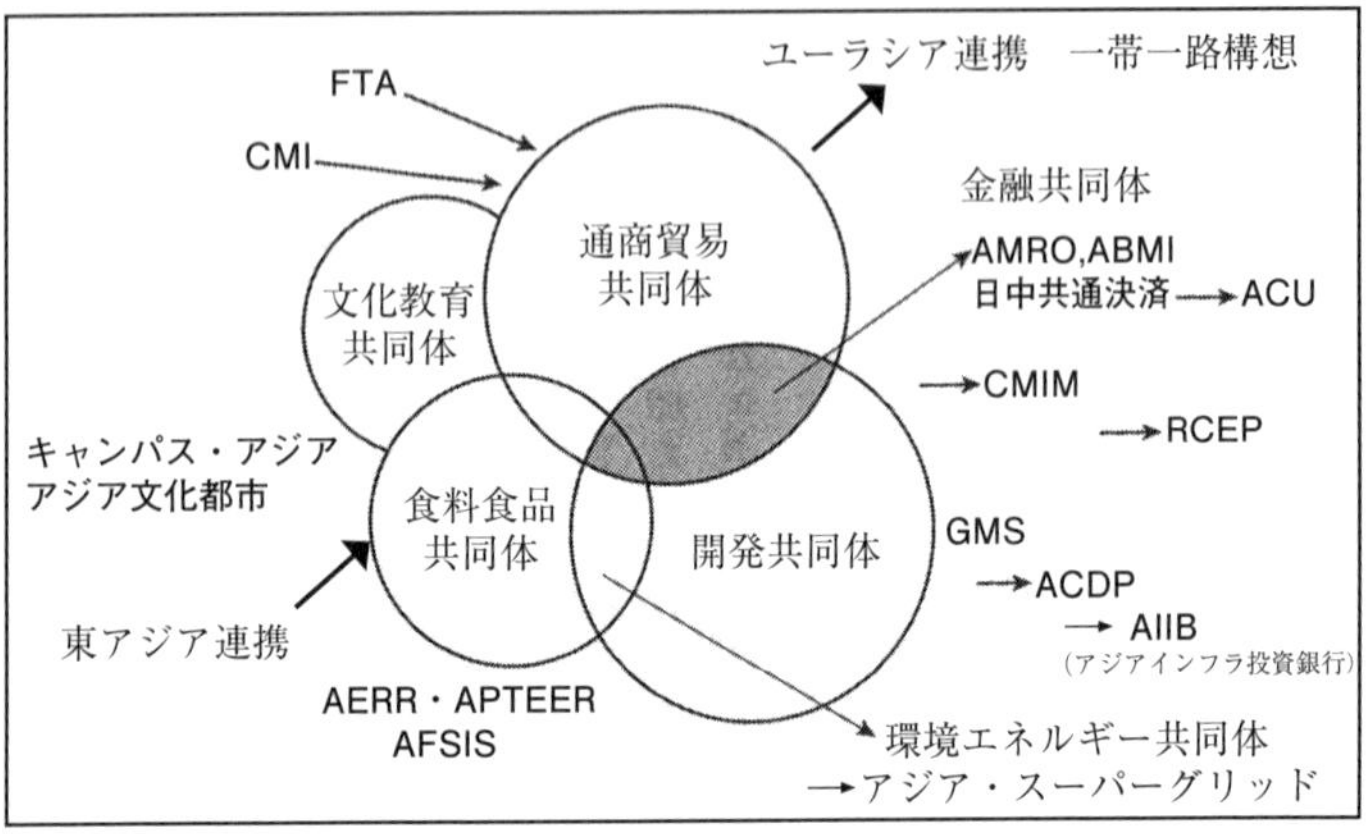


出典：『アジア力の世紀』184頁、図表5・5改訂

が、アジア地域統合を再始動させ、TPPではなく、RCEPへの道を開き始めている。

米国がTPPに復帰する可能性は、いっさいない。TPP加盟12カ国GDP総量の6割を超える米国抜きで、TPP11を進める意味もまた、ない。私たちはその現実を直視するところから出直さなくてはならない。

求められているのはだから、覇権国主導のグローバリズムの共通リスクに対して、アジアがデファクトの地域統合の仕組みをどう進めていくかだ、と言い換えてもよい（図表1）。

## 二　ネットワーク分業がつくる〝共通の利益〟

### 進展する「アジア経済一体化」

第二に指摘されるべき現実は、冷戦終結以後、アジア経済が急速な発展を見せ、「経済一体化」が進展している現実である。その現実がアジア地域統合の動きを促し続ける。21世紀情報革命が生み出した生産工程における部品組み立て生産様式（モジュール・アーキテクチャー化）が、その動きを支える。「一台のクルマが数カ国で作られる」ネットワーク分業化である。その動きが、ＡＳＥＡＮと日中韓三国の相互補完関係を一層強めて、相互依存関係を深化させる。

東アジアの発展モデルは、１９８０年代中葉までの太平洋トライアングルから、２０００年代以降に東アジア・トライアングルへと変容した。

巨大な米国市場を最終需要地とした太平洋主軸の対米依存型の発展モデルから、中国やＡＳＥＡＮを生産拠点にアジア域内交易の進展による東アジア主軸の発展モデルへの変容である。

その変容が、アジア生産通商共同体を生成発展させて、デファクトのアジア地域統合を推し進めた。欧州統合が辿ってきた、デユーレ（法制度的）の地域統合モデルとは異質な地域統合のかたちだ。

図表２　日本の対外貿易依存度の比較

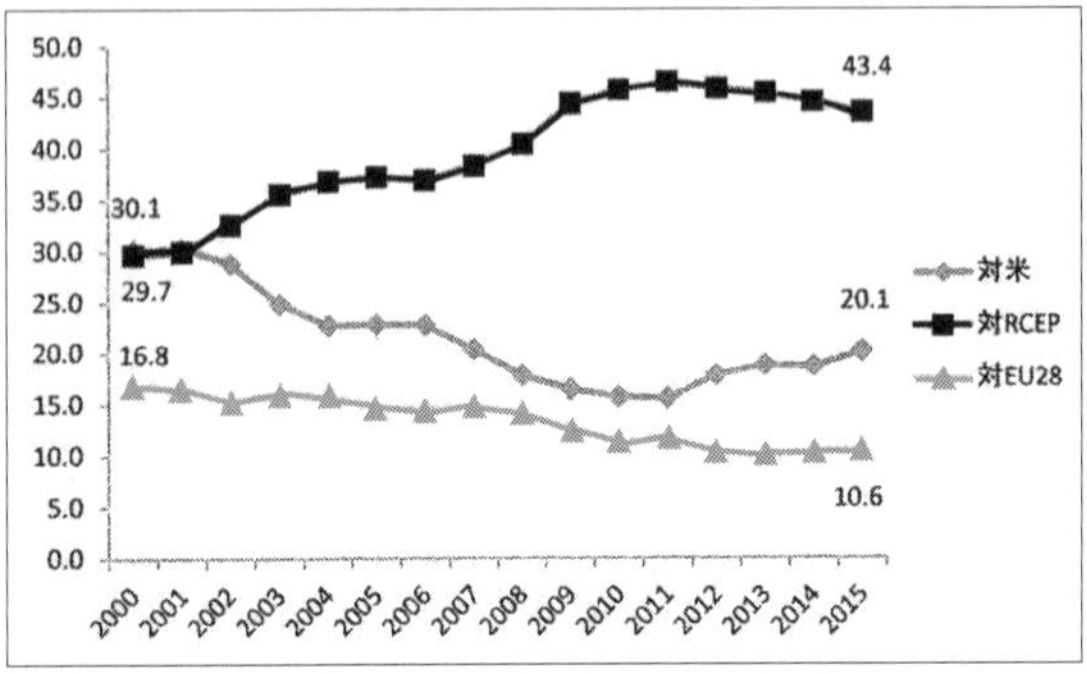


資料：IMF, Global Trade Atlas により作成

１９８０年から２０１３年にかけ三大経済圏の域内貿易は、ＥＵ28カ国が５兆３９６８億ドルで６・６倍増、ＮＡＦＴＡが２兆２９３４億ドルで10・５倍増に対して、東アジアは４兆８２５０億ドルで28・６倍増を記録していた。それを、ＥＵ、ＮＡＦＴＡ、ＥＡ（東アジア圏域）の三大経済圏の逆転変容といってよい。その逆転変容の中で、日本の対米貿易依存度と対ＲＣＥＰ（ＡＳＥＡＮ＋６）との差もまた逆転変容している（図表２）。

それにもかかわらず、日本のメディアや政策担当者の多くは、いまだこの逆転変容の現実を読み取ることができず、日米同盟基軸論の中でしか、通商国家日本の道を位置づけることができずにいる。しかも、その逆転変容に支えられたデファクトの東アジア地域統合の発展統合のかたちは、２０００年代中葉以降、次のような三様の基軸展開を見せている。

## 生成発展するアジア地域統合

第一に、中間財を中心にＡＳＥＡＮが、域内生産ネットワークの中心に躍り出たこと。ＡＥＡＮ域内生産ネットワーク化の動きは、２０１５年末のＡＳＥＡＮ経済共同体（ＡＥＣ）発足に結実した。小国連合の牽引する地域統合プロセスである。

第二に、その域内生産ネットワークの形成発展のプロセスの主導役が、２０００年代中葉を境に、かつての日本から中国に代わっていたこと。それに伴ってアジアの発展と地域統合の主軸が、日・ＡＳＥＡＮの経済紐帯から中・ＡＳＥＡＮの経済紐帯に転移するに至っていること。

第三に、東アジア・トライアングルの新機軸は、アジア統合の中国主導体制への展開に止まらず、それを超えて、アジア通商生産ネットワークの領域を、伝統的な東アジア領域から、西方のインドやバングラデシュを含む広域アジアへと拡延させ始めていること。

かくて中国ＡＳＥＡＮ関係という太い連携軸を中心に、東に日韓台とのトライアングル、西にインドやバングラデシュとのトライアングルを抱えた広域アジア・ダイアモンド構造を、アジア生産通商共同体として生成発展させ、デ

図表３　アジア経済のダイアモンド構造

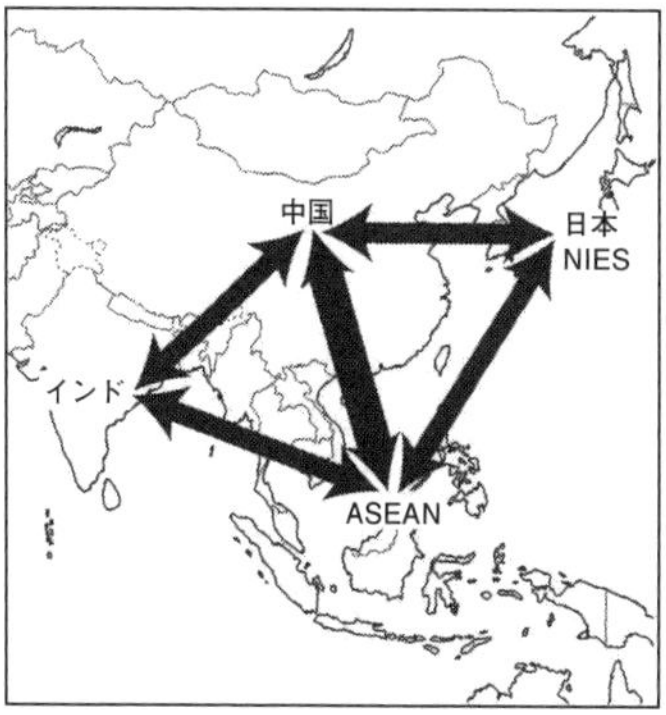


出典：『アメリカ帝国の終焉』185 頁、図表 3-13 再録

ファクトのアジア地域統合を推し進めている。

それが、緩やかな形であれ、インドだけでなく豪州やニュージーランドを含めた「ASEAN＋3（日中韓）＋3（印、豪、ニュージーランド）」からなる、RCEPへの動きを始動させ続ける（図表3）。

## 三　欧州統合とアジア地域統合

### 欧州モデルとの違い——開かれた地域主義へ

人々はしばしば、欧州では地域共同体をつくることができるけれども、アジアでは無理だ。欧州の場合、国々の発展段階も同じで、格差は小さく、政治体制の違いも歴史問題もない。同質的な欧州の統合原理を、異質なアジアに当てはめることはできない、というのである。

しかしもし私たちが、発展段階の違いが持つ相互補完性や、体制の違いが持つ潜在性に目を向けるなら、アジアの格差や体制の違いはむしろ、地域統合の阻害要因としてよりも、推進要因として機能する現実が見えてくる。

加えて私たちが、20世紀工業革命下で発出した欧州統合と違って、アジア地域統合が、21世紀情報革命下で展開する現実に目を向けるなら、アジアにあっては地域統合が、格差と体制の違いを逆に乗り越える動きを動力に展開する、開かれた地域統合メカニズムが見えてくる。その開かれたアジア型地域統合のメカニズムが、90年代末以来、ＡＳＥＡＮに先導されながら、日中韓がそれに協力することによって、遅遅としながら着実に進み続ける。

## アジア発展格差の逆説

そもそも人間にしろ国家にしろ、互いを結びつけるものは、互いが互いを必要とし、互いに惹き合う、いわば相互引力の原理が働くことから来ている。その原理は私たちに、同質的なものが、必ずしも相互連繋の条件として機能せず、むしろ異質なものが互いに惹き合う現実に目を向けさせる。同質的な相互競合と相互依存ではなく、異質な相互補完と相互依存が、国家間と社会間の連繋原理として機能する現実である。

実際、東アジア地域にあって、諸国家間は、資本と市場と生産における差異性と格差の大きさをバネに繋がって、統合の経済社会基盤をつくり上げている。

すなわち、余剰な資本を持つ先進国が、貧しい資本不足国に、開発援助と直接投資の形で、資本を供与し投下する。先進国は、途上国の安い労働力を利用すべく、現地に工場を建設（プラント輸出）し、現地生産を進める。途上国は、先進国からの企業進出によって、雇用を増大させ、所得水準を上げていく。

しかも途上国の所得水準が上がればそれだけ、途上国社会は豊かになり、市民的諸活力を活性化させ、同時に国内市場を拡大させる。途上国市場が拡大すれば、先進国の最終商品の販売先（輸出先）が広がり、先進国企業の販路は拡大し、総体として先進国も豊かになる。先進国と途上国とのＷＩＮ・ＷＩＮ関係の構築深化である。

## 経済発展が促す政治発展

加えて途上国社会の経済発展は、市民社会を育んで政治発展を促す。実際、フィリピンからインドネシア、タイまで、ＡＳＥＡＮ原加盟5カ国は、67年発足時に非民主主義国として一党支配体制――開発独裁体制――下に置かれていた。しかし半世紀を経て、それぞれの国が、経済発展とともに脱開発独裁体制化の道を進めている。同じことは、ベトナムやラオスなどインドシナ4国についてもいえる。その直近の事例が、ミャンマーの政治発展だろう。

かくして格差が生む相互補完性は、地域共同体形成にとって不可欠の「共通利益」をつくる。マックス・ウェーバーに従うなら、共同体は、村であれ地域や国であれ、2つの要素――ゲゼルシャフト（利益共同体）とゲマインシャフト（理念共同体）――からつくられる。そのゲゼルシャフト、つまり「共通利益」を、相互補完するアジアがつくる。

しかも新自由主義（ネオリベ）下で格差を深化させるアメリカニズムではなく、包摂的《インクルーシヴ》な発展を志向するアジア的共生原理が、地域共同体のゲマインシャフトとして生成し始める。カジノ金融資本主義を軸にした覇権国主導の「ワシントン・コンセンサス」から、ＩｏＴ（モノのインターネット）革命下でアジア型ものづくりを求める「アジア・コンセンサス」への胎動だ。

かくてG・ラックマンが指摘するように、地球軸がウェスタニゼーション（西洋化）からイースタニゼーション（東洋化）へと転移する。

確かにグローバル金融危機以来、米日欧など先進諸国は長期にわたって超低金利政策を取り続けている。しかし、だからといって資本主義が〝終焉〟しているのではない。新しい資本主義が、空間的定位を求めて新興国へと〝ジャンプ〟し、資本主義が形を変えて〝再興〟し続けているのだ。ジョバンニ・アリギが『北京のアダム・スミス』で明らかにし、進藤が『アメリカ帝国の終焉』で実証した歴史構造の転移だ。

## 後発国を抱えた不均質なアジア

第三に指摘されるべきことは、東アジア地域協力の制度化の動きが、通商や金融という経済機能面からだけでなく、域内インフラの開発整備という社会的な経済機能面からもまた進展し続けることである。建設共同体もしくは開発共同体の形成によってデファクトのアジア地域統合が進む動きである。

ここでも地域統合に関してアジアは、欧州と違った特質を持っている。アジア型地域特有の、第三の統合メカニズムである。そのアジア特有のメカニズム、もしくは欧亜の統合メカニズムの違いは、生産か開発かという資本主義発展段階の主軸の違いを比較した時に見えてくる。

欧州の場合、少なくとも90年代の拡大EU以前にあっては、均質な先進工業社会からなっていた。そのため地域協力は、鉄鋼や石炭などの工業資源の共同生産管理を端緒として、「生産共同体」として出発した。1950年発足の欧州石炭鉄鋼共同体以後の欧州統合の歴史だ。

それに対してアジアの場合、発展段階の遅れた途上国社会を抱え込んでいるために、地域協力の制度化は、基本的に「開発共同体」として展開していく。すなわち域内先進国が、途上国の貧弱な社会インフラの整備強化に協力し、遅れた後発地域を共同開発して、時に先進国の農業技術支援によって後発国の農業生産性を高めていくという、開発共同体としてである。

アジアの場合、広大な地域的空間が海洋や山岳、砂漠や河川で分断され、道路港湾など社会インフラが劣悪である。その点では地続きで、しかもインフラが整備された先進的欧州と違う。そしてアジアの場合、特に東南アジアや南アジアの国々は、豊富な資源に恵まれ勤勉で安い労働力があるのに、いまだ資源や労働力を活用できず、いわゆる工程間分業のための生産ネットワークを組むことができずにいる。

この負の条件を取り除くために、2000年代以降アジアでは「コネクティヴィティ」を合言葉に辺境と辺境をつないで、開発と流通のネットワークをつくり始めた。それによって〝辺境〟を〝中心〟――もしくは〝地域内中心〟――に変え、地域統合のダイナミズムを辺境からつくり上げようとしている。アジア特有の地域統合のダイナミズムだ。

一方で、アジア30億の人口が、発展の阻害要因（オーナス）ではなく、中所得層の爆発的増大によって促進要因（ボーナス）として機能し続ける。他方で、海洋や山岳で分断されたアジアの空間もまた、情報技術革命下で、オーナスからボーナスへと逆転機能し始める。その2つの、人口と空間のボーナスが、国際社会の主軸を新興アジアへと転移させ続ける。

連結性強化によっていま、開発と流通のネットワークがつくられる。そのネットワークが、中国主導下の「一帯一路」構想の持つ巨大な潜在性だ。それが、アジアインフラ投資銀行（AIIB）のつくる多国間金融支援によって最大化されようとしている。

そこでは、発展した豊かな先進国が、発展の遅れた貧しい途上国に、豊富な資本と技術を供与する。そして流通と生産のインフラを整備し、産業力を強め、市場を拡大し域内外に「共通利益」をつくり上げる。アジア型ゲゼルシャフト（利益共同体）を構築していく構図である。

しかもインフラ整備に向けた中国との協力事業それ自体が、中国国内の〝軍産エネルギー複合体〟の台頭を内側からそぐ潜在的抑止力としてまた機能し、不戦共同体の形成を促していく。

かつて森嶋通夫博士は、東アジア共同体の構築の主軸は「建設共同体」であると喝破した。まさにそれは、上記に見た「開発共同体」としての東アジア共同体構想の具現化シナリオに通底する。

## 四　アジア人間安全保障共同体へ

### 軍事安全保障の機能不全

21世紀アジアで、もはや安全保障概念は同盟と軍事力を軸にした伝統的な軍事安全保障ではとらえ切ることができなくなった。

グローバル化の波は一方で、国々の経済社会的な相互依存関係を深化させ「不戦の世紀」をつくり始めた。軍事力行使に伴うコストが、ベネフィット（利得）を圧倒し続けている。それが、冷戦終焉以後、アメリカ帝国の終焉を促し続けている。

しかしグローバル化の波は他方で、貧困や飢餓をつくり、テロや海賊の横行を生む。鳥インフルや急性感染症、さらには排ガスの生む粉塵群（ＰＭ２・５）による環境大気汚染のリスクを拡大させる。国境を超えて人々の生活や生存が脅かされる事態が現出し始めたのである。

それに、津波や巨大地震など自然災害や原発事故がもたらす共通リスク群が加わる。アジア太平洋プレートは今日、巨大な地殻変動期に入っている。最近25年間（１９７８―２００８年）に、死者2万人以上出した巨大災害10個の7割、死者総数１０３万7千人の75％は、広義のアジア地域が占める。それに四川大地震やフクシマの惨劇が加わる。

しかも、新興アジアを軸に激増する人口と過剰な生産消費が「フラットでホットでクラウディド」(フリードマン)な世界をつくり、地球温暖化を進める。しかもその背後で、貧困と飢餓と食糧危機が進展し、エネルギー危機を潜在させていく。その危機に、終わることのない原発被害を加えることもできる。

それらは、アジア地域特有の非軍事的リスク群だ。覇権国が戦争・軍事と金融・経済の両面でつくるグローバリズムのリスク群とは、異質なリスク群だ。

貧困や低開発、人口爆発や環境汚染から、巨大自然災害や原発事故に及ぶ。アジアの国々は、そのもう一つのリスク群に対処するため、いま共通の仕組みをつくるべき時がきている。まさにそれが、フクシマの教訓だ。21世紀サステナビリティー(持続可能/共生)ゲームを生き抜く私たちの知恵である。

伝統的な国家安全保障から非伝統的な人間安全保障への転換が、中国・北朝鮮〝脅威論〟の背後で促され続けている。その転換が、アマルティア・センと緒方貞子が起草した1994年「国連人間安全保障報告」に集約される。それが、アジア地域共通のリスク群を軸に、アジア地域共同体を創成していく動きに連動する。

## 協働安全保障の道

いまや共産主義であれイスラムであれ「異形の他者」の排除と、軍事力強化や軍事抑止を前提にした、伝統的軍事安全保障論は、貧困やテロ、飢餓や環境劣化、エネルギー危機を前に機能不全と化す現実を露わにするに至った。領土や資源や覇権の最大化を求めるテリトリー（領土争奪）ゲームが機能する世紀は、限りなく過去のものとなり続けている。求められているのは、領土や資源問題の〝棚上げ〟であり共同開発の道だ。

「異形の他者」を包摂して緊張緩和と軍縮を進め、地球環境との共生を図ること。内と外の人間安全保障の最大化を図るサステナビリティー・ゲームの世紀を生き抜くことである。

軍事力と軍事同盟中心の伝統的安全保障から、環境、エネルギー、食料を軸とした非伝統的安全保障への転移である。軍事力の拡大強化を手段とし、爆撃や制裁、排除による伝統的な軍事安全保障論ではない。環境やエネルギー、食料、防災、開発など非伝統的安全保障領域での協力協働関係の構築深化を目的とした協働安全保障論への転移だ。

その転移に向けた政策知がいま、地域協力の制度化による東アジア連携の道を求め続けている。

**より学びたい人は**

進藤榮一『東アジア共同体をどうつくるか』ちくま新書、２００７年。
同『国際公共政策――新しい社会へ』日本経済評論社、２０１０年。
同『アジア力の世紀』岩波新書、２０１３年。
同『アメリカ帝国の終焉――勃興するアジアと多極化世界』講談社新書、２０１７年。

# Ⅰ部

# 東アジア地域統合の道

# 1章　東アジア経済連携の課題

石田信隆（農林中金総合研究所前理事・研究員、一橋大学客員教授）

**ポイント**

○トランプ政権の登場は、日本にとって自立した戦略を持つことを必須にする。
○TPPで米国が追求したのは単なる自由化ではなく、米国発グローバル資本の覇権である。
○今後の経済連携では、公正・全体最適な国際的枠組みが求められる。

## 一　トランプの時代と日本

トランプ米大統領は2017年1月の就任早々、米国第一主義を標榜してTPPからの離脱を断行した。また中東など7カ国からの入国制限、パリ協定離脱、自らに批判的なマスコミ攻撃などで批判と混乱を呼んでいるほか、FBI長官解任問題やロシアとの関係をめぐる疑惑など政権の基盤を突き崩しかねない問題を払拭できないでいる。

新政権の対外政策は、多国間の枠組みよりは直接交渉によって米国の利益を獲得するもので、NAFTA（北米自由貿易協定）や韓米FTAについては再交渉を行う方針を打ち出した。日本に対してても日米FTA交渉が提起される可能性があり、それを含めて、日本に対して経済面でTPP以上の要求をしてくるだろう。すでに米国の農業団体も、TPPで日本から獲得するはずであった利益を実現するよう、新政権に要望を出している。政治的には、新政権は「世界の警察官」の地位から降りて、平和、民主主義、人権、国際協調などの価値よりも米国の利益を優先する行動をとるだろう。

安倍晋三首相はいち早く訪米し、2月10日に日米首脳会談が行われた。共同声明や共同記者会見によれば、日米安保条約の尖閣諸島への適用が確認され、防衛協力の拡大が謳われた。また日米経済関係については二国間の枠組みに関して議論を行うとされ、両国による分野横断的な経済対話を実施することとなり、4月には第1回の日米経済対話が実施された。

トランプ大統領の登場は、新興国の成長で米国の地位が相対的に低下する結果起こる「パクス・アメリカーナ（アメリカによる平和）の終わりの始まり」である。それは、米国が世界秩序全般を取り仕切る立場から降りて、一つの巨大なプレーヤーになることを意味し、日本も、内外政策の全面的な見直しが必要になる。従来のように「強固な日米同盟関係」に依拠するのではなく、独立国としてのビジョン、戦略、主張、交渉力が必須である。

## 二　日本の経済連携戦略における戦略性の欠如

しかし、日本の経済連携戦略は、このような世界の変化に対応することができず、混迷の度を深めているように見える。

安倍政権の経済政策「アベノミクス」は、「大胆な金融政策」「機動的な財政政策」「成長戦略」の3つを「三本の矢」として掲げた。そのなかでもっとも重要な「成長戦略」は、規制改革とTPPを主な内容としていた。しかし規制改革は、公共政策の意義を否定する原理主義的な推進に加え、不透明で癒着が疑われる国家戦略特区をめぐる問題も表面化して、成長戦略としての意味を失っている。加えてTPPも、米国の離脱によって、成長戦略としての前提が消失したのである。それにもかかわらず日本は、米国抜きでTPPの発効を急いでいる。これは、米国をTPPに呼び戻すことに賭ける奇妙な政策であるだけでなく、米国を含むがゆえにTPPのメリットがあるとしてきた政府の説明とも矛盾する。TPP11では、従来の政府説明を前提しても、日本にとって利益があるとはいえないはずである。

さらに、2017年7月には、日欧EPA（経済連携協定）の「大枠合意」が行われた。これは、チーズやワインなど、国内市場の拡大が期待できる数少ない分野で大幅な市場開放を行うこと、豚肉などTPP合意の水準まで譲歩することなど、日本側にとって、農業分野で無視しえない被害が予想されるものである。反面、ＥＵの自動車関税は8年後から撤廃されるなど、日本のメリットは、韓欧ＥＰＡにおける韓国と比較しても少ない。今回の大枠合意は、日欧間で利害のバランスが著しく偏っているように見えるのである。

このような日本の経済連携の底流に流れる考え方は、自由化度の高い協定を結ぶことがよいとする単純なものであり、それはＲＣＥＰ（東アジア地域包括的経済連携）交渉のスタンスにおいても顕著に表れている。しかし、それは現状からみて、むしろ日本の戦略性の欠如を表すものというべきである。以下、そのことを、経済連携の歴史をたどりつつ明らかにしたい。

## 三　世界の貿易交渉はどう変わってきたか

戦後長い間、世界の貿易交渉は、加盟国のコンセンサスによって物事を決めるＧＡＴＴ（関税貿易一般協定）・ＷＴＯ（世界貿易機関）が主要な舞台であった。米国とＥＵはその主要なプレーヤーであったが、２００1年に始まったＷＴＯドーハ・ラウンドは、成長著しい途上国と先進国の対立が先鋭になり、漂流を続けている。

その中で、個別国間でのＦＴＡが拡大した。１９９4年には巨大なＮＡＦＴＡが発効し、米国はさらに、それを南北アメリカ大陸に拡大するＦＴＡＡ（米州自由貿易地域）を推進した。ＦＴＡＡは、関税撤廃だけでなく投資、政府調達、知的財産権等の幅広いルールを決める点で

ＴＰＰとよく似たものであったが、ブラジルなど途上国の反発で、２０００年代に入り交渉は破たんした。その後、米国が成長著しいアジアに着目して推進したのが、ＴＰＰであった。

今日の米国の貿易交渉は、単なる自由化交渉ではない。関税引下げと投資等のルールを定めてグローバル資本が活動しやすい多国間の枠組みを構築する、「米国流グローバリズム」ともいうべきものが追求されている。これは、国境を無意味化するものではない。むしろ、米国発のグローバル資本の覇権の強大化を図るものであったことは、ＴＰＰ交渉を見ても明らかである。そしてトランプ新政権は、多国間枠組み構築に努力するよりは、頭抜けたスーパーパワーとして、米国の利益のために個別国間の直接交渉を展開することになるだろう。

一方アジアでは、多様性を認めつつ相互の発展を図る連携が広がっている。自由貿易地域を創設したＡＳＥＡＮと結びつくＡＳＥＡＮ＋１のＦＴＡが拡大し、それは、ＲＣＥＰの結実に向けた原動力となっている。また欧州では、ＥＵの高度な統合が完成した。ＥＵは英国の離脱、一部加盟国の経済危機、経済格差の拡大が惹起したテロ、難民流入などの問題を抱えるが、民主主義、平等、人権などの高い理念に結ばれた平和な地域統合の意義は褪せていないし、ＥＵ市民はさまざまな問題に対して、理性的・倫理的に対処しようとしているように見える。

## 四　日本の経済連携の今後の課題

図1　経済連携をめぐる2つの対立軸と4つの方向

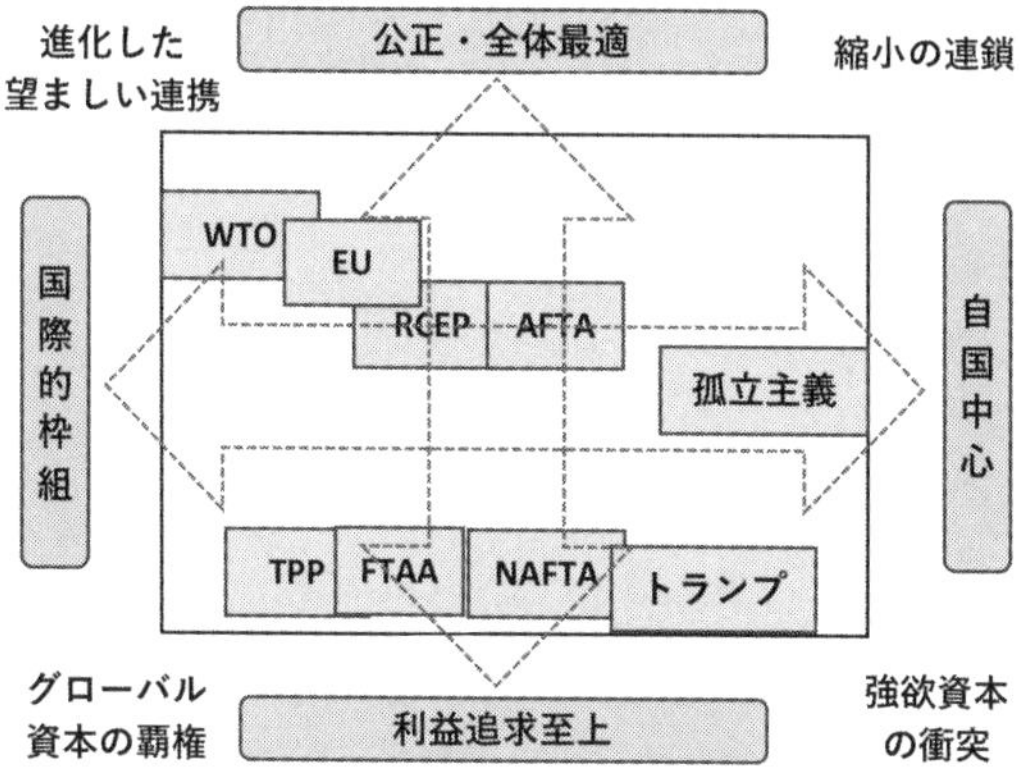


こうして見ると、今世界が直面するのは、「自由貿易か保護主義か」という岐路ではない。国際的枠組み重視か自国主義かという対立軸に加え、利益追求至上主義か公正で全体最適な（環境・食料主権・公共福祉・途上国も考慮した）連携かという対立軸も重要だ（図1）。

トランプの時代を迎え日本には何が求められるのか。第一に、TPPに代表される米国流グローバリズムのルールではなく、図に表したような「進化した望ましい連携」をめざすべきである。安倍政権は今なおTPP型のルールを推進する姿勢を変えていないが、それは、知的財産権やISDS（投資家と国の間の紛争解決、Investor-State Dispute Settlement）をめぐるTPP交渉の中で明らかになったように、公正ではなく、米国などのグローバル企業を利するルールである。そのようなルールを前提とする経済連携交渉は行うべきではない。

第二に、ＴＰＰを前提とする経済成長戦略と外交を見直す必要がある。日本は、今世紀に最も成長するアジアに立脚し、アジアと共に成長する戦略を、成長戦略と経済連携の柱に据えるべきである。そして日本のアジア外交も、米国のアジア戦略に乗ってアジアの緊張を高めるのではなく、平和国家としての原点に立ち返って、アジアの緊張緩和と平和、繁栄のために率先して役割を果たすべきである。

第三に、本書が東アジア経済連携の柱の一つとして掲げる「食料」に関していえば、農政も「成長産業化」一辺倒の政策から、農業と農村を持続可能な姿に再編し、自然と調和した社会を生み出す包括的な目標を掲げる政策に転換すべきである。対外的には、多様な農業の共存を基礎に据えた貿易政策を構築するとともに、とくにアジアにおいて、共通する課題での協力をリードすべきである。アジアでは、すでにＡＳＥＡＮ＋３緊急米備蓄（ＡＰＴＥＲＲ）が制度化されているが、食料安全保障、食品の安全・安心、農業者や農民組織の育成、食品流通の制度とインフラ、特色ある産品を生み出す産地形成と高付加価値化、農林水産業と環境、経済成長の下での農村労働力の確保と農村社会の活性化、農山漁村の文化、農山漁村と観光など、共通する課題は多い。

アジア諸国が共通して直面することになる課題に対して、課題先進国でもある日本が率先して協力の枠組みを提起し、それと一体となった経済連携を推進することこそが、アジアにおける「進化した望ましい連携」を具体化する道である。

# 2章　ＦＴＡから多国間地域協力へ
## ――アメリカ・ファーストからアジア・ファーストの可能性

郭　洋春（立教大学経済学部教授）

ポイント
○トランプ政権の登場により、国際的協調主義＝自由貿易体制が揺らぎ始めている。
○トランプ政権は既に締結されているＮＡＦＴＡ、米韓ＦＴＡのような自由貿易協定をも一方的に再交渉・廃止しようとしている。
○米国による保護主義的通商政策を押しとどめるためには、アジアはＲＣＥＰなどのアジアを中心とした多国間地域協力体制を構築する必要がある。

### はじめに

2017年1月23日、トランプ米大統領はＴＰＰから離脱する大統領令に署名した。これにより7年以上にわたって交渉してきたＴＰＰは暗礁に乗り上げることになった。それに代わってトランプ政権が強調したのが、二国間交渉である。特に、ＮＡＦＴＡ（北米自由貿易協定）と米韓ＦＴＡについては、再交渉・見直しを示唆した。

そして、5月18日には正式にＮＡＦＴＡの再交渉に向けた手続きが開始された。ＵＳＴＲ（米通商代表部）のライトハイザー代表は書簡で議会に通知したことにより、議会との90日の協議期間を経て、8月16日以降に交渉が始まる見通しだ。

ライトハイザーは、ＮＡＦＴＡは米国の農業、投資サービス、エネルギー業界には成功だが、製造業にとってはそうではないと指摘し、「交渉の出発点として、ＮＡＦＴＡで機能している部分は基盤とし、機能していない部分については変更、改善する」[1]と述べ、年内の交渉完了を目指すとしている。

また米韓ＦＴＡについては、トランプ米大統領は、4月27日にロイター通信へのインタビューで米韓ＦＴＡは「おぞましい（horrible）協定」だとし、再交渉するか廃棄することを望むと発言した。さらに就任１００日目を迎えた4月29日には、米韓ＦＴＡをはじめ米国が結んだ20の貿易協定すべてを再検討する行政命令に署名した。これにより米韓ＦＴＡが再交渉されるのは確実となった。

トランプ政権が米韓ＦＴＡの見直し・廃止を主張する根拠は、米国の対韓国貿易赤字の増大だ。米国税調査局によると、米韓ＦＴＡ発効前の２０１１年には米国の対韓国貿易赤字は１３

2億ドルだったが、2016年には277億ドルへと実に2倍以上に増加した。こうした貿易不均衡を是正するために、米韓FTAを再交渉し、場合によっては見直し、廃止しようというのが、トランプ政権の通商政策=アメリカ・ファーストの実態だ。問題はトランプ政権が考える二国間貿易協定でどれだけ公正な貿易が保証されるのか、多国間貿易協定にはメリットがないのかについて、冷静かつ客観的な分析がなされていないことだ。

本章では、トランプ政権の登場によって危機に瀕しつつ自由貿易体制を既存のFTAの検討を通して、その意義を明らかにすることを目的とする。

## 一　トランプ政権下のFTA

### FTAの現状

FTA（Free Trade Agreement：自由貿易協定）は、2カ国以上の国や地域が相互に関税や輸入割当など、その他の貿易制限的な措置を一定の期間内に撤廃あるいは削減することを定めた協定である。関税や非関税障壁をなくすことで締結国・地域間で自由な貿易を実現し、貿易や投資の拡大を目指すものである。FTA相手国と取引のある企業にとっては、無関税で輸出入ができるようになり、消費者にとっても相手国産の製品や食品などが安く手に入るようになるなどのメリットが得られる。近年締結されるFTAは多くの場合、関税やサービス貿易の

表１　タイプ別地域協定

| | 有効な条項 | 輸送の自由 | 地域への適用 | 合計 |
|---|---|---|---|---|
| 関税同盟 | 10 | | 20 | 30 |
| 経済統合協定 | | 147 | | 147 |
| 自由貿易協定 | 16 | | 230 | 246 |
| 部分的範囲の協定 | 22 | | | 22 |
| 合計 | 48 | 147 | 250 | 445 |

出所：WTO
https://www.wto.org/english/docs_e/legal_e/gatt47_02_e.htm#articleXXIV

自由化だけでなく、投資、知的財産権、貿易の技術的障害（ＴＢＴ：Technical Barriers to Trade）など幅広い分野をカバーしている。

また、貿易協定といってもそのカバーする範囲は広く、ＷＴＯではそれらを総称してＲＴＡ（Regional Trade Agreement：地域貿易協定）と呼んでいる。その主な内容は、関税同盟30件、経済統合協定１４７件、自由貿易協定２４６件、部分的範囲の協定22件、計４４５件が締結されている[2]（表１）。

## 自由貿易体制下のＦＴＡ

１９９５年に発足したＷＴＯ（World Trade Organization：世界貿易機関）は、モノ・サービスなどの貿易がルールに基づいて円滑に行われることを助け、加盟国間の貿易紛争を解決し、自由で公正な貿易を進めるための多国間貿易交渉（ラウンド）を開催することを目的としている。[3]しかし、この間の経緯を見ると、およそ目的通りに進んでいるとは言えない。その具体的例が、１９９９年12月に米国シアトルで開催された第３回閣僚会議だ。Ｗ

TO発足後、本格的に自由貿易体制を協議する場として注目された同会議は、何をどこまで交渉するかについて、先進国間及び先進国と途上国間の立場の隔たりを埋めることができず、ラウンドの立ち上げに失敗した。

莫大な時間・労力を割いたにもかかわらず合意に至らなかった理由は、第一に自由貿易のメリットが実感できなくなっていること、第二に、ウルグアイ・ラウンドの時と比べ、貿易を取り巻く利害関係が複雑になっていることだ。[4]

特に先進国の間では、アンチダンピング、農業、労働などをめぐって、日・EUとアメリカとが対立した。農業については、国内・域内の農業保護を重視する日・EUと、輸出国として農産品の輸入自由化を求めるアメリカ、オーストラリアなどとの立場の隔たりが大きかった。先進国と開発途上国の対立では、ウルグアイ・ラウンドで、先進国が途上国に対しより一層の市場開放を求めていたのに対し、途上国はより公正な貿易を主張したが、シアトル閣僚会議ではその関係が逆転した。途上国は先進国に対し、一層の市場開放を求め始めたのだ。

また、途上国の一部しか参加できないグリーン・ルーム[5]での非公式少数国会合で実質的な議論が進められることへの反発もあった。参加国すべての合意によって決定するというWTOの「コンセンサス方式」と明らかに矛盾する意思決定過程だからだ。

こうした様々な要因により、シアトル閣僚会議では何ら成果を上げることができなかったのである。それは他方で、WTOが提唱する貿易自由化には限界があることを露呈させる結果

図１　貿易協定数の推移（1948－2017年）

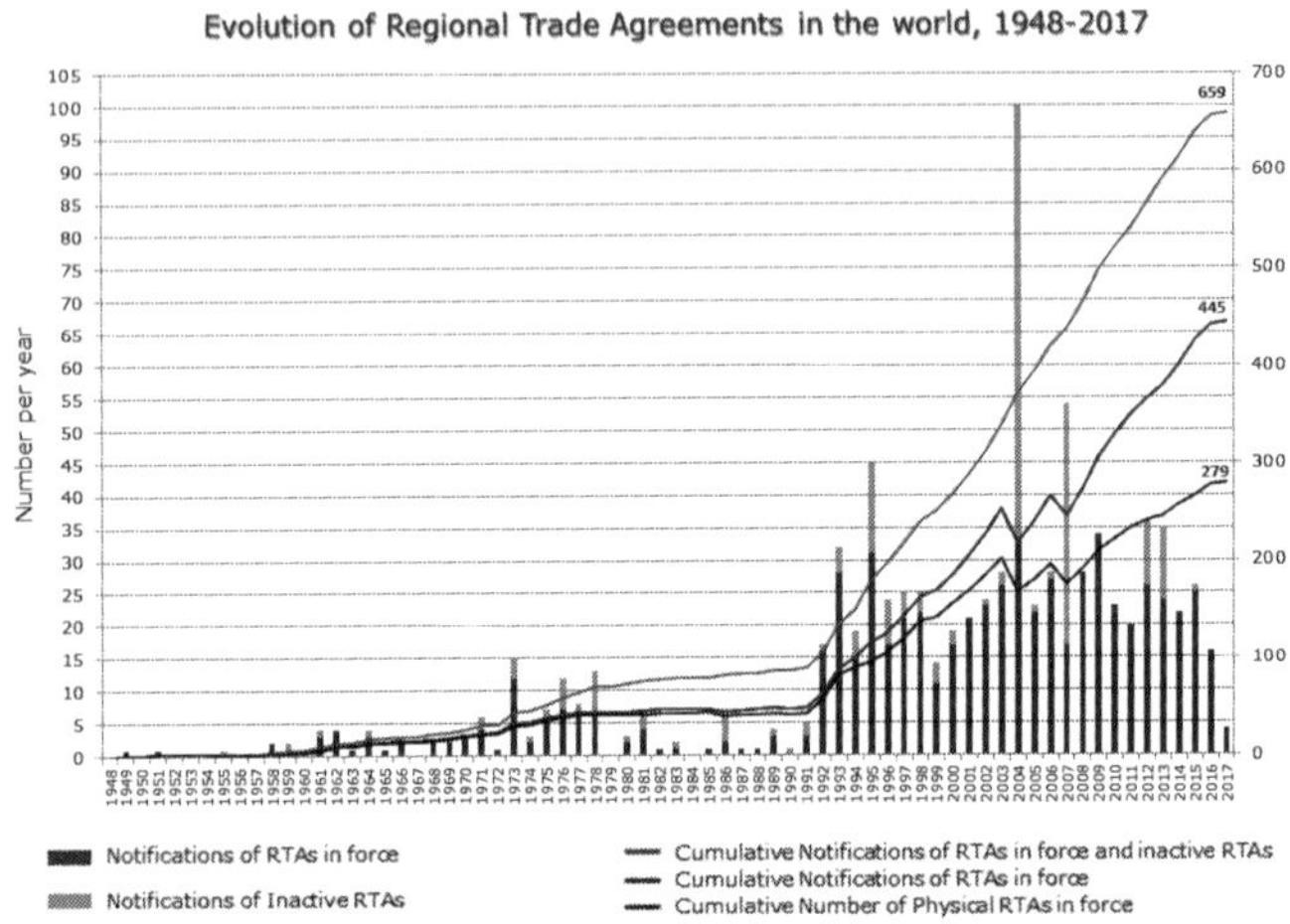


出所：WTO　https://www.WTO.org/english/tratop_e/region_e/regfac_e.htm

ともなった。それに代わって、注目され始めたのが二国間もしくは多国間による自由貿易協定＝ＦＴＡだ。二国間もしくは多国間による自由貿易協定は、外見上は保護主義的動きであるが、ＷＴＯ協定においては最恵国待遇（ＭＦＮ：Most-Favored-Nation Treatment）原則の例外として、モノの貿易についてはＧＡＴＴ第24条において定められている。[6]

その結果、図１に示す通りＷＴＯ発足以降、急速にＦＴＡの締結数が増大することになった。では、ＷＴＯ体制下でＦＴＡにはどのような意義があるのか、次節で見ていくことにする。

## ＷＴＯ体制下でのＦＴＡの意義

ＷＴＯ発足以降、急速に増加しているＦＴ

Ａであるが、そのメリットは以下の通りだ。第一に外交・安全保障問題だ。冷戦終了後、経済のグローバル化が急速に進展する中で、各国経済は、グローバル競争に直面することとなった。このグローバル競争に国家として適切に対処し、国力を強めることは、国民国家・国民経済の繁栄を維持すると同時に、外交・安全保障上重要な要素となる。

さらに、世界的規模で格差が拡大する中で、これをそのまま放置すれば、深刻化する貧困問題、ウォール街オキュパイ（占拠）運動[7]やテロの発生へと広がり、世界の平和と安全にとっての不安定要因になり得る。それらはもはや一国レベルでは解決することができず、各国の協調を前提として経済開発を通じた安全保障の確保という問題になってきている。そのための重要な手段がＦＴＡというわけだ。

第二に、経済的意義としてＷＴＯの補完としての役割だ。前述したように、ＷＴＯはそれ以前の自由貿易交渉とは異なり、そのカバーする範囲が飛躍的に拡大したこともあり、加盟国間の利害調整が複雑化、新たな課題やルール策定に迅速に対応することが困難となった。さらに各国間の経済関係には自ずと濃淡がある。従ってＷＴＯを巡る各国の利害関係の複雑さを考えた時、特定の国、地域と連携の強化を図る手段としてＦＴＡを結ぶことは、対外経済関係の幅を広げる上でその意味は大きい。言い換えれば、ＷＴＯとＦＴＡは相互に補完しあう関係にあるということだ[8]。

以上の理由により、ＷＴＯ体制下でＦＴＡが果たす役割が増大したのである。

## 歪められるＦＴＡ――米韓ＦＴＡはおぞましい協定か

こうしたＦＴＡの適用・拡大に対し、トランプ政権はＦＴＡを歪めようとしている。それが前述したＮＡＦＴＡと米韓ＦＴＡの、再交渉、見直し・廃止発言だ。トランプ政権は自国に都合の悪いＦＴＡは見直し、自国の都合のいいように変えようとしている。しかし、貿易取引をする以上一方にばかり都合のいい取引はありえず、都合が悪いからといって協定を変更していては、自由貿易体制の維持はおろか、国際的信用をも失いかねない。

現に、米韓ＦＴＡを見ると、トランプ政権の主張する「米国にとっておぞましい協定」というのはあたらない。図2は２０１１～16年までの韓国の対米輸出額の推移と商品貿易収支の動向を示したものである。これによると、韓国の対米輸出額は、２０１４年の７０２億８０００万ドルをピークに減少に転じている。また商品の貿易収支についても２０１６年からは減少し始めている。

韓国の対米輸出、貿易収支が減少しているにもかかわらず、莫大な黒字を計上しているのは、対米輸入が大幅に減少しているからだ。韓国はここ数年長期景気低迷に陥っている。そのため（米国製品を含めた）外国製品の輸入額が大幅に減少している。その結果、貿易収支上では黒字を計上しているのであり、決して経済が好調だから貿易収支が大幅な黒字を計上しているのではない。その最大の要因はウォン安・ドル高なのだ。

また米国の対韓輸入品目を見ても、韓国製品の輸入額７２０億ドル（２０１５年）のうち乗

図２　韓米 FTA 発効以降の対米輸出と商品貿易収支の動向

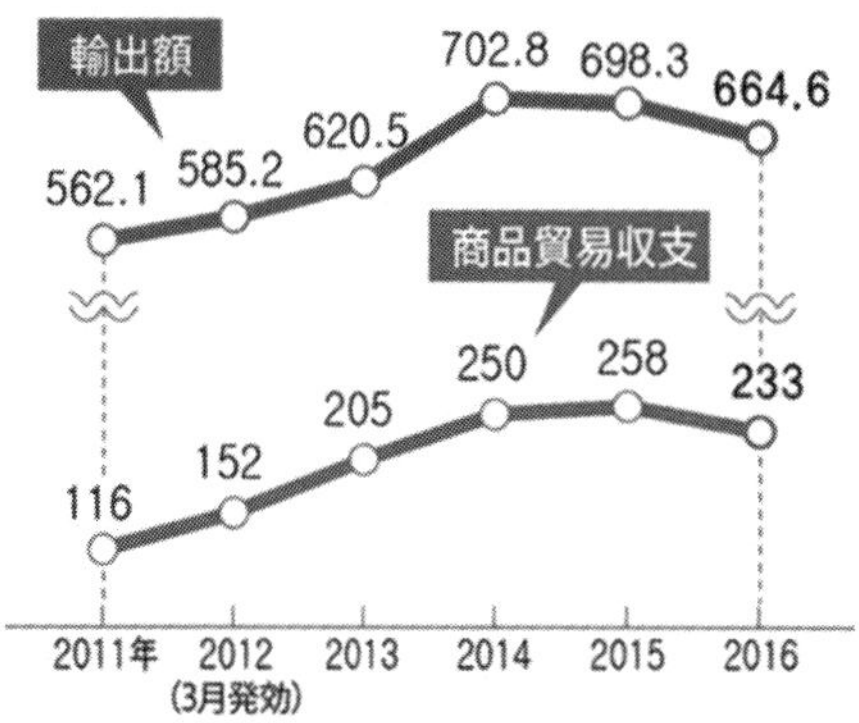


（単位：億ドル）資料：産業通商資源部
出所：「ハンギョレ新聞」2017 年５月２日付

用車（１８０億ドル）、携帯端末（73億ドル）、半導体（33億ドル）など3品目で40％を占めているが、このうち２０１５年末までは韓国の乗用車に対する米国の輸入関税は発効前と同じ２・５％が維持されている。さらに、半導体・携帯電話は発効前から既に無関税の品目である。[9]

要するに米韓ＦＴＡ（による関税撤廃・引き下げ）とは関係のない品目が対米輸出の主流を占めているということだ。

さらに、韓国の対米貿易黒字が米韓ＦＴＡ発効前の２０１１年の１１６億ドルから２０１６年には２３２億ドルに大幅に増加したという主張に対しても、２０１６年に米国の国際貿易委員会（ＩＴＣ：International Trade Commission）が公表した報告書には、「韓国に対する米国の貿易赤字が増えているが、米韓ＦＴＡがなければ年間４４０億ドルに達したはずの貿易赤字が米韓ＦＴＡのおかげで283億ドルに減った」と報告されている[10]。米韓FTAが発効していなければ米国の対韓貿易赤字はもっと大きかったといっているのだ[11]。

要するに、米国自らが発表した報告書に米韓FTAの有効性を説明していながら、それを無視して一方的に韓国を批判するトランプ政権の言動は、世界経済を混乱に陥れるだけだ。

しかし、駐韓米軍の存在によって北朝鮮への抑止力を維持し、貿易相手国2位の米国に経済的に依存している韓国が、対米圧力をはねのけ断固たる意志を貫くのは容易なことではない。ましてや正論が通じないトランプ政権ではなおさらだ。

では韓国のように対米依存度が強い国は、トランプ政権の言いなりになって国家運営をし続けなければならないのか。対米依存から脱却し自立できる道はないのか。筆者はその可能性を多国間地域協力による貿易体制への移行にあると考える。

## 二　多国間地域協力による貿易体制

### FTAから多国間地域協力へ

米国がTPPから離脱したことにより日本ではにわかにRCEPが脚光を浴び始めた。日本外務省は、RCEPの意義を次のように説明している。第一にRCEPが実現すれば、人口約34億人（世界全体の約半分）、ＧＤＰ約20兆ドル（世界全体の約３割）、貿易総額約10兆ドル（世界全体の約３割）を占める広域経済圏が出現する。第二に世界の成長センターであるアジア太平洋の地域経済との連携強化は、日本が経済成長を維持・増進していくために不可欠である。第三に日本の貿易総額に占めるＦＴＡ締結相手国との貿易の割合（ＦＴＡ比率）が27％（中国21・２％、韓国５・６％）増加し、日本再興戦略の目標達成（２０１８年までにＦＴＡ比率70％）に寄与する。第四に物品貿易（関税撤廃・削減等）に加え、サービス貿易、投資、知的財産等が含まれるため、これら分野での日本企業の活動を支援でき、アジア太平洋地域におけるルール作りに貢献できる。第五に広域のＦＴＡが実現することにより、参加国間における貿易・投資が更に促進されるとともに、地域における効率的なサプライチェーンの形成等に寄与する。[12]

しかし、ＲＣＥＰが持つ意義はそれだけではない。米国が参加しないことにより、各国が対等の立場で議論ができ、協定内容を検討できる点にある。米国が参加する場合、どうしても各国の力関係には不均衡が生じてしまうが、米国が参加しなければ対等な立場で議論することができる。その結果、ＷＩＮ‐ＷＩＮの経済関係を構築することができる。

また、各国が死守したい例外品目についても時間をかけて撤廃することが可能となる。言い換えれば、例外品目の関税撤廃をソフトランディングさせることができるということだ。これはアジア各国がいまだ発展途上ということを考えれば、自由貿易協定に参加しやすい条件ということになる。現に外務省も「「ＲＣＥＰ交渉の基本指針及び目的」の主なポイント」として「特別のかつ異なる待遇（Ｓ＆Ｄ：Special and Different treatment）」が保証されていると し、参加国の異なる発展段階を考慮し、特別のかつ異なる待遇及びカンボジア、ラオス、ミャンマーに対する追加的な柔軟性についての規定を含め、適切な形の柔軟性を有するとしている。[13]

さらに地理的にも極めて近い距離に位置しているため輸送コストを軽減することもでき、企業にとっても貿易・投資がしやすい環境にある。

具体的には、貿易、投資、サービス、電子商取引、知的財産等の地域共通のルール作りを通じたヒト・モノ・カネの活発な往来の促進や、ＲＣＥＰ域内で製造された部品を無関税・低関税の下で貿易ができ、国境を越えたサプライチェーン・ネットワークの構築・拡大を促進することができるようになる。

その結果、ＲＣＥＰ内への日本企業の進出が促進されるというわけだ。[14] 現に、日本企業は既にアジア地域にサプライチェーン・ネットワークを有している産業も少なくなく、ＲＣＥＰはそれをさらに加速させることにつながる。

最後にＡＳＥＡＮ自由貿易協定（ＡＦＴＡ）に基づき、共通効果特恵関税（ＣＥＰＴ：Common Effective Preferential Tariff）の枠組みの下で、ほとんどの品目の関税が撤廃されているので、ＲＣＥＰはこうした枠組みをも利用することができるため、参加国の共通認識・基準を築きやすい環境にある。

以上のことから、RCEPは参加国の経済水準を考慮に入れた自由化の議論ができるだけではなく、既に存在している共通ルールを基に新たな枠組みを構築することができ、最終的には域内ネットワークを活かした貿易・投資の活性化につながる可能性を有しているのだ。

一方、今年7月8日に閉幕した20カ国・地域（G20）首脳会議の首脳宣言は、自由貿易で「不公正な貿易慣行を含む保護主義と闘う」との決意を明記したが、米国に配慮して各国に対抗措置を取る選択肢も容認するなど、国際協調主義が脅かされ始めている。その結果、自由貿易体制が縮小する可能性が出てきた。

実際、WTOによると、2016年の世界貿易量は前年比で1・3％増と15年ぶりに世界の経済成長率（2・3％）を下回った。2017年は2・4％増を見込むが、これも世界銀行の成長率見通し2・7％を下回るという[15]。

要するに、世界貿易は縮小傾向にあるといってもいい。そうした時に、トランプ政権のように自国中心主義＝アメリカ・ファーストが世界中を跋扈《ばっこ》するようなことが起きれば、世界は再び保護主義の台頭、各国同士による対立が引き起こされ、ひいては20世紀初頭の二度にわたる世界大戦の道に進むことになるかもしれない。

こうした状況を防ぐためにも、多国間による地域協力は大きな意味がある。RCEPにはそうした政治的、経済的な役割を担う大きな役割と期待そして可能性があるのだ。

## より学びたい人は

郭洋春『現代アジア経済論』法律文化社、２０１１年。

郭洋春『ＴＰＰ　すぐそこに迫る亡国の罠』三交社、２０１３年。

平川均他編『新・アジア経済論　中国とアジア・コンセンサスの模索』文眞堂、２０１６年。

星野富一他編『東アジア共同体構想と日中韓関係の再構築』昭和堂、２０１５年。

廣田功他編『東アジアにおける経済統合と共同体』日本経済評論社、２０１４年。

## 注

1　ロイター、２０１７年5月18日　http://jp.reuters.com/article/usa-trade-nafta-idJPKCN18E2JW

2　関税同盟は、域内の関税及びその他の制限的な通商規則を、実質上すべての貿易について撤廃すると同時に、各締約国が域外から輸入する産品に対する関税その他の通商規則を実質的に同一にする。経済産業省　http://www.meti.go.jp/policy/trade_policy/wto/negotiation/rta/rta.html

3　経済産業省ＨＰ　http://www.meti.go.jp/policy/trade_policy/wto/negotiation/doha/wto-index.html

4　「朝日新聞」１９９９年12月5日付。

5　ＷＴＯの閣議決定には、すべての加盟国の賛同が得られなければ決定がなされないというコンセンサス方式が採用されている。しかし実際には、事前に、米、ＥＵ、日本、カナダと他の先進国、一部の途上国が参加する「グリーン・ルーム方式」という秘密会合が行われ、そこで事実上の決定がなされている。これは一部の主要国の思惑だけで多国間協議の結果が決まってしまう可能性があることを言い表す。緑色の部屋で会議が行われたことからその名前がついたとされている。

6　ＧＡＴＴ第24条5項「(ｂ) 域外に対し、関税その他の通商規則が、地域統合前にそれらの構成地域に存在していたものより高度又は制限的であってはならない。」第24条8項「(ｂ) 関税その他の制限的通商規則(11条、12条、13条、14条、15条及び20条を除く)を構成地域間の実質上のすべての貿易について廃止する。」経済産業省ＨＰ　http://www.meti.go.jp/policy/trade_policy/wto/negotiation/rta/rta.html

7　ニューヨーク・ウォール街で２０１１年9月に始まった草の根デモ。インターネットの交流サイトや動画サイトで結びつき、経済格差の解消を求めて富裕層への課税強化などを訴えた運動。彼らの主張は"We are the 99%"として世界の注目を集めた。

8　外務省ＨＰ　http://www.mofa.go.jp/mofaj/gaiko/ＦＴＡ/senryaku_01.html

9　「ハンギョレ新聞」２０１７年5月2日付。

10　「ハンギョレ新聞」２０１７年4月19日付。

11　郭洋春「米韓ＦＴＡは亡国の協定」『前衛』２０１７年8月号、86―87頁。

12　外務省ＨＰ　http://www.mofa.go.jp/mofaj/gaiko/fta/j-eacepia/

13　同上。

14　同上。

15　「日本経済新聞」２０１７年7月9日付。

# 3章　RCEPを介した日中協力とアジア市場統合の推進を

金　堅敏（富士通総研主席研究員）

ポイント
○米国のTPP離脱や日中協力の欠如でアジアの市場統合は彷徨う。
○日本は米国のTPP復帰を優先、中国は「一帯一路」に傾きRCEPからは遠のく。
○アジア市場統合は日中協力なしには進まない。日本はRCEP合意に主導権を。

## はじめに

アジア地域には規模の小さい経済が多く存在し、発展段階も多種多様であり、また外資企業の大量進出によってサプライチェーンやバリューチェーンも多数国・地域間にわたって構築されている。教科書的に言うと、自由貿易協定などを通じて市場統合が実現されれば、地域間の比較優位に基づく補完関係が形成され、地域全体の効率性が高まる。また、FTAなどで制度的なハーモナイゼーションが行えれば、アジア地域での経営透明性が実現され、企業によるグローバル経営の安定性も確保できる。

しかし、20年以上にわたって進行してきたアジアでの市場統合は主に二国・サブリージョナルで行われてきており、FTAのネットワークは完成されつつあるが、地域全体としての市場統合は、大きな労力を費やしたにもかかわらず実ることはなかった。アジアの市場統合に大きな影響力を有する域外大国——米国の介入や、域内大国である日本と中国との協力不足が背景にあるのではないかと考える。現時点における3カ国の通商政策を検証すれば、アジア地域の市場統合プロセスは楽観的ではないと言える。

## 一 さまようアジアの市場統合

まず、日本産業界から見れば、地理的状況、経済の結びつき、企業の進出状況等を考慮すると、「ASEAN+3」はアジア市場統合の一つの出発点として理想的と言えよう。しかし、経済的な合理性だけでアジアの市場統合を考えるのは天真爛漫すぎるという現実がある。例えば、アジアの市場統合に多大な影響力を有する米国と、域内大国である日本と中国は、アジア地域内の経済的、安全保障的な利益は必ずしも一致しているわけではないし、アジア市場統合に関するアプローチ手法にも差異が存在する。経済的な理由に加え政治的な要素等も作用して、アジア域内市場統合は一時、ＴＰＰとＲＣＥＰが２つの大きな潮流になってきていた。しかし、ＴＰＰとＲＣＥＰは、構成国・地域によって重なる部分もあるが、主要構成メンバーが異なっており、自由化の方針やアプローチ方法にも相違がある。米国が主導して日米が推進するＴＰＰはアジア地域における中国の経済的影響力に対抗するために用いられ、対して中国は、ＡＳＥＡＮの主導するＲＣＥＰを借りてＴＰＰのマイナス影響をかわす戦略に出たと一般的には見られている。[1]

ところが、近年アンチ・グローバルの機運が台頭し、それに加えて英国のＥＵ離脱や米国のトランプ政権の誕生も、世界中に保護貿易主義蔓延の懸念をもたらした。特に、中心的な存在となっている米国がＴＰＰを離脱したことは、日本をはじめ参加メンバーに大きな衝撃を与えた。逆にＴＰＰの推進でプレッシャーを感じた中国や、遠心力を懸念したＡＳＥＡＮは安堵感を感じたに違いない。

米国は、新たに打ち出した通商政策“the President's 2017 Trade Policy Agenda”において、安全保障の理由で貿易協定を利用する考え方に反対し、多数国間貿易協定アプローチからバイの通商交渉にシフトすると宣言した。米国にとって経済利益の最大化を優先する「自由な貿易」よりも「公正な貿易」の実現に優先度を置いた通商政策に舵を切ったのである。そのため、米国は、韓国と結んだ米韓ＦＴＡの見直しを要求し、中国に貿易不均衡是正のために「１００

図表1　米国の対アジア及び日中韓の貿易赤字の推移

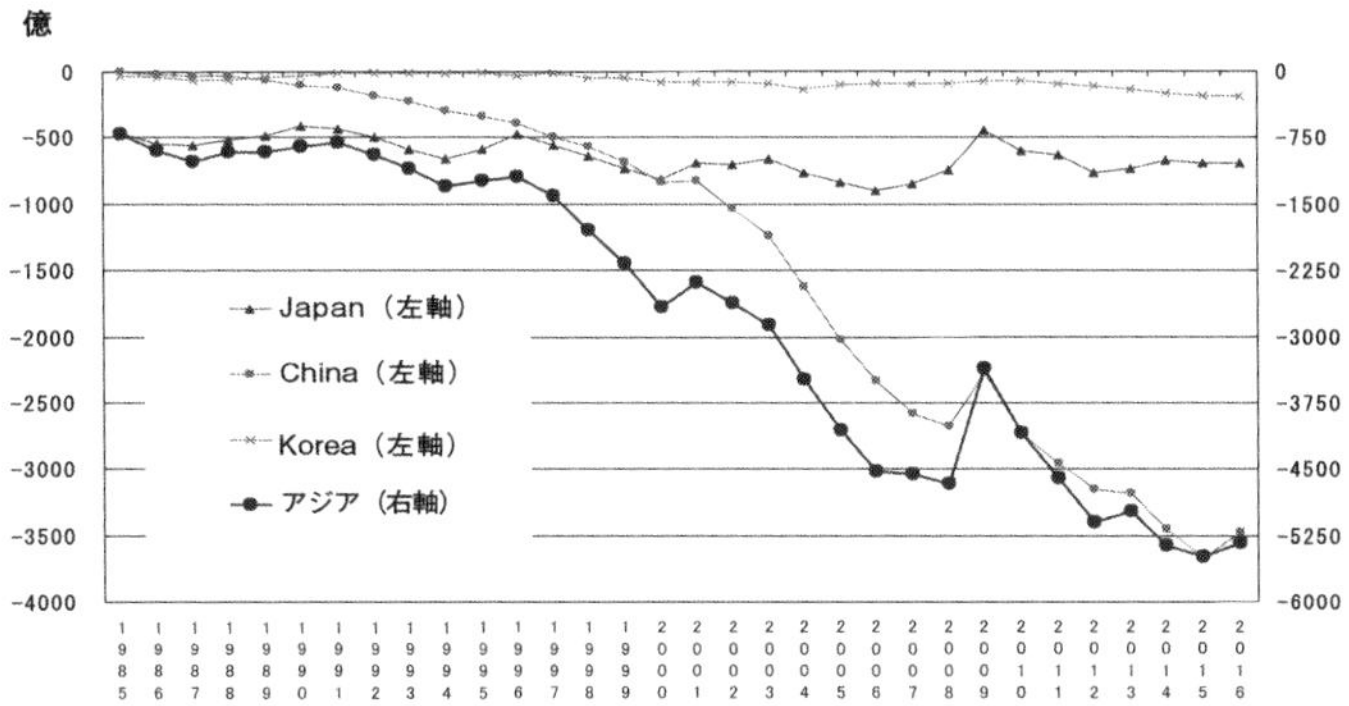


日計画」などを通じて大幅な市場開放を迫っている。日本に対しても日米経済対話を通じて将来の日米ＦＴＡを含め、さらなる市場開放を要求している。

米国の立場から考えれば、図表１が示すように、アジア地域、なかんずく北東アジア地域に大きな貿易赤字を抱えている米国が、交渉力を発揮できるバイの通商政策を優先させることは合理的な選択と言えよう。ただし、米国は、日中韓等のアジア主要国と単独でＦＴＡ等の貿易協定を結び、個々の市場に対してより有利なアクセスができれば、アジア地域全体の市場統合を推進するインセンティブがなくなってしまう可能性が高い。なぜなら、米国が「ハブ・アンド・スポーク」構造のハブとなり、もっとも利益が得られるからである。

安全保障や市場をアジアに提供し、アジア市場統合の推進役として機能してきた米国がＴＰＰから離脱したことにより、米国という推進力を失ってしまったアジアは、さまよいはじめたかのような雰囲気になっている。本来、

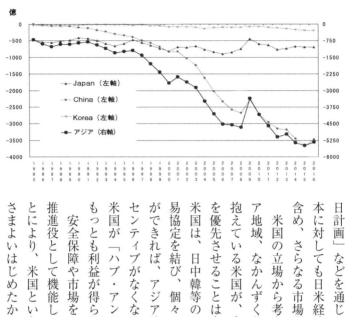

ＥＵのように、域内大国である日本と中国が協力し合えば、ＲＣＥＰを通じてアジア市場の一体化は進むはずだが、以下で見るように、日中間の協力は視界不良の状況だと言わざるを得ない。

## 二　ＴＰＰの成立を最優先する日本の通商政策

世界貿易の自由化による市場拡大のメリットを最大限活用して大きな経済発展を遂げてきた日本では、２０１３年6月14日に閣議決定された「日本再興戦略」において「２０１８年までに、貿易のＦＴＡ比率を現状の19％から70％に拡大することを目指す」と数字目標まで決定された。具体的には「ＴＰＰ、ＲＣＥＰ、日中韓ＦＴＡ、日本ＥＵ・ＥＰＡ等の連携交渉を推進し、世界の主要な国々との経済連携を深めるとともに、投資協定の締結促進や、租税条約ネットワーク拡充のための取組みを加速する」となっていた。さらに、２０１８年の数字目標（ＫＰＩ）を達成させるために、中短期的な工程表まで作成して推進している。また、日・インドネシアＥＰＡのような自由化レベルの比較的低い既存のＥＰＡをグレードアップする試みも行われている。

２０１５年の日本の対外貿易現状から上述したＦＴＡカバー率を計算すると、ＴＰＰは16・8％、ＲＣＥＰは26・8％、日ＥＵは10・8％となっている[2]。ＴＰＰ、ＲＣＥＰ、日ＥＵという3つのメガFTAがすべて達成されれば、現行のFTAカバー率22・7％と合わせて全体のFTAカバー率は77・0％になり、「日本再興戦略」で掲げた目標の70％は達成される。3つのメガFTAの中でもっとも日本にとって貿易が多いのは、RCEPである。

だが、ここ数年間、日本の通商政策は、専ら環太平洋経済連携協定（TPP）交渉に専念し、多大な労力を費やしてきた。短期的な経済メリットよりも中長期的な通商ルール形成と、通商協定を介在した安全保障面で有利な局面を形成する方が大きな意味があると考えられているからである。しかし、トランプ新政権のTPP離脱決定で思惑通りに進められなくなり、日本はかなり落胆してしまったと言わざるを得ない。日本にとって「経済＋安全保障」というダブルメリットは米国の参加があってはじめて具現化されるものであると解されるからである。

他方、米国の通商政策変化に対応すべく、日本は、米国に「日米経済対話」を提案し、米国による対日FTA交渉「強要」をかわすとともに「第三国の不公正貿易」の対策形成に米国から協調姿勢を引き出すことにした。他方、米国抜きのTPP11の合意・発効に舵を切るとともに対EUのEPA交渉を加速させ、米国にTPP復帰する「圧力」を形成するようにしている。英国のEU離脱とトランプ政権の「米国第一」政策に対応し、EU域内の結束を図りたいEU側のインセンティブと総合作用し、2017年7月6日に日・EU・EPAは、日本の狙い通りに「大枠合意」に達した。2017年5月21日にベトナム・ハノイで開かれたTPP11の閣僚会合では、早期発効に向けた検討を11月までに終えることなどが確認された声明を日本政府の主導で取りまとめた。その後もＴＰＰ11の首席交渉官会合が重ねられている。

ＴＰＰ11が日本の期待通りに早期発効に合意できるかどうかは油断を許さないが、仮に発効にこぎ着けたとなっても米国がＴＰＰに復帰するかどうかは、見当もつかない。問題は、最近の通商交渉の動きや報道にアジア域内包括経済連携ＲＣＥＰがあまり出てこなくなり、日本の通商政策はＲＣＥＰから遠のいていくように見て取れることだ。その通商政策の背景として、日本の大手メディアは、「日米経済対話」と「ＴＰＰ11」を、中国に通商のルールを主導されない作戦の両輪と位置付けているように報道している。[3] 日中間の駆け引きや葛藤は、アジア市場統合プロセスにも大きく影響しているのである。

## 三　ＲＣＥＰよりも「一帯一路」に傾いた中国

以上のような「作戦の両輪」の動きは、アジア地域経済統合における日中主導権争いの歴史の延長戦上にあるのではないかと考える。かつて、アジア地域の経済統合の推進において中国は東アジアＦＴＡ（ＥＡＦＴＡ：ＡＳＥＡＮ＋３（日中韓））を提起したが、日本は、２００６年に中国主導によるアジア経済統合を懸念して東アジア包括的経済連携協定（ＣＥＰＥＡ：ＡＳＥＡＮ＋６）という対抗案を提起し、「経済政治両面で日本の影響力を維持・強化」するとした。[4]

他方、ＡＳＥＡＮ事務局や域内大国であるインドネシアは、ＴＰＰの推進でＡＳＥＡＮが真二つに割れることに大きな懸念を抱き始めた。実際、ＡＳＥＡＮ10のうち、シンガポール、ブルネイ、ベトナム、マレーシアの４カ国はＴＰＰメンバーになっており、米国の勧誘でタイやフィリピンもＴＰＰ参加の意向を表明した。ＡＳＥＡＮ事務局、特に大国インドネシアは、２０１１年11月に大国の狭間で中庸の態度を改め、ＣＥＰＥＡとＥＡＦＴＡの流れをうまく汲み上げ、ＲＣＥＰを提案しアジア経済統合の主導権を握り、推進役となった。

日米によるＴＰＰの推進に関して中国の立場は複雑で微妙なものである。米国主導のＦＴＡには安易に乗れない現実と蚊帳の外に置かれた場合の不利益という懸念が交じり合っていた。詳細な論述は別稿を参考にされたいが、流れを静観するしかない立場にある。[5] 他方、ＡＳＥＡＮのＲＣＥＰ提案に対して中国が東アジア経済統合において長年主張してきた「ＡＳＥＡＮ＋３」の枠組みＥＡＦＴＡを放棄してでも日本の提案と重なる「ＡＳＥＡＮ＋６」ＣＥＰＥＡ（＝ＲＣＥＰ参加国16カ国）の交渉に同意した。ただし、中国にとってＡＳＥＡＮの調整は困難を内包しており、特にその内部のガバナンスメカニズムが弱く、アジア経済地域統合を主導する能力に期待しがたい側面があり、ＲＣＥＰにすべてをかけているわけではない。例えば、２０１４年３月に開催された全国人民代表大会で行われた李克強首相の「政府工作報告」にて「高い基準の自由貿易区設立に積極的に参加し、中米、中欧投資協定の交渉を推進させ、韓国、オーストラリア、湾岸諸国（ＧＣＣ）等との自由貿易協定の交渉プロセスを加速させる」ことを謳っていたが、中国の通商政策におけるRCEPや日中韓FTAの優先順位は必ずしも高くはなかったのではないかと考える。

その後、TPP交渉の進展を睨んで、中国は、TPPやRCEPのメンバーをほとんど内包したAPECをベースとしたアジア太平洋自由貿易圏（FTAAP）の設立を強力に主張し始めている。[6] 中国にとってFTAAPの推進は、アジア地域統合におけるTPPからの圧力をかわす思惑が内包されているようであった。

近年では、中国の通商政策は、むしろ、「東方戦略」（対米／対EU投資協定BITの推進）と「西方戦略」（アジアインフラ投資銀行AIIBの設立や「一帯一路」戦略の推進）に傾き始めたのである。[7]

「一帯一路」について、中国の国内では国内の過剰資本・生産能力を海外に移転して国内では産業の高度化が図れる一方、開発資金の欠如や産業育成の遅れに悩むアジアの新興国・途上国は、経済発展のボトルネックを緩和され、経済成長の土台が整備されると見て、経済的な視点から戦後、米国による欧州復興計画「マーシャル・プラン」と重なり、「中国版マーシャル・プラン」と理解する向きがある。

中国当局は、平等・互恵・開放を理念とし、経済開発にフォーカスする「一帯一路」構想は、援助の性質が強く安全保障に大きなウェイトを置いていた米国の「マーシャル・プラン」とは本質的に違い、むしろ世界経済発展の公共基盤を提供するものだとアピールしている。[8] しかし、海外の見方では、「一帯一路」構想はアジアの地政学の再定義をもたらし、インフラ整備を通じて中国はアジアでもっとも重要な影響力を持つことになろうと見ている。[9]

実際、中国では、「米国は、TPPで中国を周縁化させようとしているが、中国は、『一帯一路』戦略で周辺地域の発展と協力をもたらし、対外経済貿易の主導権を掌握する」と、「一帯一路」を米TPP戦略の対抗政策として理解する意見も存在するほどである。[10]

米国のTPP離脱後、中国は①アメリカに代わって貿易秩序の主導者になる、②TPPが立ち消えになったことで中国もFTA推進の誘因を喪失という2つのシナリオ、日本の有識者は見ている。[11] 前述したように、中国の通商政策は、対欧米投資協定と対新興国・途上国政策の「一帯一路」に傾いていると著者は見ている。その背景については、TPP12の中断でアジア地域統合におけるプレッシャーが緩和されたことに加え、2015年12月20日に中国と韓国、中国とオーストラリアの2つのFTAが発効し、日本とインドを除きRCEPメンバーとFTA関係に入り、RCEPの推進のインセンティブが失われたと言える。また、RCEPや日中韓FTA等の通商協定というメガFTAの枠組み交渉で日中間の主導権争いにエネルギーに費やすよりも、メンバー国間で目に見えた経済利益の上げられる政策にプライオリティーが置かれたとも言える。

## 四　日本はＲＣＥＰ合意を主導してアジアの経済活力を

このように、近年日本の通商政策は、自国が提起した「ＡＳＥＡＮ＋６」＝ＲＣＥＰという枠組みの交渉に参加しながら、ＴＰＰ成立を優先したものである。ただし、米中両国が通商協定という枠組み交渉よりも経済実利の獲得を優先するという政策調整を行ったのに対して、日本は、なお枠組み、ルール制定、安全保障という原則論を貫いている。また、通商政策に中国への対抗意識が常に付きまとっているように思われる。

他方、日本が対米ＦＴＡ交渉を避けたいのは、日米間のバイで交渉を行う場合に米国の経済力と政治力で市場開放やルールを一方的に押し付けられる懸念があり、ＴＰＰの枠内であれば集団の力で米国の「無理」な要求を押し返すことが可能であると解釈される。たとえ、ＴＰＰ12の中で米国の占めるＧＤＰシェアが65％で圧倒的に大きいとしてもである。

図表2が示すように、ＲＣＥＰ16において中国のＧＤＰシェアが約半分を占めており、そのルール作りが中国主導で行われてしまう懸念が日本に強く存在していると言われている。しかし、ＴＰＰにおいて65％を占める米国のわがままな要求を恐れないのに、ＲＣＥＰで49％を占める中国に勝手なルールを押し付けられるとは解釈上無理がある。むしろ、ＴＰＰかＲＣＥＰかに関係なく日本がメンバー国に魅力的なルール設定や提案があるかどうかにかかっている。

図表２　TPP と RCEP における日米中の GDP シェア

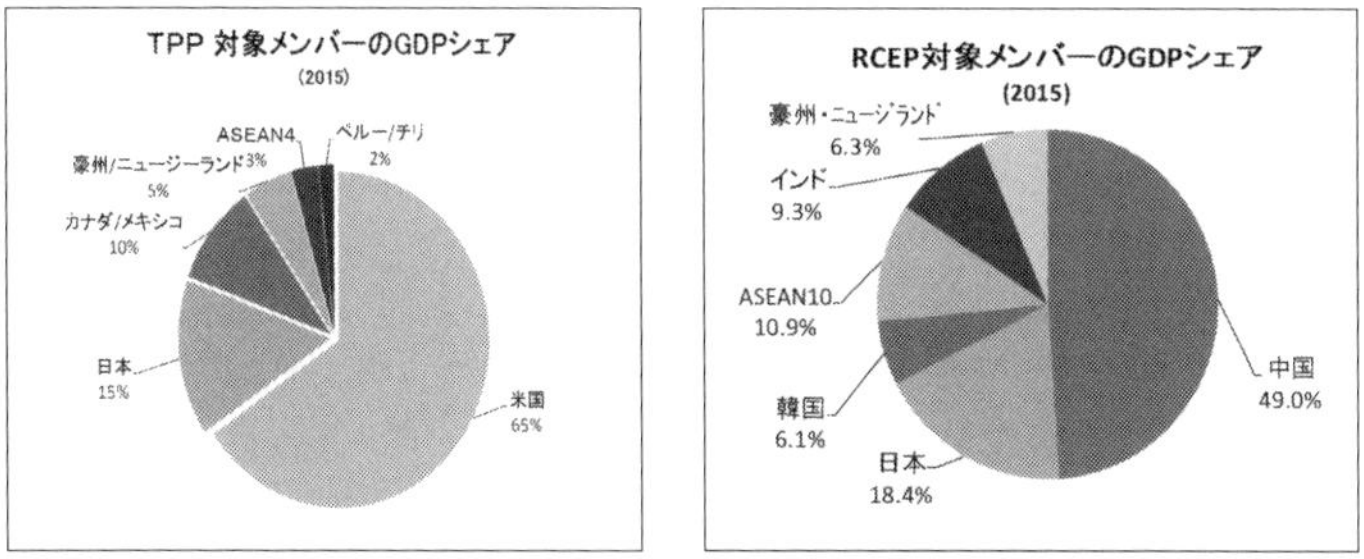


出所：IMF

実際、ＴＰＰのルールメイキングにおいて日本にどのような提案があり、どのようなルールとして合意されたのかが問題である。

より重要なのは、通商協定は本来、メンバー国に経済的利益、ないし国民福祉の向上をもたらすのが第一義的であり、政治外交・安全保障・人的／文化的交流などは反射的な利益として生まれると理解される。ＴＰＰや日欧ＥＰＡ等は、日本に経済利益をもたらすに違いないが、図表３が示すようにＲＣＥＰは、日欧ＥＰＡやＴＰＰよりも国民福祉効果がかなり大きいと専門家による経済分析で判明している。したがって、経済的な意味ではＲＣＥＰが日本の通商政策に優先されるべきではないかと考える。ＲＣＥＰが発効しない限り、日本再生戦略で決めた２０１８年ＦＴＡカバー率70％の目標も達成できない。

もちろん、一国の通商政策は、経済、政治、外交などの総合考慮から決定されるだろうが、日本の通商政策にＲＣＥＰの優先順位が比較的に低いのは、アジアにおける政治関係が

図表３　日本にとってのアジア太平洋地域ＦＴＡｓの利益推定

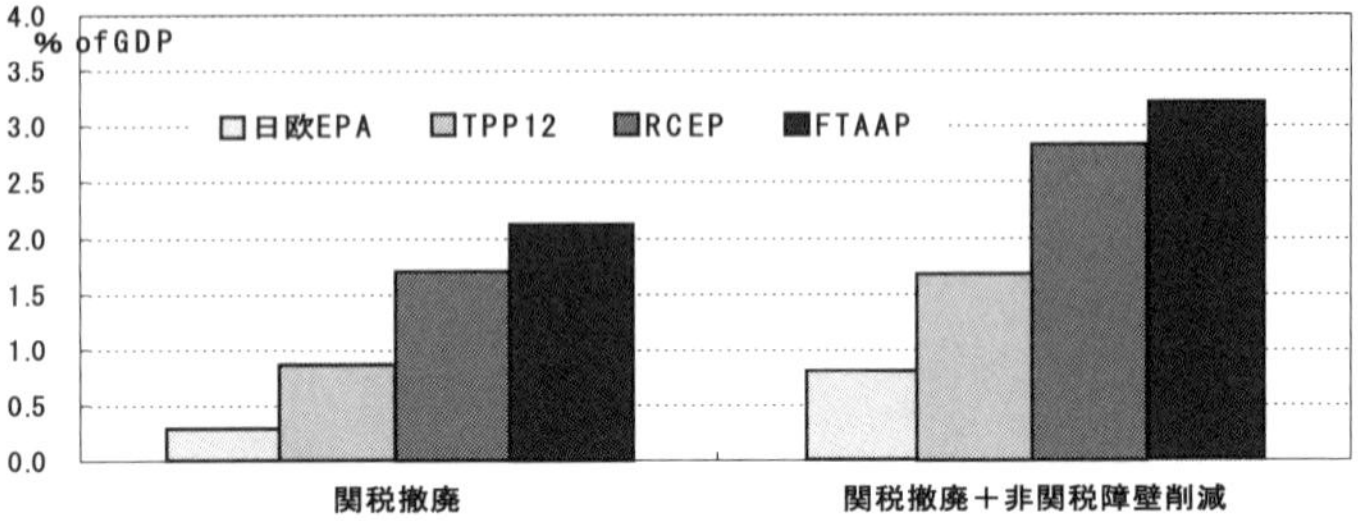


出所：Kawasaki Kenichi (2014) “The Relative Significance of EPAs in Asia-Pacific”

原因であろう。そうだとすれば、政治関係改善の努力が求められる。

近年、欧米で自由貿易に反対するアンチ・グローバルの機運が高まっており、日中を含むグローバル化に恩恵を受けたアジア諸国は、自由貿易を推し進める意志が強い。日本にＲＣＥＰを介して日中協力を図り、アジア市場統合の推進を期待したい。

### より学びたい人は――参考文献


金堅敏「アジア地域統合における二つの潮流」『ＦＲＩ研究レポート』№４１７、２０１４年。

金堅敏「中国の新シルクロード戦略を読む――対外開放政策の『昇級版』か地政学的な戦略か」『ＦＲＩオピニオン』、２０１５年４月21日。

Jianmin Jin “The True Aim of China in Setting up the AIIB”, Japan Spotlight Jul/Aug 2015, Vol. 34.

Jianmin Jin “Chinese Visionn of Transpacific Integration” In

Adrian H.Hearn and Margaret Myers “The Changing Currents of Transpacific Integration: China, the TPP, and Beyond” Lynne Rienner Publishers(USA), 2017.

## 注

1 金堅敏「ＲＣＥＰ vs ＴＰＰ」富士通総研オピニオン、２０１２年11月28日 http://www.fujitsu.com/jp/group/fri/column/opinion/201211/2012-11-5.html
CNN(2017) “TPP vs RCEP? Trade deals explained” http://edition.cnn.com/2017/01/24/asia/tpp-rcep-nafta-explained/index.html

2 酒井拓司「経済連携協定の概要と活用術」、２０１６年 http://www.customs.go.jp/yokohama/notice/epa20161222jetoro.pdf

3 「日本経済新聞」２０１７年４月28日（朝刊）

4 経済産業省通商政策局「通商政策をめぐる現状と主要課題」、２０１１年 http://www.meti.go.jp/committee/summary/0003410/013_01_01.pdf

5 金堅敏「中国のアジア経済統合戦略：ＦＴＡ、ＲＣＥＰ、ＴＰＰ」、２０１３年

6 例えば、中国が議長国として２０１４年ＡＰＥＣ通商大臣会議でまとめた“2014 Meeting of APEC Ministers Responsible for Trade Qingdao Statement”(17-18 May 2014) は、ＦＴＡＡＰへの取り組みを謳っている。

7　庄芮、王悦媛「東亜区域経済整合：困境與路径」、２０１４年

8　Silk Road initiatives not China’s Marshall Plan: spokesman　http://www.globaltimes.cn/content/909723.shtml
張业遂「〃一带一路〃作用随时间推移将逐步显现」２０１７年　https://www.yidaiyilu.gov.cn/info/iList.jsp?tm_id=126&cat_id=10002&info_id=17076)

9　Michele Penna: China’s Marshall Plan: All Silk Roads Lead to Beijing?　http://www.worldpoliticsreview.com/articles/14618/china-s-marshall-plan-all-silk-roads-lead-to-beijing

10　段霞「『一带一路』建設対中国與世界的意儀」、２０１４年 http://www.71.cn/2014/1209/791761.shtml

11　渡邊頼純「トランプ政権と通商政策」、２０１７年　http://www.excite.co.jp/News/chn_soc/20170501/Recordchina_20170501004.html

# 4章　ＲＣＥＰ実現への道筋
## ――ＴＰＰ妥結からの教訓

作山　巧（明治大学農学部准教授）

ポイント
○ＴＰＰ交渉で高水準の貿易自由化と迅速な交渉妥結が両立し得た理由を明らかにする。
○ＴＰＰ交渉が成功した要因と対比しつつ、ＲＣＥＰ交渉が難航している理由を検討する。
○ＲＣＥＰを実現するための具体的な方策を提言する。

## 一　はじめに

経済規模の大きい日本、米国、ＥＵ、中国の二者以上が参加するＦＴＡ（自由貿易協定）は「メガＦＴＡ」と呼ばれ、アジア諸国を中心とする取組みには、ＴＰＰ（環太平洋パートナーシップ協定）やＲＣＥＰ（東アジア地域包括的経済連携）等がある。

このうち、２０１０年３月に始まったＴＰＰ交渉は、２０１５年10月に妥結し、２０１６年２月に参加国が署名し、同年12月には日本の国会も批准した。ＴＰＰが特異なのは、日米等の先進国にベトナム等の開発途上国も加えた多様な12カ国の間で、品目数ベースで95％以上という高水準の関税撤廃と投資や知的財産権等の広範な分野でのルール策定に合意した点にある。また、ＴＰＰ交渉が本格化したのは日本が参加した２０１３年７月以降であり、それから約２年で妥結した迅速さも特筆に値する。他方でＴＰＰは、２０１７年１月に米国のトランプ政権が離脱を表明し、その発効は困難となっている。しかし、政府間での合意には成功裏に到達しており、交渉プロセスの適切な管理には成功したと言える。

これに対して、２０１３年５月に始まったＲＣＥＰ交渉は、当初の目標だった２０１５年末までの交渉完了が果たせず、２０１６年内の交渉妥結にも失敗し、停滞感が強まっている。特に、２０１７年５月の第３回中間閣僚会合では、開発途上国の多くは内容よりも２０１７年中の実質妥結を主張したのに対し、日本、オーストラリア、ニュージーランドから成る先進国は高水準の自由化やルール策定を主張し、参加国が二分されていることが露呈した。つまり、ＴＰＰのような高水準の協定を目指す日本は孤立を深めており、①日本等が譲歩し低水準で早期に合意するか、②日本等が譲歩せず交渉が長期化するか、の瀬戸際に立っている。

このように、多くのアジア諸国が参加するメガＦＴＡという共通点にもかかわらず、ＴＰＰ

交渉が早期に妥結する一方で、ＲＣＥＰ交渉が難航しているのはなぜか。本章では、その要因を明らかにした上で、ＲＣＥＰを実現するための方策を提言する。ＲＣＥＰ交渉難航の一因として、参加国に開発途上国が多いことは確かだが、ＴＰＰにもマレーシアやベトナム等が参加していることから、それだけが理由とは言えない。そこで本章で注目するのが、交渉への参加条件、自由化水準の設定、議長国の選定等を含む交渉の制度設計である。筆者は農林水産省に25年間勤務し、ＷＴＯ（世界貿易機関）や二国間ＦＴＡの交渉に加えて、日本のＴＰＰ交渉への参加協議にも従事した。こうした実務経験を通じて、交渉の制度設計の重要性を熟知しており、それを踏まえた具体的な分析と提言を行う。

本章の構成は以下の通りである。2節では、ＴＰＰとＲＣＥＰの特徴を要約する。3節では、ＴＰＰ交渉で高水準の貿易自由化と迅速な交渉妥結が両立し得た理由を明らかにする。4節では、ＴＰＰ交渉が成功した要因と対比しつつ、ＲＣＥＰ交渉が難航している理由を検討する。5節では、これらを踏まえてＲＣＥＰを実現するための具体的な方策を提言する。

## 二　ＴＰＰとＲＣＥＰの特徴

ＴＰＰとＲＣＥＰは、共に経済成長が著しい東アジアや東南アジアの諸国を含むメガＦＴＡという点で共通している。ＴＰＰには米国と日本が参加しているのに対し、ＲＣＥＰには中国

図1　TPPとRCEPへの参加国

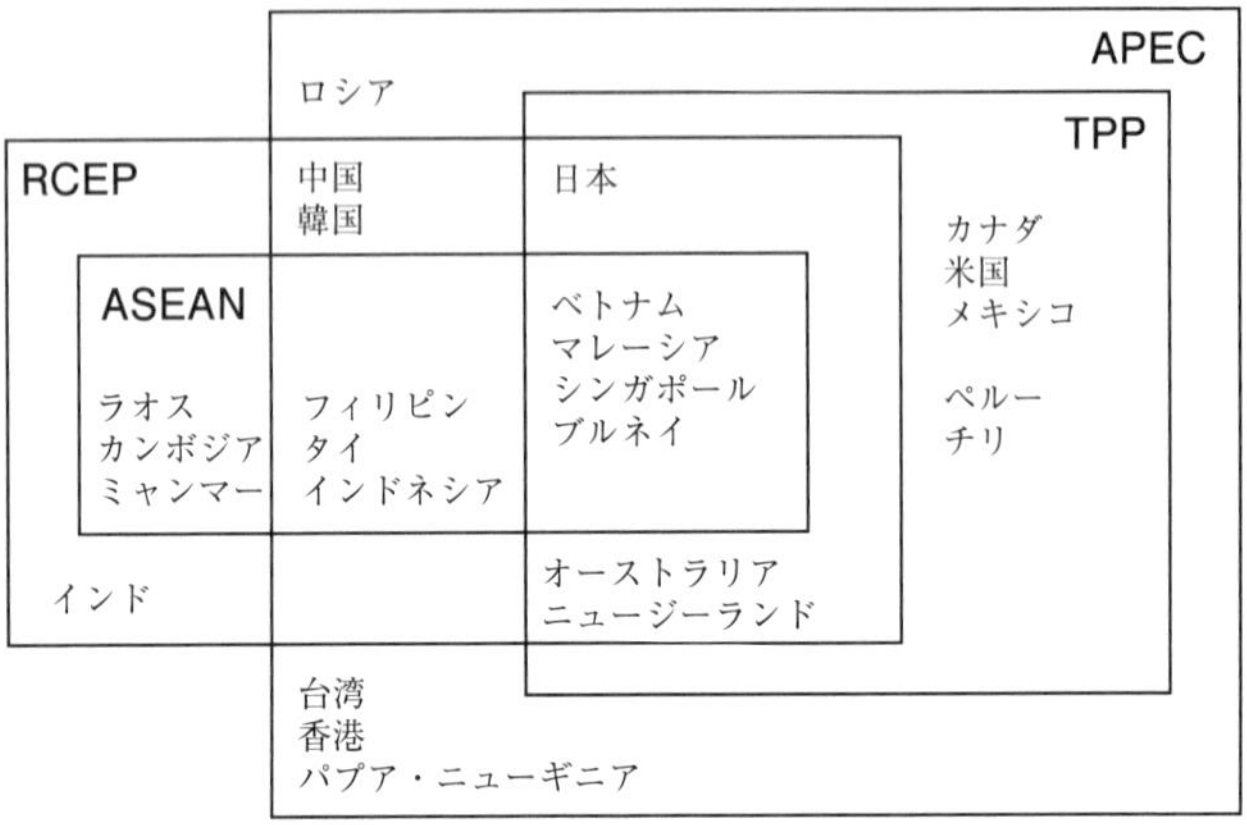


資料：筆者作成

と日本が参加している。また、日本以外にも参加国の一部が重複しており、オーストラリア、ニュージーランドとASEAN（東南アジア諸国連合）に加盟するベトナム、マレーシア、シンガポール、ブルネイの6カ国は、両方の枠組みに参加している（図1）。

他方で、TPPとRCEPには相違点も多い。TPPは、太平洋を囲むアジア諸国と米州諸国の両方が参加し、対象とする地理的な範囲は「アジア太平洋」である。その背景には、TPPはAPEC（アジア太平洋経済協力会議）に参加する21カ国・地域のうち、貿易自由化に積極的な国々が自主的に結成したメガFTAという経緯がある。また、協定の内容面では、米国や日本のような先進国が主体であることを反映して、物品貿易では全ての参加国が95％以上の高い関税撤廃率を達成している。また、知的

表1　RCEP参加国間のFTA締結状況

| | ASEAN | 日本 | 中国 | 韓国 | 豪州 | NZ | インド |
|---|---|---|---|---|---|---|---|
| ASEAN | | ◎ | ◎ | ◎ | ◎ | ◎ | ◎ |
| 日本 | ◎ | | △ | △ | ◎ | ○ | ◎ |
| 中国 | ◎ | △ | | ◎ | ◎ | ◎ | × |
| 韓国 | ◎ | △ | ◎ | | ◎ | ◎ | ◎ |
| 豪州 | ◎ | ◎ | ◎ | ◎ | | ◎ | △ |
| NZ | ◎ | ○ | ◎ | ◎ | ◎ | | △ |
| インド | ◎ | ◎ | × | ◎ | △ | △ | |

資料：日本貿易振興機構（2016）
注：◎は発効済み、○は署名済み、△は交渉中、×は未交渉を示す。

財産権や電子商取引のような新分野に関するルールも策定し、「21世紀型FTA」と呼ばれるゆえんとなっている。

これに対して、RCEPの参加国は、ASEAN加盟の10カ国に加えて、オセアニアを含む広義の「東アジア」に限定されている。それはRCEPが、日本、中国、韓国、オーストラリア・ニュージーランド、インドから成るパートナー国がASEAN全体と個別に締結したFTAをベースに、16カ国でのFTAに集約することを目指しているからである（表1）。また、交渉中の協定の内容に関しても、参加国は開発途上国が中心で、カンボジア、ラオス、ミャンマーのような後発開発途上国も含むことから、物品貿易の自由化（関税の撤廃や削減）が中心で、新たな分野に関する先進的なルールの策定は困難視されている。

## 三　TPP交渉の成功要因

貿易交渉は「囚人のジレンマ」に例えられる。すなわち、交渉参加国は通常、競争力のある輸出品の関税撤廃を相手国に求める一方で、競争力のない自国の輸入品の関税撤廃に抵抗する。自国の輸入品はしばしば相手国の輸出品であるため、自国の輸入品の関税を撤廃しない限り、相手国も輸出品の関税を撤廃しない。したがって、あり得る結論は、相互に関税撤廃するか（協調均衡）、相互に関税撤廃しないか（囚人のジレンマ）のどちらかである。機微な品目を巡って相互に関税撤廃しなければ交渉妥結は容易だが、相互に関税撤廃する場合には、国内の輸入品生産者の抵抗もあって難航は避けられない。この点でTPPが特異なのは、高水準の貿易自由化と迅速な交渉妥結という、本来対立する要素が両立している点である。本節では、その背景にある交渉の制度設計上の要因を明らかにする。

第一は、参加条件の存在である。TPPの起源はニュージーランドとシンガポールが2001年に締結したFTAで、両国は全品目の関税撤廃に合意した。その後、チリとブルネイを加えて2006年に発効した4カ国によるFTA（P4協定）でも関税撤廃の原則を維持した。2010年に始まったTPP交渉は、形式的にはP4協定の拡大交渉で、新規参加国に対して「関税撤廃原則」の受諾が条件とされた。更に、2012年以降に交渉参加したメキシコ、カナダ、日本は、農産品の関税率が総じて高く、交渉参加後の関税撤廃への抵抗が懸念されたため、これら後発3カ国が不当に交渉を遅延させた場合には、先行9カ国のみで交渉を終結できるとの密約もあった。つまり、TPP交渉の早期妥結の背景には、参加国を「関税撤廃原則」を受諾する国に限定した上で、それを漸進的に拡大することによって、TPP参加の魅力を高めつつ自由化水準の低下を防ぐという参加条件の設定が存在したのである。

　第二は、野心的な自由化基準の設定である。多数国間の貿易交渉では、交渉迅速化のために、達成すべき関税撤廃率を開始時点で設定するのが普通である。ＴＰＰでは、交渉参加時の「関税撤廃原則」が規定されたものの、それが必ずしも関税の全廃を意味するわけではない。そこでＴＰＰ交渉では、①関税撤廃率は品目数ベースで95％以上とする、②関税撤廃しない残り５％の品目でも一切の自由化をしない「除外」は認めない、という2つの基準を秘密裏に設定した。これらは、交渉の初期段階で一挙に策定されたわけではなく、①は当初は協定発効時の関税撤廃率で、最終的には１００％を目指したもののそれが果たせなかったことから、②と組み合わせることで最終的な自由化基準になったと考えられる。

　第三は、開発途上国への特別扱いが存在しないことである。先進国と開発途上国の両方が参加する貿易交渉では、関税撤廃率の緩和や関税撤廃期間の延長によって、開発途上国の自由化義務を軽減する例が多い。こうした制度上の特別扱いは、自由化へのハードルを下げて開発途上国の交渉参加を促進する一方で、開発途上国側は、相手国に関税撤廃を求めつつ、これを根拠に自国の関税維持を主張しがちなため、交渉妥結を困難にする面もある。ＴＰＰで開発途上国への特別扱いを排除した効果は、ＴＰＰとＲＣＥＰの両方に参加する開発途上国の関税撤廃率を比較すれば一目瞭然であり、ブルネイ、マレーシア、ベトナムの関税撤廃率が飛躍的に向上したことが分かる（表２）。

表２　RCEP参加国の関税撤廃率

| ASEAN加盟国 | ASEAN+1平均 | TPP | パートナー国 | ASEAN+1 | TPP |
|---|---|---|---|---|---|
| ブルネイ | 95.9% | 100.0% | 日本 | 91.9% | 95.0% |
| カンボジア | 88.7% | － | 中国 | 94.7% | － |
| インドネシア | 83.3% | － | 韓国 | 90.4% | － |
| ラオス | 89.1% | － | オーストラリア | 100.0% | 100.0% |
| マレーシア | 91.2% | 100.0% | ニュージーランド | 100.0% | 100.0% |
| ミャンマー | 86.9% | － | インド | 78.8% | － |
| フィリピン | 91.1% | － | | | |
| シンガポール | 100.0% | 100.0% | | | |
| タイ | 92.4% | － | | | |
| ベトナム | 90.0% | 100.0% | | | |

資料：Fukunaga and Kuno (2012)、内閣官房（2015）

第四は、柔軟な議長国の選定である。多数国間での交渉では、まとめ役としての議長国が不可欠である。ＴＰＰでは、その起源となる二国間ＦＴＡを発案したニュージーランドで、交渉中は議長国として、交渉妥結後は協定の寄託国となっている。しかし、同国が全ての会合で議長となった訳ではなく、妥結に至るまでの個別の交渉会合は参加国の持ち回りで開催され、その際の議長は会合の主催国が務めた。実際には、ＴＰＰ交渉の後半では米国が会合を主催することが多くなり、議長として交渉を実質的に牽引したのは米国だった。貿易交渉を妥結に導くためには、大国のリーダーシップが欠かせず、この点で議長国を場面に応じて柔軟に使い分けるＴＰＰの方式は功を奏したと言える。

## 四　ＲＣＥＰ交渉の難航要因

本節では、ＴＰＰ交渉が成功した上記４つの制度設計上の要因と対比しつつ、ＲＣＥＰ交渉が難航している理由を検討する。

第一は、参加条件が存在しないことである。RCEP交渉の参加国は、ASEANと個別にFTAを締結済みの6カ国で、開始時点で参加国は決まっており、TPPのような自由化に関する参加条件は存在しない。他方で、ASEAN全体とパートナー国とのFTA（ASEAN＋1）における自由化水準は千差万別である。関税撤廃率は、オーストラリア、ニュージーランド、シンガポールは100％と極めて高いのに対し、カンボジア、インドネシア、ラオス、ミャンマーは80％台と低く、インドに至っては80％未満と極めて低い（表2）。RCEP交渉では、貿易自由化に消極的な後者の国々も無条件で参加が認められているため、これらの国々に対して追加的な関税撤廃を約束させる梃子が存在しないという問題がある。

第二は、低い自由化基準である。TPPで95％以上とされた関税撤廃率は、RCEP交渉では2015年8月の第3回閣僚会合において、協定発効時に65％、協定発効10年後に80％で合意したとされる。この80％という基準はTPPに比べて非常に低く、ASEANとのFTAにおけるインドの関税撤廃率である79％をわずかに上回るに過ぎない。その理由は、意思決定は全会一致なので、その中でも最も消極的なインドの主張に合わせざるを得ないからである。

第三は、開発途上国への特別扱いの存在である。TPPとは異なりRCEPでは、2012年11月に合意された交渉の原則において、開発途上国に対する特別扱いと後発開発途上国に対する追加的な柔軟性が明記された。RCEP交渉への参加国は開発途上国が大半であるため、こうした規定は不可避だが、その弊害は既に顕在化している。すなわち、２０１５年11月にインドは、自国の関税撤廃率として、ＡＳＥＡＮに80％、日本と韓国に65％、オーストラリア・ニュージーランド・中国に42・5％を提案したとされる。インドの提案は、ＡＳＥＡＮ以外に対しては合意済みの自由化基準すら満たしておらず、その根拠は、自国より発展した国には自由化を抑制するという、開発途上国に対する特別扱いに他ならない。

第四は、硬直的な議長国の選定である。ＲＣＥＰ交渉では、交渉開始に合意した２０１２年11月の共同宣言において、「ＡＳＥＡＮの中心性」が明記されている。つまり、ＲＣＥＰ交渉の主導権を握るのはＡＳＥＡＮ加盟国で、パートナー6カ国は脇役に過ぎない。こうした規定は、一部の加盟国がＴＰＰに参加したことでＡＳＥＡＮが分断されたことへの危機感を反映しており、その原則はＲＣＥＰ交渉でも厳格に適用されている。具体的には、ＲＣＥＰ交渉で設置された物品貿易、サービス貿易といった分野別の作業部会の議長は、全てがＡＳＥＡＮ加盟国である。こうした硬直的な方式が問題なのは、ＲＣＥＰ参加国中の経済大国である日本と中国が脇役に追いやられ、リーダーシップを発揮できない点にある。

## 五　ＲＣＥＰ実現への道筋

以上の分析をまとめると、ＴＰＰ交渉と比較したＲＣＥＰ交渉難航の一因は、その制度設計の稚拙さにある。他方でその背景には、貿易自由化に消極的な開発途上国が多いという参加国の構成を反映している面もある。こうした展開は日本政府としても想定の範囲内であり、RCEP交渉を動かす梃子として、TPPでASEAN加盟国を分断し、TPPの早期発効によってTPP非参加国の焦りを誘い、RCEPの合意水準をTPPに近づけるとの戦略を描いていた。しかし、その目論見は米国のTPP離脱で画餅に帰した。フィリピン、タイ、インドネシアは、一旦はTPP参加に関心を示したものの、もはやその芽はない。

こうした中で、日本の主張も反映しつつRCEP交渉の早期妥結を図る方策として、次の3点を提言したい。第一は、日中両国が合意案を提示することである。RCEP交渉の開始は、パートナー国の範囲を巡って、日中韓の3カ国を主張した中国と現行の6カ国を主張した日本が、2011年に共同提案を作成したことに起因する。大国を外した貿易交渉の妥結は困難で、日中のリーダーシップが不可欠である。極論として、日本が中国主導のAIIB（アジアインフラ投資銀行）に参加し、中国がRCEPで日本の要求を受け入れる取引も考えられる。第二は、日本が貿易自由化の要求水準を下げることである。日本は、自動車の関税撤廃を念頭に高水準の自由化を求めてきたが、開発途上国が大半を占めるRCEPでの早期実現は困難で、将来の再協議で関税撤廃率を高めるのが現実的である。第三は、ルール策定を巡って一括受諾の原則を緩和することである。交渉開始時の基本指針では、全ての交渉分野が並行して行われる旨が規定されているが、ASEANが締結したFTAでは、合意可能な分野から漸次実施している例が多い。このため、開発途上国側もメリットがある物品貿易を先行させ、知的財産権等の高水準のルール策定は今後の課題とすべきである。

**引用文献**

内閣官房「ＴＰＰにおける関税交渉の結果」（平成27年10月20日）
日本貿易振興機構「世界と日本のＦＴＡ一覧」（２０１６年12月）
Fukunaga, Y. and A. Kuno (2012), 'Toward a Consolidated Preferential Tariff Structure in East Asia: Going beyond ASEAN+1 FTAs,' *Policy Brief*, No.2012-03, Economic Research Institute for ASEAN and East Asia.

**より学びたい人は**

石川幸一「ＲＣＥＰの概要と課題」、石川幸一・馬田啓一・清水一史編著『検証・アジア経済――深化する相互依存と経済連携』文眞堂、２０１７年、２１２―27頁。

作山巧『日本のＴＰＰ交渉参加の真実――その政策過程の解明』文眞堂、２０１５年。

作山巧「ＴＰＰ交渉を巡る３つのパズル――元交渉官が読み解く制度設計と国内政治の戦略」『世界経済評論』第60巻第2号、２０１６年、74―81頁。

# 5章　ＡＩＩＢから広域アジア地域統合へ

竹内幸史（ジャーナリスト・『国際開発ジャーナル』編集委員）

**ポイント**

○中国の世界戦略「一帯一路」構想と共に、国際金融機関のアジアインフラ投資銀行（ＡＩＩＢ）の行方に注目が集まっている。
○ＡＩＩＢに対しては慎重な姿勢を保っていた安倍晋三首相もようやく２０１７年５月、条件付きながら参加への関心を示し始めた。
○日本はＡＩＩＢへの加盟も視野に入れ、現実的な連携の道筋を探る時が来ている。

## 一　金立群ＡＩＩＢ総裁の会見

２０１７年５月初めに来日した金立群ＡＩＩＢ総裁のインタビューを機に、ＡＩＩＢの体制と今後の方向性について考えてみたい。

図１　アジアインフラ投資銀行（AIIB）の金立群総裁＝2017年５月５日、横浜市内で

## インフラ建設の巨大な資金ギャップ

ＡＩＩＢは、習近平国家主席の肝入りで２０１６年１月、創業され、鉄道など運輸、エネルギー、水関連などインフラ建設への融資に特化している。その事業目的については「地域のインフラ建設に必要な資金は、２０１５年から２０３０年の間に40兆ドルなのに対し、供給できる資金は限られ、21兆ドルのギャップがある。ＡＩＩＢはパートナーとともに持続的なインフラ投資を支援する」とされている。[1]

アジアのインフラ建設は気候変動対策も加わり、資金需要は巨額だ。中国は３兆ドル以上の外貨準備を使い、国際通貨基金（ＩＭＦ）や世界銀行の出資増などに貢献してきた。

ところが、米国は「ブレトンウッズ体制」の再構築に乗り気でなく、ＩＭＦの増資も米議会の批准まで５年かかった。日本もアジア開発銀行（ＡＤＢ）で総裁ポストを独占する主導的立場を揺るがしたくない。世銀はつい最近まで貧困削減に集中し、インフラ支援に気乗り薄だった。中国のＡＩＩＢ設立の背景には、こうした事情があった。

けた。

## 「爆弾除去の達人」の異名も

金立群氏は、5月上旬に横浜で開かれたアジア開銀の創立50周年記念総会に出席した。各国代表らと活発に交流する様子は、ＡＩＩＢがすっかり国際金融界の市民権を得たことを印象づけた。

金氏は中国建国の１９４９年に教師の家に生まれ、少年時代から英語を学んだ。文化大革命時代には下放された農村でも密かに英語を独学した逸話がある。中国財政部の次官まで務め、１９９７年のアジア通貨危機への対応を陣頭指揮し、中国への悪影響を食い止めたため、「爆弾除去の達人」との異名もある。[2]

金氏と会うのは、彼がアジア開銀の副総裁だった２００７年以来、10年ぶりだ。当時のやり取りを振り返ってみた。アジア開銀が中国人職員の採用増を図っていたことについて、金氏は「中国の人材が必要とあれば、何人でも提供できる」と豪語した。中国の二国間援助拡大について は「池を泳いできたからこそ、学んだ泳ぎがある」と述べた。[3]その一方、中国とアジア開銀の事業が一部の国で競合し、調整不足があったことを私が指摘すると、「２つの石を一度には飛べない。巨大な開発途上国である中国がドナーに転じた実績がもっと評価されてよいではないか」と、にらまれたことを覚えている。

彼は２０１７年８月で68歳になるが、熱っぽく話す姿勢は変わらなかった。ＡＩＩＢを「エイ・ダブリュー・アイ・ビー」と読むところに独特のこだわりを感じた。20分ほどのインタビューの主な内容は以下の通り。4

**「中国の銀行ではないし、一帯一路のための機関でもない」**

――アジア開銀や世銀との協調融資が多いですが、運営方針をどう考えていますか。

**金氏**　「ＡＩＩＢはアジアの膨大なインフラ需要に対応する目的で設立された。現在は資本の75％のシェアはアジア域内国の出資だが、加盟は年内に世界の85カ国・地域に拡大する見通しだ。将来はアジア域外にも融資していく。ＡＩＩＢが多くの国に支持される理由は、インフラ投資への期待だけではない。グローバル、かつ地域的な連結性を増し、幅広い基盤で経済社会開発を進める国際協力の精神によるものだ」

「世銀やアジア開銀ともオープンで、包摂的な協力をしている。中国はＡＩＩＢを設立しても、世銀やアジア開銀にある（低開発国向けの）譲許性の高いファンドへの拠出金を減らしていない。設立前は、他の国際機関と競合するとか、金融のセーフガード措置を無視するとか心配されたが、それは間違いだったことが証明された」

――ＡＩＩＢは中国の「一帯一路」構想の実現が目的でないか、との疑問があります。

**金氏**　「一帯一路の提案は、中央アジアや中東などと貿易を育んだ古代のシルクロードに由来する。これを進化させ、ＷＩＮ‐ＷＩＮ関係で協力を進めることがグローバル、かつ地域的な連結性の実現に重要だ。だが、ＡＩＩＢは中国の銀行ではない。多国間の開発金融機関（Ｍ

DB）の融資基準に合致すると理事会が認可すれば、一帯一路の事業に資金を出すこともあるが、あくまで独立したものとして運営する。一帯一路との関連にかかわらず、持続性があり、環境基準を満たす事業に融資していく」

――職員は、アジア開銀が約3000人いるのに、AIIBは100人程度です。今後、どの程度増やすのですか。

**金氏**「現在、5人の副総裁のうち3人が欧州、2人がアジア出身だ。職員もあらゆる専門人材に門戸を開いている。事業の発注は、インフラのニーズとガバナンスに対応できれば、日米企業を含めて全企業に開かれた競争入札をしている。こんな点からもAIIBが中国の銀行でないと分かるだろう。日本の政府関係者が前向きになれば、ハッピーだ」

「現在は資本金が約1000億ドルあり、新規加盟を受け入れながら実需に見合った陣容を段階的に整えていく。最大でどれだけ必要か、今は言えない。日本人の幹部職員の採用も検討している」

――中国のインド洋戦略は「真珠の首飾り」と呼ばれ、インドを封じ込めるように周辺国に港湾インフラを建設してきましたが、AIIBではインドは重要な加盟国ですね。

**金氏**「インドには今年5月、AIIBから初の融資を決めた。AIIBは非政治的な多国籍機関だ。国境問題や水問題など紛争に関わる事業には関与しない」

――北朝鮮はAIIBに加盟していませんが、将来は北朝鮮のインフラ建設を支援する可能性もありますか。

**金氏**　「いかなる国であれ、加盟国になった時には定款に従って対応していく」

## 二　アジア域外にも融資

### 年末には85カ国・地域に加盟拡大

日米ではＡＩＩＢを「ワシントン・コンセンサス」に挑む「北京コンセンサス」の象徴として警戒する人が多い。これに対し、金氏は「中国主導」の色彩が強まるのを抑制していた。中国脅威論や警戒心を柔らげる狙いもあるだろう。

無論、ＡＩＩＢが中国主導なのは間違いないが、加盟国・地域は２０１７年６月で80に増え、年内には85に拡大する方向にある。エチオピア、スーダン、マダガスカルなどアフリカ諸国、ベネズエラ、ボリビアなど中南米諸国にも広がる。ＡＩＩＢは将来、アジア域外にも融資をしていく方針だ。

中国はもともと資本金の半分まで拠出する覚悟だったが、加盟拡大によって中国の出資比率は縮小してきた。中国はＡＩＩＢの議決権の25％以上を有し、実質的な拒否権を持つが、金氏は日本メディアの取材に「加盟国が増えれば、中国の議決権は25％を下回る」と話し、拒否権にこだわらない姿勢を示している。[5]

## 初年度は協調融資で「安全運転」

2016年には南アジアや中央アジアなどに計約20億ドル融資した。大半はアジア開銀や世銀、欧州復興開発銀行、英国際開発省との協調融資で「安全運転」を試みた。

バングラデシュは天然ガスの採掘強化やパイプライン建設にAIIBから計2・25億ドルの融資を受けた。アブル・ムヒト財務相に聞くと、「AIIBは世銀など他機関の姿勢を踏襲しており、心配はない。資金源を多角化でき、シナジー効果が期待できる」と語った。

AIIB第二の出資国インドは、送電の改善にAIIBから1・5億ドルの融資を受けた。シャクティカンタ・ダス財務次官は「わが国は膨大なインフラ需要があり、あらゆる機関の支援が必要だ。AIIBには副総裁を送り、積極関与している」と話した。インド出身のD・J・パンディアンAIIB副総裁はモディ首相がグジャラート州首相時代の側近で、エネルギーの専門家だ。インドは2018年のAIIB年次総会の開催国になる予定だ。

もっとも、インドは5月中旬に開かれた「一帯一路サミット」には政府代表の派遣を拒否した。パキスタンでの一帯一路の事業に、印パ間の未確定国境地域が含まれていたからだ。インドはAIIBの開発協力では実利を優先し、中国と連携する一方、一帯一路の国際政治では警戒を緩めず、「政冷経熱」の様相を見せている。

## ムーディーズが発した「市場からの警告」

今のところ、ＡＩＩＢの融資に強い懸念は聞こえてこないが、運営体制には幾つも論点がある。多国籍の金融機関では加盟国が派遣する理事の常駐組織があるが、ＡＩＩＢにはない。

また、融資は資本金を元手に実施してきたが、通常は債券発行で得た資金を財源に充てる。ＡＩＩＢが今後、債券発行をして低利の資金を市場から調達するには、高い信用の格付けが要る。アジア開銀は最上位の「Ａａａ（トリプルＡ）」だが、ＡＩＩＢが国際的信用を欠けば、格付けが低くなり、資金コストが増す。ＡＩＩＢが日米両国に加盟を要請してきたのは、この信用力向上の狙いもある。

２０１７年６月末、格付け機関のムーディーズが発表した格付けで、ＡＩＩＢは最上位の「Ａａａ」を獲得した。これで近い将来、起債が可能になる。ムーディーズは声明で、ＡＩＩＢの資本の大きさやリスク管理、流動性に関する方針などガバナンスへの一定の評価を示した。[6]だが、この声明には「但し書き」があった。「格付け引き下げの可能性」について以下のように言及していたのだ。

「もし、ＡＩＩＢが他の高い格付けの国際金融機関並みにリスク管理プロセスを講じることができなかったら、格付け引き下げの圧力に直面する」「ＡＩＩＢの経営に対する出資国の介入や、投融資活動の極端な地理的偏向など不十分なガバナンスがあれば、また同様である」「中国など主要な出資国からの支援を期待する態度があれば、これも信用を低下させる」

このムーディーズの声明は、ＡＩＩＢが中国一国の国益や戦略に振り回されることなく、健全な運営を心がけるよう「市場からの警告」を発し、経営陣と中国政府に釘を刺したものと言える。また、このタイミングでＡＩＩＢの格付けがされたことには「時期尚早」という批判も出た。ＡＩＩＢが最上位の格付けを維持していくためにも、日米の加盟は引き続き大きな課題である。

## 三　日本のとるべき道

### 「疑問点が解消されれば、前向きに考える」

ＡＩＩＢと一帯一路に慎重だった日本政府も、歩み寄りを見せ始めた。5月中旬に北京で開かれた「一帯一路サミット」には、親中派の二階俊博・自民党幹事長が出席した。二階氏は4月に来日した孔鉉佑・外務次官補から直々に出席を要請された。二階氏は5月15日、ＡＩＩＢについて「参加をどれだけ早い段階で決断するかということになってくる」と報道陣に語った。

東京にいた安倍首相も同じ頃、ＡＩＩＢ参加について「公正なガバナンスが確立できるのかなど疑問点が解消されれば、前向きに考える」とテレビ番組で述べた。首相は一帯一路についても6月5日、「透明で公正な調達や財政の健全性が保たれることが不可欠」と指摘したうえ、「協力していきたい」と述べた。

柔軟化の背景には、北朝鮮の脅威と、米中関係の改善などがある。北朝鮮は挑発的なミサイル実験を繰り返している。北朝鮮に影響力があるのは、貿易額の9割を依存する中国だ。2017年3月には中国が国連の北朝鮮制裁に協力し、北朝鮮の石炭輸入をストップした。制裁が北朝鮮首脳の思考にどう影響するか見通しにくいが、日本にとって対中関係の改善が必要な時期に来ていた。

また、一時は台湾問題で凍り付いた米中関係も、改善してきた。「トランプ政権は、AIIBが米国の利益になると分かれば、加盟に動く」との見方も出ている。[7]

元中国大使の宮本雄二氏は、国際的ルールを遵守するAIIBの姿勢が明確になれば、日本企業のビジネス拡大も考え、加盟することを提言する。「アジアの巨大なインフラ需要に対し、資金不足なのは事実だ。米国が不参加のままでは簡単でないが、AIIBの事業の透明性などは担保されており、米国より先に入ってもよい」と語る。[8]中国の膨張には軍事・外交手段を総動員して対応する一方、中国の経済力を日本の成長戦略に活用する「対中二重アプローチ」が、宮本元大使の持論である。

## AIIBを通じて一帯一路の透明化、健全化を促す

ただ、日本企業のビジネスチャンス拡大論はAIIB加盟に一定の説得力を持つが、頭に入れておきたい現実もある。日本が主導するアジア開銀でさえ、日本企業の事業受注率は0・

5％程度なのだ。[9] 日本企業は人件費や調達コストが高く、海外で戦える人材も不足し、コスト競争力が弱まっている実情は深刻である。

その一方、一帯一路で提唱されるインフラ事業には、中国政府の政治的思惑が色濃く反映した事業や、採算度外視の事業が多いことが指摘されている。赤字体質の中国国有企業など「ゾンビ企業」が跋扈し、中欧間には巨大な不良債権になりかねない鉄道路線もある、と報じられている。[10]

だが、一帯一路のインフラ建設に資金を提供する金融機関や基金が中国主導でいくつも誕生している中、国際社会が比較的影響力を及ぼしやすいのは、ＡＩＩＢであろう。多くの先進国がＡＩＩＢに関与することによって、一帯一路の事業を少しでも透明化し、健全化させる役割を負わせることは可能ではないか。そこに日本も関与することによって、広域アジアの地域統合につなげていくことが出来るのではないだろうか。日本政府の「質の高いインフラ輸出戦略」やアジア開銀の地域統合ビジョンを一帯一路と融合し、相乗効果を上げる発想である。

もっとも、日本のＡＩＩＢ加盟には経済規模に応じた出資金が必要だ。加盟国の中では中国に次いで大きくなるため、数千億円規模になると予測される。[11] 麻生財務相は依然としてＡＩＩＢに対する日本の慎重な姿勢は変わっていないという。ＡＩＩＢがどれだけ日本の国益に資するか、十分説明できない限り、国会承認を得て加盟を実現するのは容易でない。

とはいえ、5月に来日した金氏は日本の政府系機関である国際協力銀行（ＪＢＩＣ）首脳と会談する場面もあった。ＪＢＩＣは、中国輸出入銀行や中国企業との間で事業上の関係があり、対話のパイプを持つ。その延長で、ＡＩＩＢとも対話促進に動き始めた。

インフラ輸出を成長戦略として進める日本は今後、世界のあちこちでＡＩＩＢや一帯一路構想の事業とぶつかる可能性が高い。日本の競争力は以前より弱まり、単独では経済援助に投じる資金や人材も限界があるのは明らかだ。国際協力を効率化するためにも、ＡＩＩＢ加盟も視野に、対話と連携を真剣に進める時が来ている。

**より学びたい人は——参考文献**


宮本雄二『習近平の中国』新潮新書、２０１５年。

津上俊哉『中国停滞の核心』文春新書、２０１４年。

三船恵美『中国外交戦略』講談社選書メチエ、２０１６年。

吉岡桂子『人民元の攻防』小学館、２０１７年。

「特集　２０１５　新興ドナー元年——援助秩序の再構築と日本の航路」『国際開発ジャーナル』２０１５年1月号。

「特集〝ドナー中国〟狂騒曲——交錯する利害と思惑」『国際開発ジャーナル』２０１７年3月号。

「ＡＩＩＢ　現実路線で関係づくりを」『国際開発ジャーナル』２０１７年7月号。

## 注

1　ＡＩＩＢのホームページ　https://www.aiib.org/

2　中央日報電子版２０１５年６月29日付　http://japanese.joins.com/article/415/202415.html?servcode=A00&sectcode=A30

3　「朝日新聞」２００７年５月４日付朝刊経済面「アジア経済統合 光と影《上》新興中印、強まる自負」。筆者・竹内が朝日新聞社勤務時代、アジア開銀創立40周年を記念した連載記事の中で、当時はアジア開銀副総裁だった金立群氏のインタビューを掲載した。

4　今回のインタビュー内容は『国際開発ジャーナル』７月号所収「ＡＩＩＢ　現実路線で関係づくりを」に掲載した。朝日新聞社のＷＥＢ ＲＯＮＺＡにも掲載した。http://webronza.asahi.com/business/articles/2017061500006.html

5　「日本経済新聞」２０１７年５月４日付朝刊「中国　拒否権にはこだわらず」

6　Moody's Credit Opinion: Asian Infrastructure Investment Bank - Aaa Stable: New Issuer Rating Assignment https://www.moodys.com/research/Moodys-assigns-first-time-Aaa-issuer-rating-to-Asian-Infrastructure--PR_368348?cy=jpn&lang=ja

7　「〝ドナー中国〟狂騒曲――交錯する利害と思惑」『国際開発ジャーナル』２０１７年３月号、25頁

8　同右、23頁

9　財務省広報誌『ファイナンス』２０１５年７月号所収 神田眞人「特集 インフラ支援について」

10　『ニューズウィーク』日本版２０１７年７月11日号「中国の意向で走る『ゾンビ鉄道』」

11　ブルームバーグ、２０１５年4月14日付「ＡＩＩＢに日本参加なら約30億ドルの負担金――政府が試算」は日本政府が非公式に作成した資料をもとに、日本のＡＩＩＢ出資比率は名目ＧＤＰをベースに14・7％と試算され、中国（28・5％）に次ぐ規模になると報じた。https://www.bloomberg.co.jp/news/articles/2015-04-14/-30-i8gxb7a4

# Ⅱ部

# 環境脱炭素共同体とアジア経済協力の道

# 6章　パリ協定時代の世界と日本

松下和夫（京都大学名誉教授）

ポイント
○パリ協定は化石燃料文明終焉のはじまり。
○米国のパリ協定離脱表明にもかかわらず、脱炭素社会への動きは止まらない。
○問われる日本の脱炭素政策と日中韓協力の可能性。

## 一　パリ協定と持続可能な開発目標が描く新たな世界の経済社会ビジョン

国連気候変動枠組条約第21回締約国会議（COP21、2015年12月）で採択されたパリ協定は、世界が脱炭素社会に向かうための長期目標と枠組みを定めた。

パリ協定は地球全体の気候変動抑制に関する野心的な長期目標を定め、化石燃料からの脱却への明確なメッセージを出した。また、先進国に率先的行動を求めながらもすべての途上国の参加も包括する枠組みを構築した。さらに継続的レビューと5年ごとの対策強化のサイクルを定めている。各国には自主的に定める国別目標の提出と目標達成の国内措置の追求などが義務付けられている。しかし、その実施や目標達成に法的義務はない。プロセスは詳細に定められたが、国別目標とその達成は各国の自主性に委ねられている。

パリ協定は2016年11月4日に発効した。産業革命以来の全球平均気温の上昇を2℃より十分低く、さらには1・5℃に抑えるよう努力することを目標としている。このため、今世紀後半に、世界全体の人為的な温室効果ガス排出量を人為的吸収量で相殺する（「ネット・ゼロ・エミッション」）という目標を掲げている。これは人間活動による温室効果ガスの排出量を実質的にゼロにする目標であり、脱化石燃料文明への経済・社会の抜本的転換が必要となる。

ところが世界各国がこれまでに提出した約束草案（自主目標）がすべて実施されたとしても2℃未満の目標には程遠いので、協定では、継続的・段階的に国別目標を引き上げる仕組みとして、5年ごとの目標見直しを規定している。各国は、既に提出している2025年／2030年に向けての排出量削減目標を含め、2020年以降、5年ごとに目標を見直し提出する。その際、原則として、それまでよりも高い目標を掲げることとされている。

各国はさらに気候変動の悪影響に対する適応能力とレジリアンス（耐性）を強化し、長期目標達成を念頭に置いた、温室効果ガス排出の少ない発展戦略を策定し、2020年までに提出

図1　世界を変えるための17の目標

出所：国際連合広報センター

することが求められている。

これらは、脱炭素社会への移行の強いシグナルを市場に送るものであり、パリ協定が意味するのは化石燃料依存文明の終わりの始まりでもある。

2℃という目標（まして1・5℃）を達成するために世界で排出が許容される温室効果ガス量には限界があり（これを「炭素バジェット」という）、限界は近づいている。残された時間は、現状排出量が続くと、あと20～30年しかない。世界全体で早急に温室効果ガス排出量の大幅削減が求められ、温室効果ガスを排出しない産業構造・経済社会への転換に向けた政策と制度の設計、事業活動の見直しが求められている。

一方、2015年9月の国連総会で採択された持続可能な開発目標（SDGs）は、経済発展、社会的包摂、環境保全の三側面に統合的対応を求める17のゴール（図1）と169のターゲットで構成され

図２　人類にとって、環境的に安全で、かつ基本的人権という視点から社会的に公正な空間領域

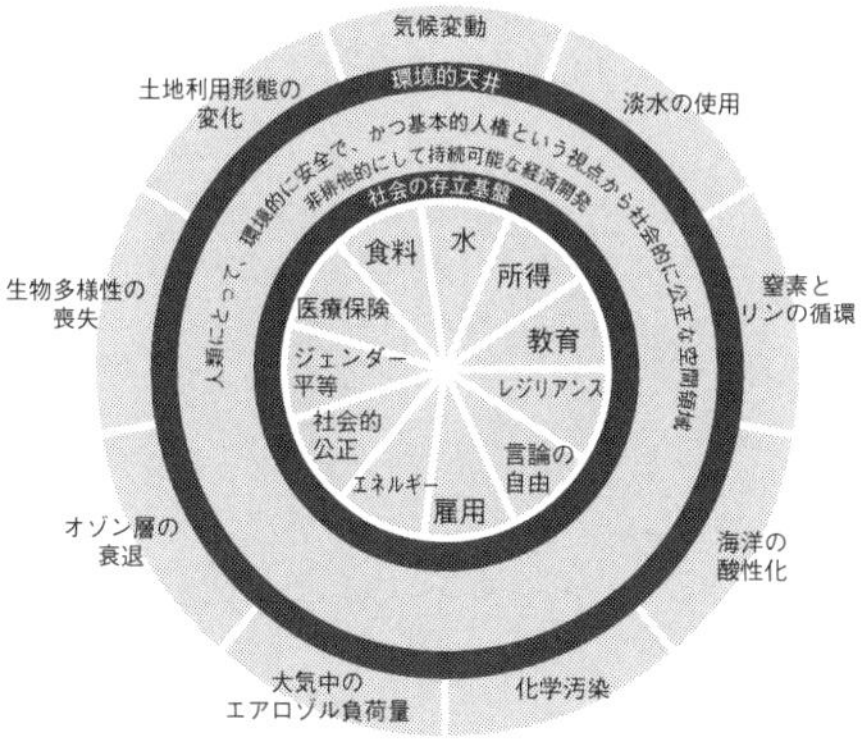


出所：Raworth;Rockström et al.

る。ミレニアム開発目標（ＭＤＧｓ：Millennium Development Goals、２０００年国連で採択。２０１５年が目標達成年）が、途上国の開発目標として定められたのとは異なり、ＳＤＧｓは、途上国だけでなく先進国も対象とする普遍的かつ革新的な目標だ。

ＳＤＧｓは、「誰も置き去りにしないこと」を中心概念とし、貧困に終止符を打ち、不平等と闘い、気候変動をはじめとする環境問題に対処する取り組みを進めることを求めている。ＳＤＧｓは、すべての国々に対し、人々の生活基盤の向上を追求しながら、地球システムの境界の中での行動を求めている。その前提は、貧困に終止符を打つために経済発展を促進する一方、教育や健康、社会的保護、雇用機会といった基本的人権を確保するための幅広い社会的なニーズに取り組みつつ、気候変動対策や環境保護を図る戦略が必要だという認識である。

SDGsとパリ協定が示す新たな世界の経済社会ビジョンはどのようなものだろうか。

ケイト・ラワースは[1]、SDGsが示す基本的人権という視点からの「社会の存立基盤の向上」と、ロックストロムが提示した「地球システムの境界[2]」の間には、ドーナッツ型の空間領域があり、これを「人類にとって、環境的に安全で、かつ基本的人権という視点から社会的に公正な空間領域」として示した（図2）。この図は持続可能な発展に新たな視点を与えるものである。ちなみにロックストロムらによれば、彼らが設定した8つの地球システムの境界のうち、すでに3つ（気候変動、窒素のリンの循環、生物多様性の喪失）の境界を超えてしまっている。

SDGsとパリ協定が示す新たなビジョンは、基本的人権に基づく社会的基盤の向上と地球システムの境界の中で、貧困に終止符を打ち、自然資源の利用を持続可能な範囲に留め、環境的に安全で、かつ基本的人権という視点から社会的に公正な空間領域で、地球上のすべての人々が例外なくその幸福（well-being）の持続可能な向上が図られる社会と定義できる。

## 二　既に始まっている脱炭素社会への動き

脱炭素社会への抜本的転換はすでに始まっている。再生可能エネルギーコストは急速に下がり、爆発的普及が続いている。2005年末から2015年末までの10年間で、世界の風力発電導入量は約7倍（59GW《ギガワット》から432GW）（1ギガは10億）、太陽光発電導入量は約46倍（5・2GWから234GW）に拡大した。2014年、15年は世界の石炭消費が前年比で減少し、石炭時代の終焉の始まりを象徴した。

国連環境計画（UNEP）によると、2015年の大規模水力以外の再生可能エネルギーに対する世界全体の投資額は2860億ドルで、2004年時点比で6倍以上に拡大している。同時期の化石燃料発電への投資額は1300億ドルと再生可能エネルギー全体の半分以下にとどまる。

新たな脱炭素ビジネスモデルも世界で拡大している。自社エネルギー資源を100％再生可能エネルギーに転換することを宣言した企業（RE100）[3]は、イケア、ブルームバーグ、日本のリコーなど96社に上る。科学的根拠に基づく$CO_2$削減目標を推進する"Science Based Targets Initiative"[4]への加盟企業も急増し、286社に達した（いずれも2017年7月4日現在）。

日本では、脱炭素社会の実現を目指し、経営層への働きかけを行っている「日本気候リーダーズ・パートナーシップ」（Japan‐CLP）[5]が、大幅な$CO_2$排出削減に向けた経営手法（科学的目標設定、企業内部での炭素価格付け等）や協働ビジネスの検討などの活動を行っている。

世界の主要機関投資家の間で、石炭等の化石燃料を「座礁資産」（パリ協定の目的達成のための規制強化等により使用できなくなるリスクがある資産）と捉え、企業価値へのリスク、気候変動のリスクを明示的に認識し、回収不能となる資産（座礁資産）である化石燃料関連への投資を引き上げる動き（ダイベストメント）が拡大している。たとえばノルウェー公的年金基金は保有する石炭関連株式をすべて売却する方針を決定した。化石燃料資産を保有し続けることが、中長期的にもビジネスリスクの大きいものになっているとの認識が高まっている。

公的金融でも気候変動への影響を考慮した投資指針が導入されている。すでに世界銀行をはじめ国際開発金融機関では、石炭火力に対する融資規制、また欧米諸国では途上国への石炭火力輸出規制を導入していた。さらに2015年11月には、「OECD公的輸出信用アレンジメント」の改定で、石炭火力に対する公的支援規制が合意された。これにより原則として$CO_2$排出量の多い「亜臨界圧発電」や「超臨界圧発電」は融資対象外とし、実質的により高効率の「超超臨界発電」以上を融資対象の条件とすることとされた。

民間金融でもグリーン・ファイナンスの新たな動きが顕著だ。国際エネルギー機関（IEA）によると、再生可能エネルギーとエネルギー効率向上のための投資として、2035年までに53兆ドルが必要である。それには民間投資の役割が大きい。膨大な資金需要に応えるために、気候変動対策に資する事業に特化した、グリーン・ボンド、グリーン・インベストメント・バンクなどの活動が拡大している。

## 三　米国のパリ協定離脱表明

世界がパリ協定に沿った取り組みを始める中、米国のトランプ大統領が２０１７年6月1日に行ったパリ協定離脱演説は世界に衝撃を与えた。だがこの演説は、世界各国、自治体、産業界、市民社会などのパリ協定に対する取り組みへの意思を再確認し、加速させる効果を生んだ。

トランプ大統領は、パリ協定は米国の産業と雇用を痛めつける不公平なものだとする一方、再交渉や再加入に含みを持たせた。しかし各国首脳と国連事務局は、直ちにパリ協定の再交渉を拒否した。

トランプ大統領はパリ協定によって米国は多大な経済的犠牲を強いられると語ったが、米国の石炭産業が衰退し雇用が減ったのは、採掘技術高度化で人手がいらなくなったこと、天然ガスや再生可能エネルギーに対するコスト面の優位性を失ったことが原因だ。

さらに、先進国による途上国の温暖化対策への援助、特に「緑の気候基金」への拠出も問題とした。先進国は一部の途上国とともに、緑の気候基金に資金拠出を行うことを約束し、既に43カ国、１０３億ドルの資金拠出が約束されている。米国の約束拠出額30億ドル中10億ドルはオバマ政権の時に拠出されたが、今後の拠出は停止されることになる。ちなみに、日本は米国に次ぐ15億ドルの資金拠出を約束している。

米国の拠出打ち切りは確かに影響が大きい。他の先進国の負担増、中国など途上国自身による資金拠出、一層の民間資金の活用などが必要となる。ただし気候変動の緩和や適応への投資は、新たな産業や雇用創出につながる未来への投資だ。

トランプ演説は、気候変動対策にも米国経済の発展にも逆行する内容である。しかし、米国のパリ協定脱退表明にかかわらず、世界の化石燃料依存文明からの脱却の流れは止められない。米国の多くの州・都市、産業界のリーダー、市民社会はパリ協定の実現に向けた取り組みの強化を表明している。

ブルームバーグ・前ニューヨーク市長が呼びかけた「We Are Still In（私たちはまだパリ協定にいる）」との声明には、ニューヨークやカリフォルニアなど9州や全米125都市に加え、902の企業・投資家、183の大学が署名した（2017年6月5日現在）。企業では、アップル、グーグル、ナイキなどが名を連ねた。

カリフォルニア州では、既定の2030年に電力の50%を再生可能エネルギーで供給する目標に加え、2045年までに再生可能エネルギー100%を目標とする法案が州議会上院で可決された。

世界でもEU加盟国、カナダ、中国、インドその他の途上国はこぞってトランプ大統領の決定を非難し、米国抜きでパリ協定の実施を進める決意を固めている。トランプ演説は、米国の孤立を招き、モラル・リーダーとしての信頼も失墜させることになる。

## 四　問われる日本の脱炭素政策

トランプ演説への批判は日本でも起こった。しかし日本は米国を批判するに値する脱炭素政策を持っているだろうか。米国では、多くの州政府・都市、先進的企業群、市民社会がパリ協定実現に向けた取り組みを強化することを力強く表明した。日本にはそれに匹敵する政府の政策、企業の積極的取り組み、地方自治体のイニシアティブ、市民社会の盛り上がりがあるとは到底いえない。日本はトランプ演説を反面教師とし、脱炭素で持続可能な経済社会の構築に向け、立ち遅れているパリ協定への取り組みを本格化することが必要だ。

ちなみにCOP22（2016年11月）の会期中にドイツの環境NGOのジャーマン・ウォッチが各国の気候変動政策を、排出量、排出量の変化、効率、再生可能エネルギーの導入状況、政策の5分野の15指標で評価したランキングを発表した[6]。これによると、日本は対象58カ国中下から2番目という不名誉な位置を占めた。日本のパリ協定に向けた約束草案では、2030年までに、2013年比温室効果ガス排出26％削減との目標を掲げているが、この目標値が野心的ではないこと、国内外で石炭火力を推進していることなども国際的評価を下げている。

閣議決定されている第4次環境基本計画では2050年80％削減の目標が掲げられているが、

２０１２年から２０５０年まで直線的に80％の排出削減を進めると仮定すると、２０３０年時点では約38％の削減が必要となる。現在の約束草案は、２０１２年度比では約25％の削減で、環境基本計画との整合性がとられていない。

エネルギーミックスも問題が多い。省エネ、再エネの見込みが小さすぎ、原子力発電20〜22％は非現実的である。石炭火力を現状より増やし26％とすることは$CO_2$排出量を考慮すると過大だ。現在日本では次々と石炭火力の新設計画が出されているが、石炭発電の使用電力量当たりの$CO_2$排出量は、最新型でも、約８００ｇ―$CO_2$／ｋＷｈである一方、天然ガス火力発電所は、最新コンバインドサイクルで約３５０ｇ―$CO_2$／ｋＷｈなので、２倍以上である。さらに今後世界的に排出規制が強化された場合、石炭等の確認埋蔵量のかなりの部分や化石燃料使用を前提としている火力発電所なども、回収できる見通しのない「座礁資産」となる可能性がある。

現在日本国政府は、「長期脱炭素発展戦略」を策定中である。[7] 長期戦略は単なる気候変動対策の戦略ではなく、将来の社会経済のあり方を展望した国家の発展戦略となるものだ。気候変動対策をきっかけとした技術、経済社会システム、ライフスタイルのイノベーション創出が、長期大幅削減と日本社会が直面する少子高齢化、人口減少、地方の衰退などの経済・社会的諸課題を同時解決する鍵となる。

一方、世界的な脱炭素経済への流れは必然で、脱炭素に向けた巨大なグリーン新市場（これは「約束された市場」と称される）の拡大が予想される。例えば、IEAの試算によれば、2℃シナリオにおいて電力部門を脱炭素化するには、2016年から2050年までに約9兆ドルの追加投資が必要とされ、建物、産業、運輸の3部門の省エネを達成するには、2016年から2050年に約3兆ドルの追加投資が必要とされている。[8] 巨大な「約束された市場」への挑戦は、日本経済の発展を左右する。また、気候変動対策の実施により、エネルギー支出削減や国際競争力の強化、雇用創出に加え、気候変動リスクの回避、資産価値の向上、エネルギーセキュリティ強化など多様なメリットがもたらされる。

脱炭素経済への移行の核となる政策手段が「カーボンプライシング」（炭素排出への価格付け）である。[9] カーボンプライシングは、全ての経済主体に排出削減のインセンティブを与え、市場の活力を最大限活用し、低炭素の技術、製品、サービス等の市場競争力を強化する効果が期待できる。炭素に価格がつくことで、$CO_2$排出者は排出を減らすか、排出の対価を支払うかを選択し、社会全体でより公平かつ効率的に$CO_2$を削減できる。また、カーボン・プライシングによって新たな投資と需要が喚起され、脱炭素型イノベーションが促進される。

カーボン・プライシングの具体的手法には、炭素税と排出量取引がある。わが国の現行温暖化対策税（炭素税）は税率が世界的にも非常に低く、温室効果ガス抑制にはあまり効果を上げていない。[10] 本格的炭素税の導入が必要である。すでにスウェーデンやドイツなどではわが国の温暖化対策税よりもはるかに高税率の炭素税・環境税をグリーン税制改革の一環として実施した結果、排出削減と経済的便益を同時に達成している。[11] 炭素税の税収は、所得税減税ないし社会保険料軽減にあて税収中立とする、あるいは社会保障政策の財源とするなど、他の政策目標との統合を図ることも可能だ。

現在の日本経済は、低金利で資金は潤沢にあり、需要不足が課題である。気候変動対策の推進とそれに伴うイノベーションの展開に資金と技術を投入することが、日本経済の基盤と国際的競争力の強化に繋がる。

## 五　日中韓環境・エネルギー共同体は可能か

米国のパリ協定からの脱退表明により、国際的な気候変動政策のリーダーシップに空隙が生じる。この空隙は誰が埋めることになるだろうか。独仏を中心としたEU諸国、再生可能エネルギー大国の中国などが影響力を高めることは必然であろう。それとともに東アジアの主要温室効果ガス排出国である中・日・韓の動向もより重要となる。

韓国の文・新大統領は脱原発を表明し、石炭火力の抑制にも取り組もうとしている。[12] 中国では国を挙げて低炭素社会を目指すとともに、「一帯一路」低炭素・エネルギー協力を推進しようとしている（本書第8章李論文参照）。炭素市場やカーボンプライシングでも日本は中韓と比べ立ち遅れ気味である。本書のテーマである日中韓環境・エネルギー共同体を検討する前提としては、なによりも日本の気候変動政策の確立が不可欠である。

### より学びたい人は——参考文献


環境省「長期低炭素ビジョン」２０１７年　http://www.env.go.jp/press/103822/105478.pdf

ワールドウォッチ研究所「地球白書２０１３—14」、ワールドウォッチジャパン、２０１６年。

Carbon Pricing Leadership Coalition(2017), "Report of the High-Level Commissionon Carbon Prices"

World Bank , "State and Trends of Carbon Pricing 2014", 2014.

World Bank ,"State and Trends of Carbon Pricing 2016", 2016.


### 注

1　ワールドウォッチ研究所（２０１６年）、28—29頁。

2　http://www.stockholmresilience.org/research/planetary-boundaries.html

3　http://there100.org/

4　http://sciencebasedtargets.org/

5　https://japan-clp.jp/

6　http://germanwatch.org/en/ccpi

7　環境省では長期脱炭素発展戦略の策定に向け「長期低炭素ビジョン」（２０１７年３月）を、経済産業省では「長期地球温暖化対策プラットフォーム報告書」（同年4月）を公表している。

8　環境省（２０１７年）、6頁。

9　Carbon Pricing Leadership Coalition (2017). 環境省（２０１７年）、62―70頁。

10　World Bank (2014) によると、わが国の温暖化対策税（税率：２８９円／ｔ‐ＣＯ２）は、世界で導入済みの炭素価格としては最も低い部類である。このような低税率では排出削減への価格インセンティブとして機能せず、アナウンスメント効果も期待できない。

11　環境省（２０１７年）、１５０頁。

12　すでに韓国では２０１６年12月に策定した「第1次気候変化対応基本計画」によって10カ所の老朽発電所の稼動中止が決まっていたが、文大統領はこれに加え、大統領業務指示により新規火力発電所8カ所（総発電量７ＧＷ）の建設計画の中止を指示した。また、原発については、設計寿命を迎えた原発は原則として破棄し、新規建設はしない方針を明らかにしている。

# 7章　東アジア低炭素共同体構想とその具現化

周　瑋生（立命館大学政策科学部教授）

ポイント
○低炭素社会の実現は、先進国と途上国が共通に目指す目標である。
○「東アジア低炭素共同体」は、重層的な構造で一石多鳥の波及効果が期待される。
○その具現化方法の一つとして「東アジア排出量取引制度」の設計と導入を。

## はじめに

グローバルな気候変動問題を解決するためには、一国などのローカルな努力が必要不可欠であると同時に、国境を越えた多国間の協力と政策の統合による広域低炭素化社会の実現が求められる。特に東アジア地域は世界でも有数の多様性と発展レベルの異なる複数の国を持つ地域であり、現在グローバルスケールで直面する気候変動や環境破壊、経済成長に伴う資源制約と環境制約などの課題を一地域に集約している稀な例であるといえよう。気候変動問題の解決と「東アジア共同体」の構築にあたり、低炭素化という世界共通の目標を中核とし、日中韓3国をはじめとする「東アジア低炭素共同体」は比較的に実現可能性が高く、かつ優先度の高い構想であると考えられる。

本章は、「東アジア低炭素共同体」（以下、共同体という）構想とそのフレームワークを紹介し、日中韓3国の協力を事例とした共同体の有無による経済環境面の効果を分析し、同構想の具現化を図る方策の一つとして「東アジア炭素排出量取引制度」構築の必要性と概要を紹介する。

## 一　「東アジア低炭素共同体」構想

### 「東アジア低炭素共同体」構想の提起

２０１５年12月に気候変動枠組条約第21回締約国会議（ＣＯＰ21）で、京都議定書に代わるものとして締約国全員参加を目指す「パリ協定」が採択され、「2℃抑制、1・5℃努力」目標を規定し、今世紀後半に人間活動による温室効果ガスのネット排出量を実質的にゼロにする（人為的排出量を人為的吸収量で相殺する）ことをうたった。そのなか、２０３０年までに日本は2013年比26%削減、中国は2005年比GDPあたりの$CO_2$排出を60―65%削減、韓国は対策なしの場合比37%削減をそれぞれの削減努力目標として公表した。温暖化防止に向けての低炭素社会の実現は、先進国と途上国が共通に目指す目標である。しかし、日本はすでに世界最高の省エネ・高効率化を達成しており、$CO_2$を一層削減するにはコストが高く、劇的削減は困難である。一方、$CO_2$排出大国である中国は、削減ポテンシャルが高く、費用対効果が大きいが自助努力に限界がある。しかも経済成長・公害克服と低炭素化のコベネフィット（共通便益）が明確になると、これは低炭素化政策への強力なインセンティブになろう。

このように気候変動問題（地球温暖化問題）の緊迫性と不確実性、$CO_2$の特徴（どこで削減しても、どこから排出しても温暖化に対してはほぼ同じ効果）と$CO_2$対策のコベネフィット効果などから、革新的な技術の開発と適正技術の移転、経済と社会システムの変革及び戦略的イノベーションによる、国境を越えた国際互恵型広域低炭素社会の構築は、地球の持続可能性の達成及び途上国の持続可能な開発の実現に寄与するものと考えられる。著者は、この「広域低炭素社会」のことを日中韓3カ国の協力を中心とする「東アジア低炭素共同体」と名づけ、その構想を2008年に提案し、理論と実証の両面からその具現化を目指してきた（参考文献参照）。

図1　「東アジア低炭素共同体」構想の空間的連携

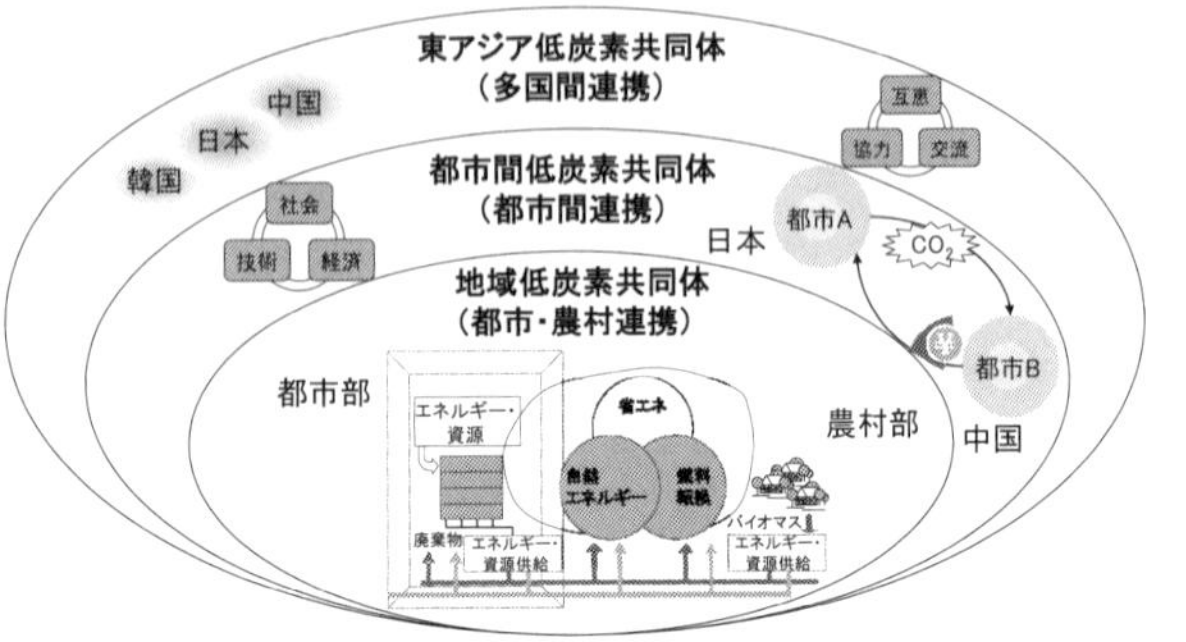


## 「東アジア低炭素共同体」構想のフレームワーク

気候枠組みにおいては、日本、韓国と中国の3カ国をそれぞれ東アジア地域に位置する先進国、中進国、途上国（新興国）として分析することができる。気候変化というグローバル問題と貧困克服（経済発展）、公害克服というローカル問題を同時に対処する必要のある東アジアにおいて、「東アジア低炭素共同体」構想は、以下のような4つの軸から重層的な構造を持っている。[1]

第一の軸は、「世代的衡平」。「共通だが差異のある責任」原則に基づいて、同一世代間の衡平、異なる世代間の衡平を図る必要がある。

第二の軸は、「空間的連携」。図1に示すように、グローバルな気候変動問題を解決するためには、一国のみの努力では不可能であり、都市農村連携によるローカル低炭素化、国際都市間連携による都市間低炭素共同体、国境を越えた多国間連携による広域低炭素化社会の実現が不可欠である。

第三の軸は、「政策的統合」。人類社会が直面している環境問題は、多様化し、拡大する傾向にある。そして多くの課題は、それぞれが相互に原因となり結果となって絡み合っている為、これを総合的に解決していくことが必要である。特に、途上国の場合は、貧困、公害と地球規模の環境問題に同時に直面し、同時に対処せねばならない状況に置かれている。例えば、日中韓３国を合わせた経済規模は世界の25％、電力消費量は25％、$CO_2$排出量は30％へと増大し（２０１４年）、また$CO_2$排出に加え大気越境汚染（$NO_x$、$SO_x$、煤じん、オゾン）が深刻である。そのための大気統合戦略では、地球温暖化防止対策以外に、酸性雨越境汚染（大気汚染）防止、生物多様性保護、森林再生、リサイクル、廃棄物処理などの対策を講じる。

　第四の軸は、「結果的互恵」。低炭素共同体の枠組みとして、「ゼロサム」ゲームではなく、協力側全てに利益が生じる「ＷＩＮ・ＷＩＮ」ゲームの制度設計、並びに直面するローカル的とグローバル的諸課題の同時解決に寄与するコベネフィット効果のある対策の実施が求められる。技術による削減はもっとも期待される方策である一方、経済社会システムの改変による社会イノベーションも求められる。例えば、中国が日本並みの火力発電効率まで向上するだけでその年間排出削減量は、日本の年間排出総量の半分に相当するものとなり、それに伴うビジネスチャンスと公害汚染物質の削減効果も膨大だと予想できる。

## 二 「東アジア低炭素共同体」構想の具現化

東アジア低炭素共同体の実現は、温暖化対策に加えて、経済、環境、社会の調和が取れた持続可能で活力のある社会を形成していくものである。このための要素課題として、革新的低炭素技術の開発と既存技術の移転、低炭素化経済産業システムの創出とライフスタイルなど低炭素社会システムの変革、国際連携によるエネルギー・物質循環のエコデザイン、パイロットモデル事業を通じて、低炭素社会の実現可能性について先駆的に実証し、持続可能な低炭素社会への移行過程を具現化するロードマップの提示、アジア地域の低炭素社会建設を誘導する政策提言、などが挙げられる。ここでは、日中韓3国の技術的な「格差」と「潜在力」を分析し、それを背景に「東アジア低炭素共同体」構想を具現化するための日中韓中心とする「東アジア排出量取引制度」(EA-ETS)の設計について考える。

### 日中韓3国の技術的な「格差」と「潜在力」

図2は、日中韓3国の実質GDP当たりの$CO_2$排出量($CO_2$排出強度)比較である。1971年から2011年までの40年間、日中韓3国の$CO_2$排出強度の「格差」が大きい。たとえば、中日間の差は1971年で11・8倍、2011年は6・2倍である。

図２　日中韓３国の実質 GDP 当たり $CO_2$ 排出量の比較

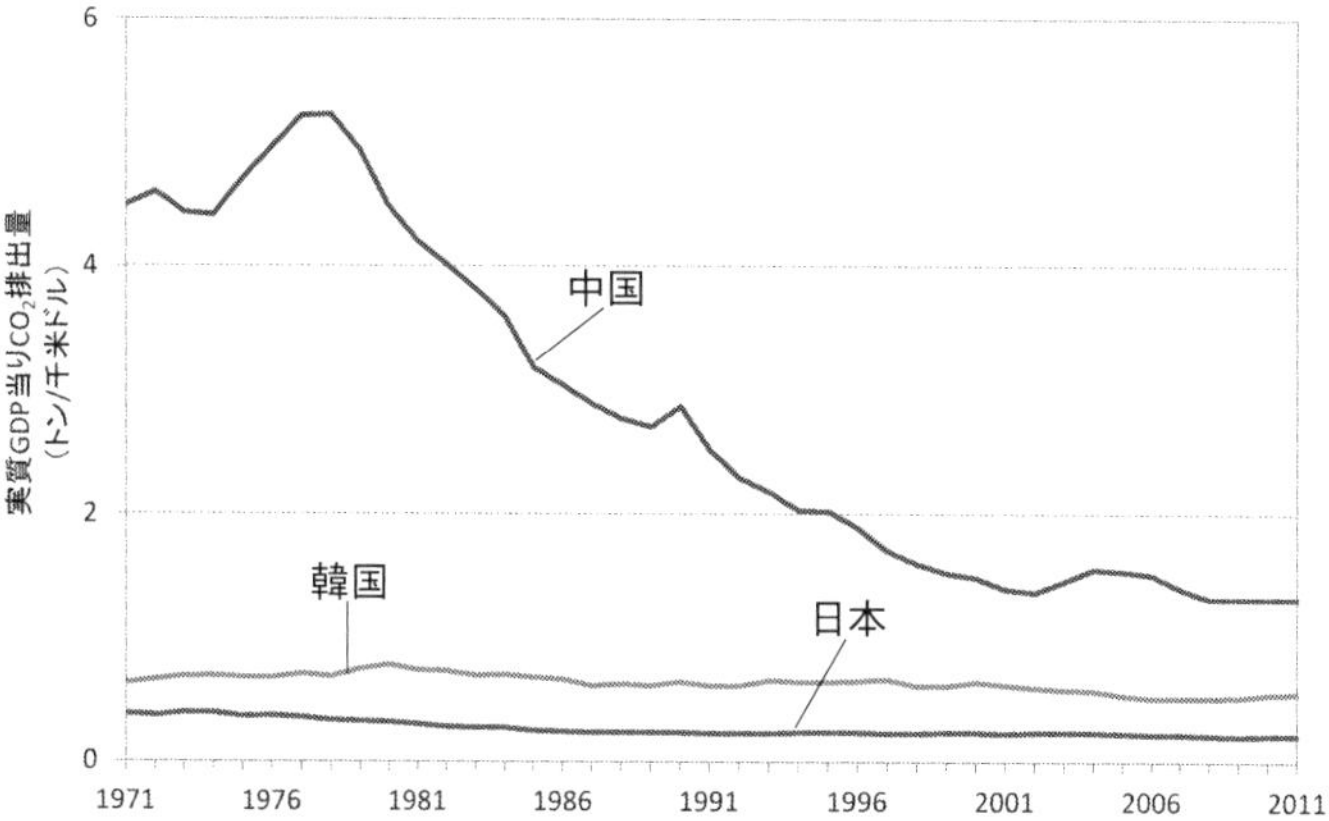


出典：“2014 EDMC HANDBOOK of ENERGY & ECONOMIC STATISTICS” より作成

さらに、１９７１―２０１１年の40年間にわたり、日中韓３国が合計の$CO_2$排出は１６９８億トン、もし中韓両国の$CO_2$排出強度を日本並みに達成するとして、40年間削減可能な$CO_2$量は１０９０億トンとなり、３カ国合計の排出量の約64％に相当する。同様に、１９７１―２０１１年の40年間、中国の$CO_2$合計排出量は１１７５億トンであり、中国の$CO_2$排出強度を日本並みに達成するとして、40年間の削減可能な$CO_2$量は１０２３億トンで、中国の40年間合計排出量の87％に相当する。この「格差」の原因として、エネルギー構造、産業構造、技術レベル、ライフスタイル、及び為替レート等が挙げられる。上述のように、中国の石炭火力発電効率を日本並みの効率まで向上できれば、これによる$CO_2$削減量は日本の年間排出量の約半分に相当する。これを実現できれば、$CO_2$の削減のみならず、中国の石炭消費量の削減、それによる大気汚染物質の削減、経済性の向上、日本の産業振興と経済成長などにも大いに寄与できるものと考えられる。

しかし、技術には「賞味期限」があり、図2に示すように二国間の技術「格差」も急速に縮小していく。産官学連携により、産業技術を如何に海外へ進出するかは喫緊の課題だと考えられる。

## 「東アジア排出量取引制度」の設計

温室効果ガス削減の目標を達成するため、低炭素技術の普及、エネルギー構造の転換等の対策が不可欠である一方、市場メカニズムとしての炭素排出量取引制度も一つの重要かつ有効な手法として重視されている。その中で、同構想を具現化するためには、東アジア地域における炭素排出量取引制度（EA-ETS：East Asia Emission Trading Scheme）の設計と導入が不可欠なものと考えられる。EA-ETSの構築は、限界削減費用（排出削減量の増加分一単位あたりの総費用の増加分）の減少による排出削減の効率化の原理を基にして、より広い流通性の高い取引市場の実現、より効率的な削減の実現等のメリットがあげられる。

### ①排出量取引方式

排出量取引方式は、キャップ・アンド・トレード（Cap and Trade、以下C&T）型とベースライン・アンド・クレジット（Baseline and Credit、以下B&C）型に分けられる。

C&T型方式は、規制される主体の排出可能量全体に制限（Cap）が課せられ、それぞれの規制対象主体に割り当て、その過不足分を取引（Trade）できるようにする制度である。同方式は、EU、東京都、米国北東部などで実施されている。

B&C型方式は個々の主体に対しての排出枠というものが設定されていないものの、温室効果ガスの排出削減プロジェクト等を実施し、プロジェクトがなかった場合に想定される排出量（ベースライン）に比べた温室効果ガスの排出削減量をクレジットとして認定し、このクレジットを取引する方式である。同方式の転用事例として、クリーン開発メカニズム（CDM）、日本国政府が認証する国内クレジット制度等が挙げられる。

### ②「EU排出量取引制度」（EU-ETS）方式

2005年にEUは世界初で最大の域内排出量取引制度「EU排出量取引制度」（EU-ETS：European Union Emission Trading Scheme）[2]が設立された。EU-ETSは、域内における統一的な排出量取引制度であり、その主な仕組みとして、政策執行組織EU委員会（EU全体としての排出削減目標量の設定、各国の総排出量の設定、遵守義務のある対象企業を定め、それらの対象企業に対しては許容排出量の配分、遵守枠組みの管理などの機能を持つ、制度全般の運営管理の役目を担う）を有し、「絶対目標を課す、義務参加」方式のC&T義務型排出量取引制度の利用などが挙げられる。ところで、ＥＡ－ＥＴＳがＥＵ－ＥＴＳ方式を採用するなら、統一的な削減目標値の設定、国間の配分問題、３カ国独自の温暖化対策の統合など複数の課題が生じている。

### ③排出取引制度のリンク方式

一方、日本は、２００５年度からＢ＆Ｃ型の自主参加型国内排出量取引制度（ＪＶ－ＥＴＳ）を実施し、中国は２０１３年より2省と5都市にて7つの炭素排出量取引所をパイロット事業として開設し、韓国も２０１２年に排出量取引法が可決され、２０１５年からＫＲＸ（韓国取引所）で新たな排出量取引市場が開始されている。排出量取引制度は世界的に拡大しつつあり、異なる国内排出量取引制度間のリンク（連結）という新たな現象が現れた。このリンク方式には、より多くの、潜在的に安価な排出削減オプションを提供し、企業の競争力低下の懸念を軽減でき、市場参加者の数を増加させ、取引をより効率的にし、より大きな炭素市場が商品価格や為替レートの急激な変化を吸収できるなどベネフィットがあると期待される。

日中韓３国の現存排出量取引制度をリンクする場合に、目標設定と参加方法、カバレージ、配分方式、費用緩和措置、遵守枠組みという5つの要素を考察する必要がある。ＥＵ－ＥＴＳと他国の取引リンク経験を参考にして、自主参加を強制参加に統一させること、対象部門の業界範囲の調和、ベンチマーク方式を利用する無償配分の割合を徐々に削減されることの調整、バンキング、ボローイングの利用可能であることが一致していること、国際的なオフセットクレジットの使用に定量的な限界を定めること、遵守枠組みの統一など、日中韓3国の取引制度リンクに際して各要素の調整が必要となる。

EU‐ETSと比べ、日中韓における炭素排出量取引市場には、政府ガバナンスのような政策執行組織がないこと、地域の経済的格差、全体的な削減目標値や総排出枠がないこと等がEA‐ETS構築のバリアになる。そして、EU‐ETSとノルウェー、スイス、オーストラリアの取引リンク事例から、排出権取引のリンクには、異なるスキーム間の完全な調和を必要としないことが分かる。それゆえ、リンク方式による炭素排出量取引市場の構築はEU‐ETS方式より、政策上の実現性が高いものと考えられ、3カ国の取引制度のリンクによるEA‐ETSの構築を提唱する。

## 三 「東アジア低炭素共同体」統合評価モデルの開発とケーススタディ

「東アジア低炭素共同体」の具現化を図るために、共同体の有無による経済的、環境的効果を評価し、同構想の将来シナリオを構築する必要がある。そのためのエネルギー・経済統合評価モデル（G‐CEEP：Glocal Century Energy Environment Planning）[3]を開発し、3つのケースを設定して分析した。モデルの詳細は割愛するが、ここでは、①BAUケース（Business

As Usual、$CO_2$排出目標なし）、②ＣＯＰ15単独ケース（ケーススタディーとしてＣＯＰ15目標を使用。２０２０年までに日本が１９９０年比25％削減、中国が２００５年比ＧＤＰあたり45％削減、韓国がＢＡＵ比30％削減を各国が単独で達成）、③ＣＯＰ15協力ケース（ＣＯＰ15目標を国際協力で達成）を設定し、ケーススタディーを行った結果、日中韓３カ国に、リンク方式排出量取引制度を導入し、各国が公示した目標を協力し合って達成した場合のコストは、日中韓が単独に達成した場合に比べ、それぞれ40・９％、11・５％、41・１％低下する。また同制度の実施により、中国がクレジット供給国となることで、排出削減目標を超えて排出削減を実施し、同制度は温室効果ガスのさらなる排出削減を実現することを示した。また、排出削減義務のない地域で$CO_2$排出量が増加するカーボン・リーケージは生じないというシミュレーション結果も導き、日中韓排出量取引制度（ひいては東アジア低炭素共同体）の有効性をさらに裏付けている。

## おわりに

日中韓３国をはじめとする東アジアを対象に、国境を超えた長期的な低炭素社会移行シナリオや低炭素政策・技術のロードマップの策定、地域に根ざした低炭素成長モデルの構築が重要である。本章は、「東アジア低炭素共同体」構想の政策フレームを紹介し、同構想を具現化する方策の一つとして日中韓3国の協力を事例とした東アジア炭素排出権取引制度（ＥＡ－ＥＴＳ）を概説した。

中国の深刻な大気汚染で示されるように、今後は、経済発展（貧困克服）・ローカル環境問題（公害克服）・グローバル環境問題（$CO_2$削減など）ならびに、大気汚染、水質汚濁、土壌汚染、生態系破壊、黄砂・砂漠化・越境汚染の共同解決、エネルギー資源の長期安全保障等ローカルとグローバルな課題が山積である。多元的で複合的な対策の実施と幅広い国際協力が益々重要となる。

「東アジア低炭素共同体」の実現は、温暖化対策に加えて、経済発展、公害克服と社会の調和が取れた持続可能で活力のある国際社会を形成していくものであると期待する。

注記：本章の研究内容は、環境省地球環境研究総合推進費（Ｈｃ－０８４）の支援と立命館グローバル・イノベーション研究機構（Ｒ－ＧＩＲＯ）の助成により実施された。

**より学びたい人は――参考文献**

外務省「パリ協定」和訳　http://www.mofa.go.jp/mofaj/files/000197312.pdf
周瑋生「広域低炭素社会実現を目指して――『低炭素共同体』構想の提起」『環境技術』37巻9号、2008年、642―6頁。

周瑋生・仲上健一・蘇宣銘・任洪波「『東アジア低炭素共同体』構想の政策フレームと評価モデルの開発」環境技術学会『環境技術』Ｖｏｌ．39、２０１０年９月、５３６―42頁。
蘇宣銘・周瑋生・穆海林・仲上健一「『東アジア低炭素共同体』実現のための将来シナリオ構築に関する研究」『政策科学』Ｖｏｌ．17、№２、２０１０年、２８５―96頁。
Weisheng Zhou , Xuanming Su and Xuepeng Qian, Study on the Introduction of $CO_2$ Emissions Trading System for Realizing East Asian Low-Carbon Community, Journal of Policy Science Vol.8, 2014.
EU-ETS HANDBOOK, EC (European Commission) http://ec.europa.eu/clima/publications/docs/ets_handbook_en.pdf

## 注

1 周瑋生・仲上健一・蘇宣銘・任洪波「『東アジア低炭素共同体』構想の政策フレームと評価モデルの開発」

2 EU-ETS HANDBOOK Ⅱ部 環境低炭素共同体とアジア経済協力の道 １１６

3 蘇宣銘・周瑋生・穆海林・仲上健一「『東アジア低炭素共同体』実現のための将来シナリオ構築に関する研究」、Weisheng Zhou , Xuanming Su and Xuepeng Qian, Study on the Introduction of $CO_2$ Emissions Trading System for Realizing East Asian Low-Carbon Community.

# 8章 「一帯一路」低炭素共同体構築の実践と展望
## ——中国の取り組みと日中韓協力への示唆

李　志東（長岡技術科学大学工学部教授）

ポイント

○中国は自国義務の100%履行を宣言、低炭素社会構築の「率先垂範」を狙う。
○中国は「一帯一路」低炭素・エネルギー共同体構築に向けた、取り組みを本格化。
○日中韓は共同体形成の突破口として北東アジア送電網事業を後押しすべき。

## はじめに

英国のEU離脱や米国トランプ政権のTPP脱退と「パリ協定」離脱等が波紋を呼ぶ中、中国は自国義務の100%履行に向けた取組みを強化する一方、「一帯一路」「利益・運命・責任の共同体」形成に欠かせない低炭素・エネルギー協力を本格化した。

本章では、中国における低炭素社会構築の取組みを概観した上で、「一帯一路」低炭素・エネルギー協力の狙い、共同体形成の実現可能性、そして、日中韓協力への示唆について検討を試みる。

## 一　低炭素社会構築に向けた中国の取組み

### 低炭素社会を目指し始めた中国

中国は政府と議会が一丸となって低炭素社会を目指している（李、２０１０年）。全国人民代表大会（全人代、国会に相当）常務委員会が２００９年８月に「低炭素経済」の発展を目指す決議を採択し、政府が２０１０年１月末、ＧＤＰ当たり$CO_2$排出量（排出原単位）を２０２０年に２００５年比40～45％削減する等の自主行動目標を国連に提出した。これらを受けて、全人代が２０１１年３月、目標達成の担保となる第12次５カ年計画（２０１１～15年）を決議した。

では、なぜ中国が低炭素社会を目指すのか？

１９７８年からの「改革・開放」を機に高度経済成長期に入った中国は、ＧＤＰ規模が１９８０年からの30年間で17・６倍に拡大し、２０１０年には日本を追い越し、世界第２位となった。しかし、足枷として、先進国が産業革命以降に経験した公害、１９７０年代以降にあらわになったエネルギー安全保障、１９９０年代に始まる気候変動問題等が、短い期間に圧縮された形で複合的に噴出してきた。これらの問題を同時に解決するためには、従来の炭素依存型発展モデルから脱却するしかない。世界に先駆けて成功すれば、先行者の実利を得るだけではなく、低炭素発展モデルの提供によって国際社会における存在感を高めることもできる。つまり、持続可能な発展と国際地位の向上を同時に実現するには、低炭素社会を目指す以外に選択肢はない、と中国が認識したからである。

### 低炭素社会構築に向けた取組みの現状と中長期展望

取組みに当たっては、政府が低炭素活動をすれば得、しなければ損と実感できる低炭素システムを整備しつつ、①省エネと非化石エネルギーの利用拡大、②エネルギー安定供給の確保、③低炭素産業の育成を3本柱として戦略的に推進している。そうした中、２０１３年に発足した習近平・李克強指導部が、エネルギー（消費・供給・技術・管理体制）革命の推進、国際協力の強化等を図り、取組みを更に強化した。その結果、２０１５年に排出原単位は２００５年比38・３％削減した（図１）。

一方、国際社会では、温暖化防止の長期枠組み「パリ協定」が２０１５年12月に採択され、２０１６年11月に発効した。中国は協定採択の半年前に約束草案（ＩＮＤＣ）を提出した。以

図１　中国の主要低炭素指標の推移

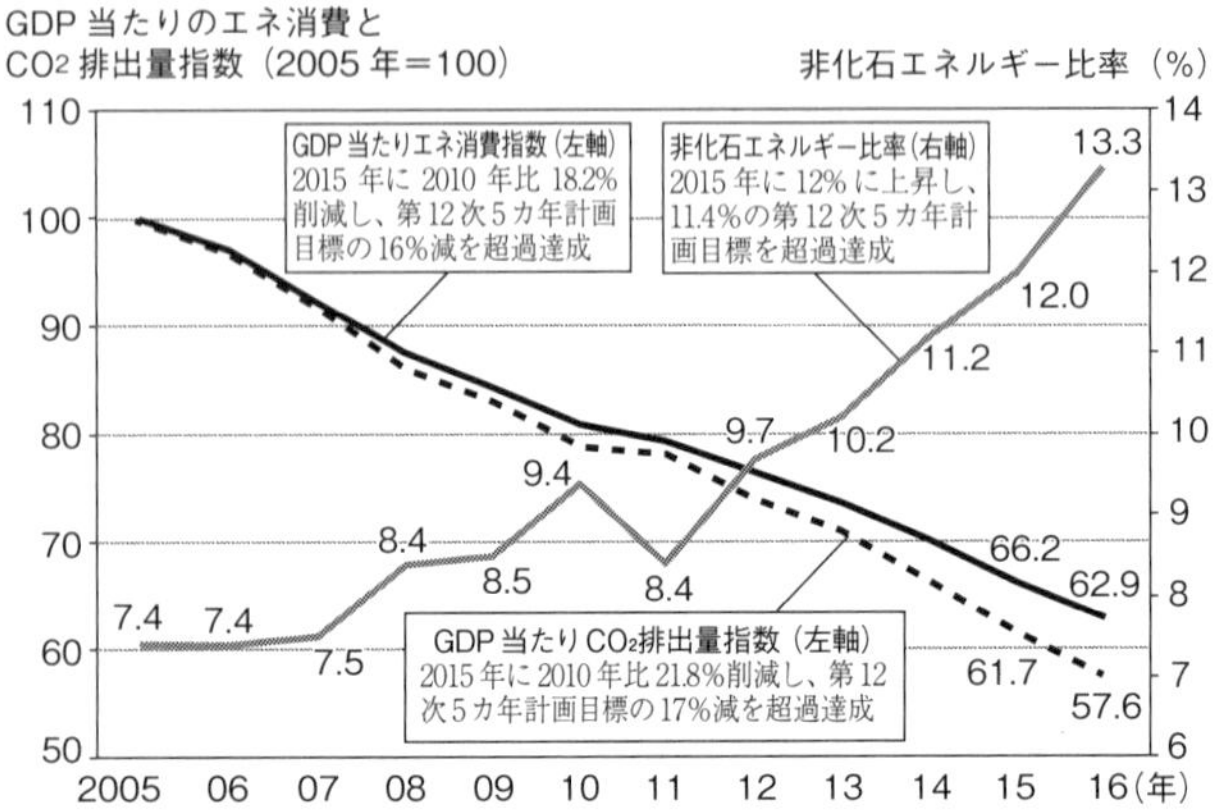


注：「中国統計年鑑 2015」、「第 13 次５カ年計画綱要」、「2016 年経済社会統計公報」などにより、李が作成。

下の点が注目されよう（李、２０１６年）。

第一に、温暖化防止を中国の持続可能な発展にとっての内的要求、責任ある大国が果たすべき責務と明記したこと。第二に、長期目標として、排出原単位を２０３０年に２００５年比60～65％削減し、一次エネルギー消費の非化石エネルギー比率を20％前後まで引き上げる等に加え、総排出量を出来る限り早い時期にピークアウトさせると表明したこと。第三に、排出権取引市場の導入等15項目の政策措置と共に、実現可能性を熟慮した分野別目標を設定したこと。例えば、超過達成の可能性が高い風力と太陽光発電に数値目標を設定したが、達成可否の不確実性が高い水力と原子力発電の数値目標には触れていない。

上記国際公約の担保として、政府は長期対策方針を定める「エネルギー生産と消費革命

表1　第13次5カ年計画の主要低炭素・エネルギー需給目標

| | 水準 | | | エネルギー構造（%） | | | 年平均伸び率（%） | | 備考 |
|---|---|---|---|---|---|---|---|---|---|
| | 2010年 | 2015年 | 2020年 | 2010年 | 2015年 | 2020年 | 2010-15 | 2015-20 | |
| 一次エネルギー消費（億 tce） | 36.1 | 43.0 | 50.0 | 100.0 | 100.0 | 100.0 | 3.6 | *3.1* | 50億 tce は上限、期待値だが、地域別に割り当て済み。伸び率目標は3%以下 |
| 石炭（億 tce） | 25.0 | 27.5 | 29.0 | 69.2 | 64 | 58.0 | 2.0 | *1.1* | 比率58%は上限で**拘束値**。総量41億トン（原炭）以下は期待値 |
| （億トン） | 34.9 | 39.6 | 41.0 | | | | 2.6 | *0.7* | （石炭計画による） |
| 石油（億 tce） | 6.3 | 7.8 | *8.5* | 17.4 | 18.1 | *17.0* | 4.4 | *1.8* | 比率は残さとして算出されたもの |
| （億トン） | 4.3 | 5.5 | 5.9 | | | | 4.8 | *1.5* | （石油計画による） |
| 天然ガス（億 tce） | 1.4 | 2.5 | 5.0 | 4.0 | 5.9 | 10.0 | 11.9 | *14.5* | 比率は期待値。ガス計画では、8.3%～10%と規定 |
| （億㎥） | 1075 | 1930 | 3600 | | | | 12.4 | *13.3* | （天然ガス計画による） |
| 非化石エネルギー | 3.4 | 5.2 | 7.5 | 9.4 | 12.0 | 15.0 | 8.7 | *7.8* | 比率は下限で**拘束値**、国連にも提出 |
| 一次エネルギー供給能力（億 tce） | 31.2 | 36.2 | 40.0 | | | | 3.0 | 2.0 | 期待値 |
| 石炭（億トン） | 34.3 | 37.5 | 39.0 | | | | 1.8 | 0.8 | 期待値。（石炭計画でも同様） |
| 石油（億トン） | 2.0 | 2.1 | 2.0 | | | | 1.1 | **-1.3** | 期待値。（石油計画でも同様） |
| 天然ガス（億㎥） | 957.9 | 1350 | 2200 | | | | 7.1 | 10.3 | 期待値。（ガス計画では、目標は2070億㎥） |
| 非化石エネルギー（億 tce） | 3.4 | 5.2 | 7.5 | | | | 8.9 | 7.6 | 期待値 |
| 一次エネルギー消費の自給率（%） | 86.4 | 84.2 | 80 | | | | | | 目標は下限で期待値 |
| 石炭自給率（%） | 98.3 | 94.7 | *95.1* | | | | | | 「生産量／消費量」で算出 |
| 石炭純輸入量（億トン） | 0.6 | 2.1 | *2.0* | | | | 28.5 | **-1.0** | 「消費量－生産量」で算出 |
| 石油自給率（%） | 47 | 39.1 | *33.9* | | | | | | 「生産量／消費量」で算出 |
| 石油純輸入量（億トン） | 2.3 | 3.3 | *3.9* | | | | 7.8 | 3.2 | 「消費量－生産量」で算出 |
| 天然ガス自給率（%） | 89.1 | 69.9 | *61.1* | | | | | | 「生産量／消費量」で算出 |
| 天然ガス純輸入量（億㎥） | 117.1 | 580.0 | *1400.0* | | | | 37.7 | 19.3 | 「消費量－生産量」で算出 |
| ＧＤＰ当たりエネルギー消費（2015年基準） | 122.5 | 100.0 | 85.0 | | | | **-4.0** | **-3.2** | **拘束値**。15年比15%減、地域別に割当て済み |
| ＧＤＰ当たり$CO_2$排出量(2015年基準) | 125.0 | 100.0 | 82.0 | | | | -4.4 | **-3.9** | **拘束値**。15年日18%減、地域別に割当て済み |
| 石炭火力送電端効率（%） | 36.6 | 38.6 | 39.6 | | | | 1.1 | 0.5 | 効率1ポイント上昇は下限で**拘束値** |

出所：「エネルギー発展第13次5か年計画」（2016/12）、「石炭工業発展第13次5か年計画」（2016/12）、「石油発展第13次5か年計画」、「天然ガス発展第13次5か年計画」、「省エネ・汚染物質削減第13次5か年計画総合活動方案」（2016/12）、「温室効果ガス排出量抑制第13次5か年計画活動方案」（2016/10）等に基づき、李が作成。

戦略（2016～2030）」（エネ戦略）と共に、低炭素・エネルギー関連第13次5カ年計画を体系的に作成した（表1）。その中で、排出原単位を2020年に2015年比18％削減する等を必達目標として設定した。また、一次エネルギー消費を50億TCE（標準炭換算トン、1TCE＝7×10⁶Kcal）以下に抑制する総量規制目標を省エネ目標や排出原単位削減目標と共に地域別に割り当て、地方政府が達成責任を負うと明記した。電源開発に関しては、再生可能エネルギー（再エネ）発電量比率を27％へ高める目標を設定した。

更に、「エネ戦略」では、2030年に一次エネルギー消費を60億TCE以下に抑制し、天然ガス比率を15％へ、非化石エネルギー比率を20％へ、非化石電源発電量比率を50％へ高める目標を設定した。2050年については、一次エネルギー消費を安定させ、非化石エネルギー比率を50％以上としたが、電源構成は明記しなかった。一方、中国能源研究所（ERI）主導の国際共同研究では、「新しい火の創造」シナリオにおいて、2050年に非化石エネルギー比率が55％、非化石電源発電量比率が82％になると試算されている。[1]

## 温暖化防止義務100％達成を目指す

米国の「パリ協定」離脱とその影響への懸念が拡がる中、習主席はトランプ氏の米大統領就任の2日前となる2017年1月18日に、スイス・ジュネーブの国連欧州本部で演説し、協定履行を各国に呼び掛ける一方、「中国は自国の義務を100％果たす」と宣言した。そして、トランプ大統領の協定離脱表明（6月1日）を受けて、李首相を始め、解振華・気候変動事務特別代表等政府高官は自国義務の「100％履行」を繰り返し強調した。

最新統計によると、排出原単位は2016年に2005年比42・4％低下した（前掲図1）。5カ年計画目標が実現すれば、排出原単位は2020年に2005年比で約49％減となり、自主行動目標の上限をも4ポイント超過達成することになる。一方、2030年上限目標を達成するには、排出原単位を更に2021年から年率3・6％ずつ削減し続けなければならない。「100％履行」は決して簡単ではないが、「有言実行」を中国に期待したい。

## 二　「一帯一路」低炭素・エネルギー共同体構築に向けた取組み

今後、中国は「パリ協定」履行に向けて、国内取組みと共に、国際協力を一層強化するだろう。ここでは、本格化しつつある「一帯一路」低炭素・エネルギー相互協力を取り上げる。

### 「一帯一路」低炭素・エネルギー協力の狙い

2017年5月14、15日において、海外から29カ国の首脳を含む130カ国以上が集まった「一帯一路」国際協力サミットフォーラム（BRF）が北京で開催された。グテレス国連事務総長を始めとする70以上の国際組織の代表も出席した。低炭素・エネルギー協力を柱の一つに据えられている「一帯一路」構想は、2013年秋に習主席によって提唱された、中国から陸路と海路を経由して欧州、地中海、インド洋と南太平洋に至る広域経済協力構想であるが、僅か3年余りで、賛同者がこれほど多くの国や国際機関に広がったことは注目に値する。

そもそも、「一帯一路」構想と低炭素・エネルギー協力の狙いは何だったのか?

政府が2015年3月に作成した「『一帯一路』共同建設推進のビジョンと行動」(行動計画)では、「平和協力、開放・包容、相互学習、相互利益・WIN-WIN」の理念を掲げ、実務協力の全面的推進を通じて、「政治の相互信頼、経済の融合、文化の包摂」を実現する利益共同体・運命共同体・責任共同体の構築を呼びかけている。低炭素・エネルギー協力については、「インフラ建設と運営のグリーン化・低炭素化を強化し、気候変動の影響を十分に考慮する」ことを前提に、エネルギー・電源開発、パイプライン・送配電網整備、低炭素設備産業育成等を図ると明記した。その狙いは全ての参加国・地域にとっての「利益・運命・責任の共同体」の一環として、低炭素・エネルギー共同体を構築することと考えられる。国家能源局が2017年5月に発表した「『一帯一路』エネルギー協力のビジョンと行動」では、「美しい未来」となる「エネルギーの利益・責任・運命の共同体」を「共に創り出そう」と明記している。

一方、「一帯一路」構想を巡っては、「中国は過剰生産能力の解消に他国を利用するのではないか」、「支援を通じて他国をコントロールしようとするのではないか」等の声が絶えないのも事実である。こういった懸念に対し、習主席がBRF開幕式で、「『一帯一路』は全員が勝者となる新たな発展モデルを切り開く」、「中国は他国の内政には干渉しないし、社会制度や発展モデルを輸出したり、押し付けたりすることはない」と力説した。首脳会議で採択された共同声明にも「我々は、平和協力、開放・包容、相互学習、相互利益・WIN-WIN、平等透明、相互尊重の精神を堅持し、共同で協議・建設・受益を基本に、法治と機会平等の原則に則って協力を強化する」と、中国としての姿勢を示す文言が盛り込まれた。また環境対策強化に取組み、「パリ協定」の履行、再エネ開発、省エネ、地域と国際の送電網整備等の協力強化も明記された。

## 「一帯一路」低炭素・エネルギー共同体が構築できるのか?

低炭素・エネルギー分野の国際協力は従来、資金力と技術優位性のある先進国から途上国への資金援助に伴う技術移転・支援の形で行われてきた。中国も日本から省エネ技術、デンマークから風力、フランス・ロシア・米国から原子力発電技術等を導入し、大きな恩恵を受けた。しかし、現在では、先進国と比べ、中国が高い国際競争力を手にしている分野も多い。

再エネ開発では、中国は水力や太陽光発電の設備容量、建設規模、設備輸出規模の何れも世界最大で、「一帯一路」域内でも多くの事業を完成・展開・準備している。[2] 例えば、太陽光発電では、タイ、パキスタン、インド、アルジェリア等途上国だけではなく、イギリスやポルトガル等先進国でも発電所建設や運営を行っている。太陽電池製造大手のJinko Solar(晶科能源控股有限公司）一社だけでも事業規模が１００万ｋＷを超えている。発電装置の現地生産も進んでいる。２０１７年６月までに、中国企業のパネル海外生産規模は、稼働中が５３０万ｋＷ、建設中と建設予定が５００万ｋＷに上り、その殆どが「一帯一路」諸国で行われている。また、水力発電開発では、パキスタンやラオス、エチオピア等途上国で多くの事業に取り組んでいる。例えば、中国水利水電建設集団公司がアフリカだけで総容量２０００万ｋＷの水力発電所建設に参画している。

原子力発電分野では、中国は米国、ロシア、フランスと並んで、第３世代原子炉（「華龍１号（Hualong1）」）の開発と輸出に成功した。

また、従来、日本等がリードしてきた火力発電開発分野でも、変化が表れつつある。柳・上野（２０１５年）が海外に供給し、２０１５〜２０１７年に運転開始見込みとなる石炭火力発電所の内、日系企業が中国系よりも高効率設備を多く供給している一方、全体供給量は日系の２４００万ｋＷに対し、中国系がその２・２倍の５２００万ｋＷとなったことを明らかにした。

更に、高い競争力のあるパイプラインや高圧・超高圧送電網等インフラ整備産業体系も既に形成された。パイプラインによる石油・天然ガス貿易、国を跨る送電網による電力輸出入、超高圧送電網による電力の地域間融通の実績がインフラ整備・運営能力の高さを裏付けている。

一方、資金調達能力はどうか。

中国既存の投資機関が既に多くの資金を提供している。[3] 例えば、国家開発銀行は２０１６年末までに、１６００億ドル以上を融資し、残高も１０００億ドルを超え、更に５００以上の事業に３５００億ドルの融資を準備している。工商銀行が２０１７年４月末までに、２１２プロジェクトに６７４億ドルを融資し、４００以上の事業に３３７２億ドルの融資を準備している。輸出信用保険公司が２０１７年５月初旬までに１９０７件の計約４４００億ドルの事業に保険を提供し、16・７億ドルの保険金を支払った。その他に、中国が新たに４００億ドルのシルクロード基金（ＳＲＦ）、３００億元（約46億ドル）のグリーンシルクロード基金（ＧＳＲＦ）、３０００億元（約４６０億ドル）の保険投資基金、１００億ドルの中国・アフリカ生産能力協力基金、30億ドルの中国気候変動南・南協力基金等を創設した。

２０１７年５月16日発表の「ＢＲＦ成果リスト」では、ＳＲＦに１０００億元（約１５０億ドル）を増資し、国家開発銀行と輸出入銀行がそれぞれ２５００億元（約３８０億ドル）、１３００億元（約２００億ドル）の「一帯一路」特別融資枠を設けると明らかにした。また、新たな国際金融機関として、２０１５年12月に、中国が主導して資本金１０００億ドルのアジアインフラ投資銀行（ＡＩＩＢ）を立ち上げた。その加盟国・地域数は操業開始時の57から２０１７年６月16日に80へ拡大した。調達能力を左右する信用度については、同29日に米格付け大手Moody's Investors Serviceから最上位格付けの「Ａａａ」が与えられた。これらを踏まえて、中国の国際開発資金調達能力が先進国に遜色しないほど高くなったと言えよう。

今後、中国がこういった技術や国際競争力の優位性と資金調達力等を活かした低炭素・エネルギー協力を更に強化するだろう。これを機に、「一帯一路」低炭素・エネルギー共同体が形成される可能性が一層高まるに違いない。

## 三　日中韓協力への示唆

以上のように、中国は既に共同体構築に動き出している。日韓はどうすべきか。

5月開催のＢＲＦには、日本が二階俊博・自民党幹事長を派遣した。その翌月に安倍晋三首相が第23回国際交流会議「アジアの未来」で演説し、「一帯一路」に協力の姿勢をみせた。これらは日中協力進展の第一歩と考えられる。

また、ＢＲＦ直前に開催されたアジア開発銀行（ＡＤＢ）総会で、日本はＡＤＢが新設する交通システムや再エネといった高度な技術の導入を後押しするための「高度技術支援基金」に４０００万ドルを拠出すると表明した。これによって、ＡＩＩＢとの共同融資機会が増え、両国の比較優位性を組み合わせた低炭素ビジネスに対するニーズが高まると考えられよう。

日中協力が高い国際競争力を生み、低炭素ビジネスに繋げる事例は既に現れている。例えば、２０１７年3月、Jinko Solarと日系商社丸紅株式会社がアラブ首長国連邦（ＵＡＥ）で１１７・７万ｋＷ規模の太陽光発電事業を共同で落札した。[4] 今後、同様な協力がアジア諸国でも一層活発になろう。

日中韓主導の多国間協力の取組みとして、注目すべきは、２０１６年３月30日、中国国家電網公司、日本ソフトバンクグループ、韓国電力公社、ロシア国営送電会社ロスセチが北東アジア国際送電網の推進のための調査・企画に関する覚書を北京で締結したことである。[5] 再エネの活用を主目的の一つと位置付けるこの多国間メガプロジェクトを成功させるには、技術的課題の解決や経済性確保の他、技術規格の相互認証・域内統一や国際標準化が必要であり、政府間の意思統一も欠かせない。１９５２年発足の欧州石炭鉄鋼共同体（ＥＣＳＣ）が今日のＥＵの母体となった経験を鑑み、日中韓が共同体形成の突破口としてこの北東アジア国際送電網事業を後押しすべきであろう。そう期待しながら、事業の進展を応援したい。

謝辞：本研究の一部は科研費16K00680の助成を受けたものである。

### より学びたい人は――参考文献

柳美樹・上野貴弘「日本企業と中国企業が海外で供給した石炭火力発電プラントの効率比較」『東京大学公共政策大学院ワーキング・ペーパーシリーズ』２０１５年５月。

李志東「ポスト京都議定書を見据えた中国の温暖化防止戦略と低炭素社会に向けた取り組み」『エネルギーと動力』２０１０年春季号、№２７４、84―97頁。

李志東「「パリ協定」の合意形成における米中の「率先垂範」とＣＯＰ21後の課題」『環境経済・政策研

究』Ｖｏｌ．９、№１、２０１６年３月、43―47頁。

## 注

1 報告書“Reinventing Energy: China-energy consumption and supply innovation roadmap 2050”の概要版の日本語訳については、http://renewable-ei.org/activities/reports_20170131.php を参照。

2 例えば、http://news.xinhuanet.com/politics/2017-05/10/c_1120951928.htm（受权发布）「共建〝一带一路〟：理念、实践与中国的贡献」２０１７年５月10日、http://www.ccchina.gov.cn/Detail.aspx?newsId=62986&TId=57 新能源「不做〝温室花朵〟竞争谋求消纳」等を参照。

3 http://www.scio.gov.cn/xwfbh/xwbfbh/wqfbh/35861/36645/wz36647/Document/1551230/1551230.htm「国新办举行银行业支持〝一带一路〟举措成效发布会」２０１７年５月11日、http://news.xinhuanet.com/politics/2017-05/10/c_1120951928.htm（受权发布）「共建〝一带一路〟：理念、实践与中国的贡献」２０１７年５月10日、http://news.xinhuanet.com/money/2017-05/18/c_1120991827.htm「出口信用保险护航〝一带一路〟建设」２０１７年５月18日、等を参照。

4 丸紅株式会社、http://www.marubeni.co.jp/news/2017/release/201705291.pdf を参照。

5 例えば、「アジア国際送電網研究会中間報告書」、２０１７年４月 http://www.renewable-ei.org/images/pdf/20170419/ASGInterimReport_170419_Web.pdf を参照。

# 9章　環境安全保障の力学――石炭火力依存からの脱却を

明日香壽川（東北大学東北アジア研究センター教授）

ポイント

○パリ協定の実施のためには各国が石炭火力発電依存を止める必要がある。
○韓国、中国は変化の兆しがあるものの、日本では逆に石炭火力発電が新設されようとしている。ゆえに、日本は「環境共同体」などでリーダーシップをとる資格を持ちえない。
○中国に関しては、アジアインフラ投資銀行（AIIB）や中国開発銀行による石炭火力発電支援が問われる。

## 一　はじめに――安全保障問題としての気候変動

気候変動問題は人類にとって喫緊の問題である。特に最近になって、一国内にとどまらず、地域あるいは地球全体の安全保障（軍事的な安全保障を含む）を脅かす問題になっていることが注目されている。

これまでも気候変動が人々の争いを惹起することは多くの研究者によって指摘されてきた。その理由は、人はこれまでも、そしてこれからも、食糧、水、家畜、土地、エネルギーなどをめぐって争うという単純なものである。日本でも、かつての農民一揆の主な原因は、干ばつや冷害による食糧生産の減少であり、その帰結である貧困や飢餓であった。そして、英国のシンクタンクである海外開発研究所は、このまま温室効果ガス（ＧＨＧ）の排出による温度上昇が続くと２０３０〜２０５０年に農業生産の低下、水不足、商品価格上昇、栄養不良などによって世界全体で7億２０００万の人々が貧困層に逆戻りすると報告している。その中の少なからぬ人は家、家畜、土地、家族などを失うことで難民となり、国内外における対立や紛争の要因となる。

このような中、２０１５年12月12日、２０２０年以降の気候変動対策の国際枠組みであるパリ協定が法的拘束力を持つ文書として採択された。国際社会は、現在、産業革命以降の平均気温上昇を2℃以内あるいは1・5℃以内に抑えるという目標を持つ。そして、この目標の達成には、気候変動に関する政府間パネル（ＩＰＣＣ）などの科学的知見によると、石炭火力発電の利用を先進国では即時停止、途上国でも新設を禁止するレベルの対策が必要である。すなわち温暖化対策目標を確実に達成するという立場からは、石炭は「諸悪の根源」として認識されている。

では、このような状況で、日本、中国、韓国は、この温暖化対策に十分に取り組んでいるだろうか。答えはＮＯである。後述するように、韓国や中国は今後の変化が期待される。一方、今の日本の状況はきわめて問題である。

アジア、特に東アジアにおいては、環境保全も含めた広い安全保障の確立のために、しばしば「日中韓環境共同体」の構築が理想として語られる。その際には、多くの場合、「日本は優等生、韓国は普通、中国が問題児」「日本が協力すれば環境問題は解決する」というのが日本人にとっての前提となっているように思われる。しかし、エネルギーや温暖化対策分野での現状の政府施策を考えた場合、この前提は明らかに間違っている。そこを十分に認識しないと、「日中韓環境共同体」は永遠に「お題目」のままとなる。

## 二　日中韓の温暖化対策の国際評価

各国の温暖化対策が十分なものであるかどうかの客観的な評価は容易ではない。しかし、何らかの評価軸を基づいた中立的な研究機関らによる評価に頼らざるを得ない。以下では、いくつかの国際的な研究機関などによる評価を紹介する。

## 日本

ドイツのGerman Watchというシンクタンクは、各国の温暖化対策全体の相対的な強度を、GHG排出量、GHG排出量の変化、効率、再生可能エネルギー導入状況、政策の5つの分野における15の指標で評価している（Burchほか、2017年）。その結果は、表に示したように、対象とした58カ国の中で日本は下から2番目の57番目という極めて低い評価である（最下位はサウジアラビア）。これ以外にも、日本のGHG排出削減数値目標や温暖化政策は、他の主要国に比較して不十分であるという国際的な評価は複数ある。例えば、クライメート・アクション・トラッカーズというヨーロッパのシンクタンクの連合体による評価は、「日本、韓国の数値目標は不十分。中国、インドはEU（欧州連合）、米国とともに中程度」となっている（図表1）。

これに対して、「日本は優等生」という評価もあるにはある。ただし、筆者が認識する限り、論文としては日本人が関わった一つのみであり、かつ使われている評価指標も、限界削減費用、削減ポテンシャル、エネルギー価格などである。これらの指標は、気候変動に関する政府間パネル第5次評価報告書（IPCC AR5）などで示されている「温暖化目標を評価する公平な指標」ではない。したがって、客観的な評価としての意義は大きくない。

このような日本への低い評価の主な理由が石炭火力である。過去20年間、増加する電力需要に対応して、先進国は、天然ガス、再生可能エネルギー、原子力などの発電量を増やしていった。その中で、日本は石炭火力発電を一貫して増加させている。京都大学の安田陽教授による過去20年間のエネルギー・ミックスの分析によると、石炭火力発電を増加させてきた日本は先進国としては極めて例外的である。

これに対しては、原発が稼働していないからという意見もある。しかし、ドイツは脱原発を決めていて、かつ日本よりもはるかに厳しい温暖化対策目標を持っている。また、各国がパリ協定に提出した文書で「温暖化対策として原子力発電の拡大」を明示していたのは、中国、インド、日本、トルコ、ベラルーシ、アラブ首長国連邦のわずか6カ国だ。すなわち、「温暖化対策に原発は不可欠」というのは日本政府や大手電力会社の単なる主張に過ぎず、世界の常識ではない。

図表1　各国の温暖化対策に対する評価

| 国名 | 順位（58カ国中） |
|---|---|
| 中国 | 45 |
| 韓国 | 55 |
| 日本 | 57 |

出典：Burch ほか（2017）

## 中国

国内各地に炭鉱を持つ中国は、その電源構成も石炭火力が6割以上を占めている。過去30年間、中国でもエネルギー消費増大に伴って石炭消費も右肩上がりで上昇した。このような石炭消費増大を中国は「途上国であるため当然」と主張してきた。前述のジャーマン・ウォッチのランキングも58カ国中で45位であり、日本や韓国よりは良いものの、低い評価だと言える。

しかし、現在、極めて大きな変化が見られている。それは、2014年と2015年に起きた石炭消費量の2年連続減少である。このような状況は5年前には誰も予測していなかった。なぜなら、歴史上、これまでどの国も高度成長期には、化石燃料、特に石炭の消費を、ほぼ同じようなスピードで増大させてきたからである。ゆえに、内外のほぼ全ての研究機関のエネルギー需給予測は、少なくとも２０２０年頃まで中国の石炭消費量は増加し続けると予測していた。

このような変化が起きた理由としては複数の要因が考えられる。それらは、景気悪化、再生可能エネルギーや原子力などの代替発電エネルギーによる発電量増加、省エネ、産業構造転換などであり、それぞれが一定の割合で貢献している。ＰＭ２・５（粒径が２・５μｍ以下の粒子状浮遊物質）対策、すなわち大気汚染対策が果たした役割も大きかったと思われる。特に、首都北京において基準値の10倍以上のＰＭ２・５濃度が何日も連続して観測されたことは、健康被害だけでなく「国のメンツ」の問題となった。したがって、北京周辺の河北省などを含む広い地域で民生分野での石炭使用や石炭火力発電所の稼働・新設が大幅に抑制された。

**韓国**

２００８年から政権を担っていた李明博元大統領も、その後を継いだ朴槿恵元大統領も、共に石炭火力に対しては容認する態度をとっていた。前述のジャーマン・ウォッチのランキングも58カ国中で55位であり、日本と大差がない。

しかし、2017年5月に就任した文在寅大統領は、大統領選でPM2・5を任期中に30%削減したり、中国との外交アジェンダとして越境大気汚染問題を位置づけたりすることを公約として掲げていた。したがって、現在、石炭火力発電所の削減のほか、電気自動車などエコカーの推進、工場の排ガス基準の強化などを柱とする対策を急ピッチで進めようとしている。

実際に、2017年6月、全国で運営している石炭火力発電所59基のうち、稼働32年以上の石炭火力発電所8基を1カ月間停止した。2018年以降も電力需要が比較的少ない3~6月に停止する。この8基を含め、稼働30年以上の計10基を任期の2022年までに廃止する方針も表明している。また、現在建設中の9基の石炭火力発電所に対して、液化天然ガス複合火力にすべて切り替えることも検討中とメディアなどでは報道されている。環境行政人事も刷新され、環境副大臣には、脱原発・脱石炭を明確に掲げていた韓国最大の環境NGO「韓国環境運動連合」の元事務局長が就いた。このような抜擢は日本では考えられないことである。

## 三　各国政府による石炭火力発電技術の輸出支援

日中韓3国は、国内での石炭依存も問題なものの、自国企業による石炭火力発電技術輸出の政府支援という大きな問題も抱えている。前述のように、温暖化対策としての国際社会が持つ目標を達成するためには、石炭火力発電の利用を世界中で大幅に減らす必要がある。したがっ

図表2　2007年～2014年における各国輸出入銀行による石炭プロジェクトへの公的資金支援額（単位：10億ドル）

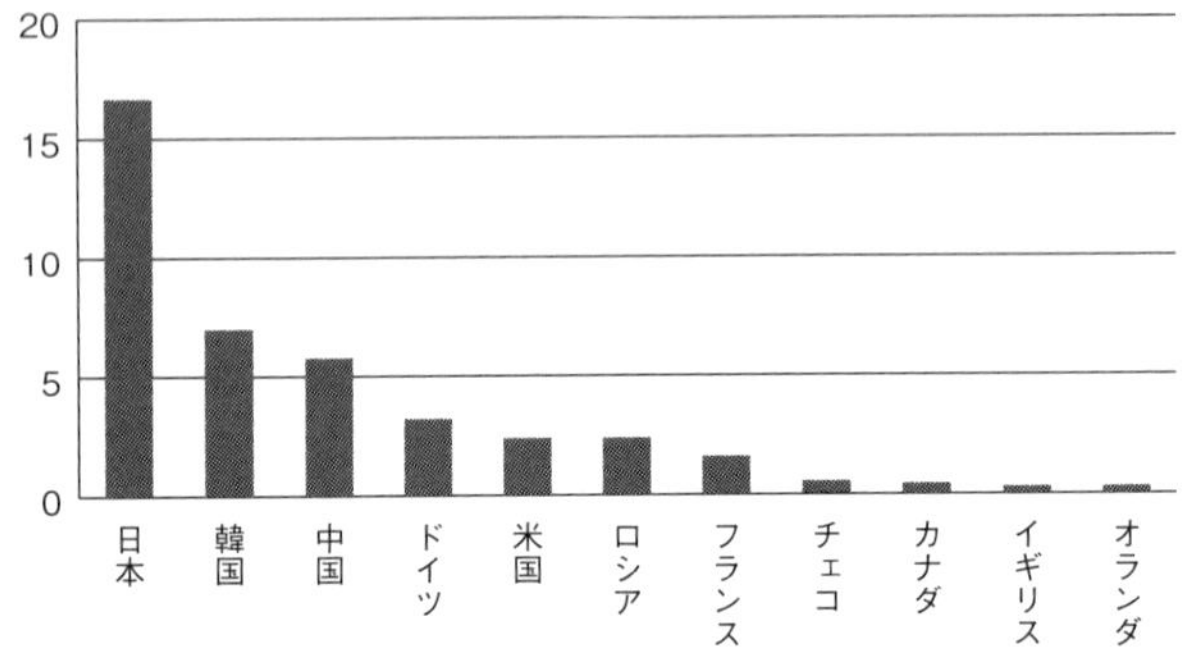


出典：Bastほか（2015）

て、少なくとも政府が関与する輸出入銀行の投融資などによる海外での新たな石炭火力発電建設への公的支援はやめようというのが世界の流れとなっている。実際に、世界銀行、米国輸出入銀行、欧州復興銀行などは数年前から海外の石炭関連プロジェクトへの公的資金支援を停止している。

したがって、図で示すように、実際に２００７―14年における海外への石炭関連プロジェクト輸出への公的資金による投融資総額は世界の第１位から第３位までが日中韓となっている。最近の２０１３年から２０15年までを分析した研究でも日中韓が同じ位置を占めている（オイル・チェンジ・インターナショナルほか、２０17年）。すなわち、現状では、この３カ国の輸出入銀行による投融資が世界における石炭関連プロジェクト（半分以上が石炭火力発電）への公的資金の大部分を占めている（図表2）。

これに対しては、当然、世界の市民社会は批判を強めている。例えば、米国最大の自然保護団体であるシェラ・クラブの幹部は「日本人は、日本企業の利益と地球益が同じものだと自分で勝手に思い込んでいる」とコメントしている(Climate Wire、２０１５年10月27日)。

このような日本批判に対して、しばしば日本の政府や企業は「日本企業の石炭火力発電技術は優れていて効率が良い」「日本が輸出しなければ効率の悪い中国製の石炭火力発電所が建設されてしまう」と反論する。

しかし、このような反論には疑問が投げかけられている。なぜなら、２０１０年以降に日本国際協力銀行（ＪＢＩＣ）の公的資金で輸出を支援した日本の石炭火力発電所の効率は世界平均よりも低いことが明らかになっているからである。すなわち、日本政府の反論あるいは言い訳は正当性を欠いていると言わざるを得ない。

いずれにしろ、自国企業が持つ石炭火力発電技術の輸出を進めたい日中韓3国は、国際社会からの批判にあまり耳を貸そうとしていないのが現状である。

ただ、最近になって注目される動きがある。それは、中国主導のアジアインフラ投資銀行（ＡＩＩＢ）の石炭火力発電融資に関する慎重な態度の表明である。周知のように、今後、ＡＩＩＢによって膨大なエネルギー・インフラ投資がアジア地域で行われることになる。すなわち、ＡＩＩＢが石炭火力発電プロジェクトを支援するか否かは非常に大きな意味を持つ。このような状況の下、２０１７年6月16日、ＡＩＩＢの金総裁は、韓国での年次総会の冒頭スピーチで「ＡＩＩＢはパリ合意などの目標達成を支援する。現在、石炭プロジェクトの支援計画はなく、将来的にも環境汚染やＡＩＩＢの評判を傷つけるようなものは支援しない」と発言した。すなわち、ＡＩＩＢは国際社会の批判を考慮せざるを得ないと判断したと思われる。ただし、石炭火力発電に対する融資を全面的に止めた世銀などと比較して、まだスタンスは明確ではない（例外事項がある）。また、中国の政策性銀行である国家開発銀行（ＣＤＢ）は相変わらず海外の石炭火力発電プロジェクトなどに融資している。実は、前述の国別の政府支援のデータも、情報収集が困難なことなどから、中国およびインドにおける開発銀行などの准国営銀行による融資は含まれていない。これらの実態が明らかになり、融資自体が変わらないと、日本へ対する批判とともに、中国への批判もなくならないだろう。

## 四　おわりに——上から目線の克服は可能か？

日本人が一般に「東アジアにおける環境安全保障確立の目的」として想定するのは、温暖化の防止よりも、中国の大気汚染、特に微小粒子状物質ＰＭ２・５などの日本への越境汚染の防止であろう。そして、この越境汚染問題に関して、しばしば日本人の意見は、「中国はけしからん。厳重に抗議すべきだ」「日本が援助し解決すべきだ」の両極端に分かれる。しかし、これらはいずれも「上から目線」だと思う。

越境汚染により他国に悪影響を与えているという認識は中国にもある。しかし、自らが苦しんでいる中国の人々にとって「けしからん」と言われても「分かっている」という反応しか出てきようがない。原発事故を外国人に「けしからん」と言われても、多くの日本人の心に深く響かないのと同じだ。

また、PM２・５を含む一定量の大気汚染物質が中国から日本へ飛来しているのは確かであり、その量的な関係も複数の研究グループによって明らかになりつつある。ただし、中国で特に深刻な被害が発生した２０１２年１月の九州北部地域のPM２・５の濃度は、２０１１年１月と比較した場合、それほど高いものではなかった。このことは、中国でのPM２・５濃度上昇と日本のPM２・５濃度上昇との関係が単純なものではなく、少なくとも中国でのPM２・５濃度上昇が即時に日本でのPM２・５濃度上昇に結びつくようなものではないことを示している。

そもそも、中国の大気汚染問題は、日本が援助を行って解決するような単純な問題ではない。技術がすべてを解決する問題でもなく、日本の技術の優位性が必ずしも高い訳でもない。また、中国では、すでに日本では想像できないような対策、たとえば工場・発電所の強制閉鎖、高額のエネルギー税導入、自動車の購入制限などを実施している。日本では産業界の反対で導入できなかった温室効果ガスの排出量取引制度も導入しつつある。

円借款による援助が終わり、現実的に日中の環境協力の舞台は「会議」になりつつある。２

014年4月に韓国で開かれた日中韓環境相会議では、中国の大臣が出席せず、日中の二国間会議も開かれなかった。背景には、現在の政治的緊張関係の影響と、たとえ会議をしても経験的に建設的な議論にならないという判断が中国側にあったのだろう。

環境協力は、共通の敵に立ち向かうという名目のもと、かつて欧州で東西冷戦の終結に貢献した。それをアジアで実現するためには、まず各国が同じ目線に立つことが必要だ。それが「日中韓環境共同体」を構築するための必要条件である。

しかし、「日本は被害者、中国は加害者であり、中国の環境改善は日本の環境改善になるという理由で国益に直結する」というストーリーは日本人にとって非常に単純で分かりやすい。一般市民には、温暖化問題と大気汚染問題の違いがよくわからない人々も少なくない。すなわち、「中国は環境問題ではとにかく加害者」というイメージを与え続けることが国内的には政治的言説として有効であり、できれば外交カードとしても使いたいという願望が日本の政策決定者には存在しているように思える（このような傾向は韓国でも見られる）。

しかし、このようなフレーミングは、誤解・認識不足、極端な単純化、責任転嫁という根本的な問題を持つ。国内的には一定の効果があるかもしれないものの、国際社会における外交カードとしては実際には使えない。また、大気汚染などに対して過度に援助を行う要因となり、資金の非効率的配分をもたらす懸念もある。最大の問題は、国内で必要とされる温暖化対策や大気汚染対策から目をそらさせる効果である。

いずれにしろ、どの国においても環境安全保障確立において政治力を発揮したいのであれば、「まず隗より始めよ」である。それがないかぎりどのようなお題目を政府が唱えたとしても、国際社会が受け入れることはなく、大きく状況が変わることもないだろう。

**より学びたい人は――参考文献**

明日香壽川『クライメート・ジャスティス――温暖化対策と国際交渉の政治・経済・哲学』日本評論社、２０１５年

Burck ほか "Climate Change Performance Index 2017", 2016. https://germanwatch.org/en/13042

Bast ほか "Under the Rug: How Governments and International Institutions are Hiding Billions in Support to the Coal Industry", 2015. https://www.nrdc.org/sites/default/files/int_15060201a.pdf

オイル・チェンジ・インターナショナルほか『Ｇ20の化石燃料政策における言動不一致：気候変動対策に逆行する巨額投融資の実態』（原題：Talk is Cheap: How G20 Governments are Financing Climate Disaster）、２０１７年　http://priceofoil.org/2017/07/05/g20-financing-climate-disaster

# 10章　脱炭素社会実現に向けた企業のグローバル戦略

関　正雄（明治大学経営学部特任准教授）

ポイント

○気候変動交渉における企業や投資家の関与は強まり、パリ協定採択にも影響を与えた。
○企業はより長期的な視点で、社会の大変革に戦略的に取り組むようになってきた。
○日本の課題は、政策におけるサステナビリティ主流化とマルチステークホルダー関与。

## 一　気候変動国際交渉における企業セクター関与の進展

パリで開催された２０１５年のＣＯＰ21（第21回気候変動枠組条約締約国会議）で、低炭素社会およびその先の脱炭素社会を目指して、すべての国が参加する国際枠組みがついに合意に至った。この歴史的なパリ協定採択の背景のひとつには、企業や投資家の後押しがあったといわれる。気候変動国際交渉における企業の役割という視点で歴史を振り返ってみると、ここに至る関与強化のトレンドを見てとることができる。

２００９年、ポスト京都の新たな枠組み合意がなるかと世界中からの期待が集まったＣＯＰ15では、先進国・途上国が鋭く対立し交渉成果をあげることができなかった。開催地のコペンハーゲン（Copenhagen）をもじって、会議前後で Hopenhagen が Nopenhagen になってしまったなどと揶揄された。企業セクターも、その声を代表する存在として早くからＣＯＰに関わってきたＷＢＣＳＤ（持続可能な開発のための世界経済人会議）が恒例のビジネスフォーラムを開催したが、当時は存在感が薄く、交渉に影響力を発揮するまでに至らなかった。当時ビジネスフォーラムは公式会議場から遠く離れた市内のホテルで行われるのが常で、文字通り「蚊帳の外」に置かれている状況だった。

企業の関与強化という観点で潮目が変わったのは、２０１３年のワルシャワＣＯＰ19であろう。国際交渉自体は停滞し、ＮＧＯが会場から怒りの一斉退場（walk out）を行う一幕もあったが、企業の関与という点では大きな進捗があった。まず、今や約1万３０００の署名機関を擁する世界最大のＣＳＲ（企業の社会的責任）のイニシアチブとなった国連グローバル・コンパクトの下で、有志企業が立ち上げた気候変動のイニシアチブ“Caring for Climate”が、「気候政策への責任ある関与」と題する提言書を発表した。内容は企業による気候政策への積極的関与を推奨するもので、政策対話や実践を通じて政府とともに気候変動対策を前へ進めよう、とするものだ。それは道義的責任からだけでなく企業としての自らのリスクとオポチュニティの観点からも重要だとする。提言書には日本車の成功事例が盛り込まれ、米国の厳しい環境規制をいち早くクリアした日本メーカーと、対策が遅れ衰退していった米国メーカーとの対比が描かれている。また、COP19で特筆すべきは、長いCOP史上初めて、公式会議場の「中」でのビジネスフォーラムが開催され、ハイレベルの政策対話が行われたことである。蚊帳の外から議論の輪の中へと、企業は重要なアクターであり交渉プロセスに関与すべき一主体として参加が認められたのである。

そして歴史的合意がなった2015年のパリCOP21での新たな動きとしては、企業セクターの大同団結があげられる。NGOセクターは早くから声を一つにまとめるネットワーク組織CAN（Climate Action Network）を形成し一体で動いていたが、企業セクターも遅まきながら、別々に活動をしていた国連グローバル・コンパクト、WBCSD、BSR（米NPO）などが一体となって"We mean Business"を結成し、初めてワンボイスで関与し協定採択を後押しした。また、COPの政府間合意として、非政府セクターが果たす役割の重要性認識に基づくNAZCA（Non-state Actor Zone for Climate Action）というイニシアチブが、前年のリマCOP20で立ち上げられている。

翌2016年、マラケシュCOP22では、もはや恒例となった企業参加による公式会議場内での政策対話がさらに深まる。企業連合と都市連合が中心となり、低炭素社会創出にむけた

"Global Brainstorming"と銘打って、3日間に及ぶフォーラムを共催した[1]。非国家主体が課題解決の先頭に立ってリードしようとの意図で、それぞれがもつ技術的なソリューションや政策アイディアなどが披露され、その可能性・有効性について政策決定者を交えて議論した。また、ビジネス機会としての関心の高まりを如実に示したのが、展示スペースでの過去類をみないほどの企業の出展ラッシュだった。会期中にはトランプ大統領の当選が伝えられパリ協定からの米国の離脱が懸念されたが、即座に260社にのぼる米国企業が、大統領に離脱を思いとどまるように強く進言するという一幕もあった。その後2017年6月同政権の離脱表明後も、変わらず低炭素社会実現に取り組む意思を表明し協定に復帰すべしと訴える企業が増え続けている。企業が政府に望むのは、確固として揺るがない政治的意思と政策の一貫性である。パリ協定の明確なシグナルを受けて、企業は後戻りはありえないと確信し、既に低炭素社会づくりに向けエンジン全開で走り始めているのである。

## 二　低炭素社会にむけた投資家の動き

企業の積極的関与と同様に、投資の世界でも国内外での動きが急を告げている。何らかの形で環境や社会への配慮を投資判断に組み込んだ投資は、従来はＳＲＩ（社会的責任投資）、最近ではＥＳＧ（環境・社会・ガバナンス）投資と呼ばれることが多いが、本章では総称してサ

図表1　サステナブル投資の伸展（2014年―2016年対比：単位10億ドル）

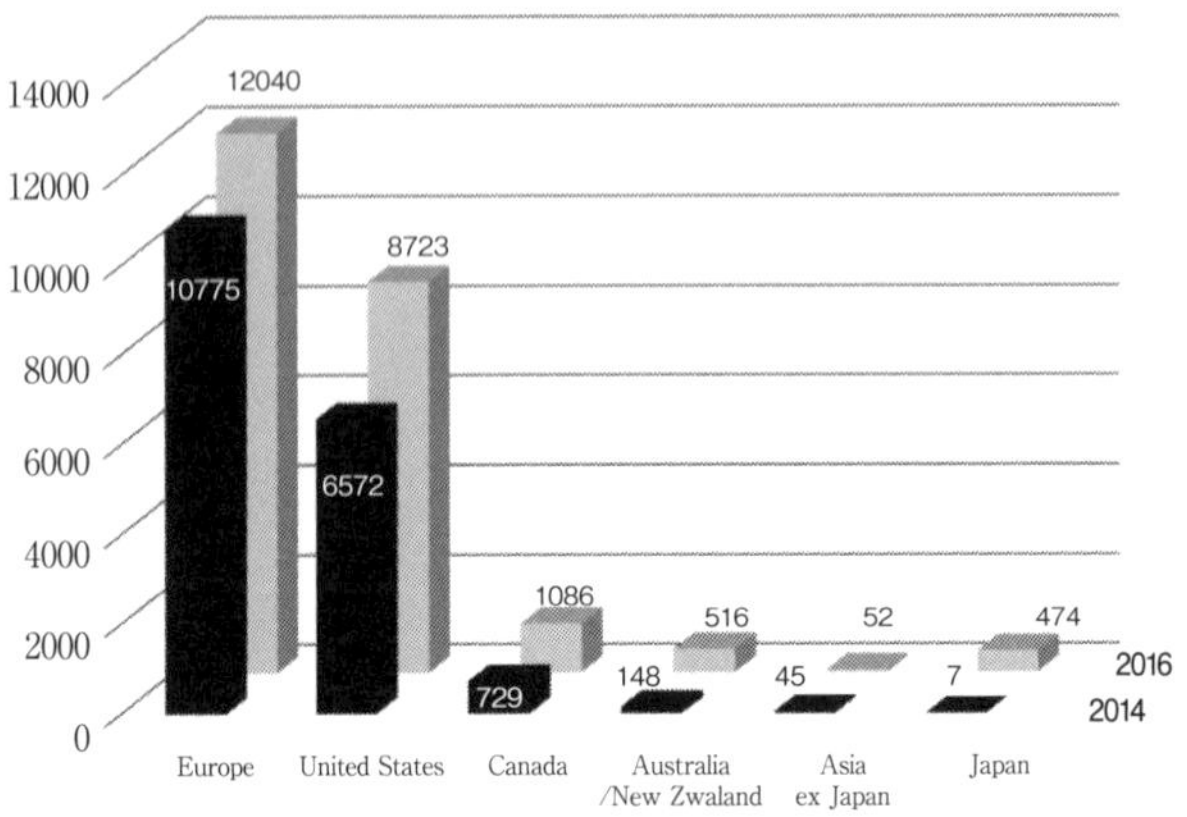


出典：“2016 Global Sustainable Investment Review , GSIA” のデータから関作成

ステナブル投資と呼ぶこととする。世界各地域のサステナブル投資のデータを集約してグローバルなトレンドを示す統計が、定期的に発表されている。サステナブル投資を普及する国際組織であるＧＳＩＡの最新データによれば、近年の伸長は著しく、２０１４年から２０１６年までのわずか2年間で世界のサステナブル投資の残高は25％も増加した。この分野で世界をリードする欧州では、いまや運用資産残高全体の52％がサステナブル投資となった。[2]

統計のなかで注目されるのが、日本における著しい伸長だ。絶対的なボリュームはまだ小さいものの、２０１４年比で最も大きな伸びを示し、2年間で60倍以上の規模へと飛躍的に増加した（図表1）。これは、初めて主要機関投資家に対する本格的なアンケート調査が行われ実態把握がなされたことによるもので、前回まで把握が十分でなかったことが主な理由ではある。しかし、実体的にも今後の飛躍的拡大につながる政策の実施や主要機関投資家の動きがあり、本格的成長への機運は確実に高まっている。

まず、政策面では中長期的な企業価値の向上をめざし金融庁が中心となって制定した、機関投資家向けのスチュワードシップ・コード（２０１４年）と、上場企業を対象としたコーポレートガバンス・コード（２０１５年）がＥＳＧ投資を後押しした。この対をなす２つのコードによって、機関投資家と企業との間での中長期視点での対話が促進されており、ＥＳＧも企業の中長期的企業価値向上を左右する要因として、欠かせない対話テーマとなってきているのである。

加えて、何といっても、ＧＰＩＦ（年金積立金管理運用独立行政法人）が２０１５年にＰＲＩ（国連環境計画金融イニシアチブの責任投資原則）に署名したことが大きい。ＧＰＩＦは世界一の資産規模を誇る日本の政府年金基金である。そして多くの世界の年金基金が署名する中で、これまでＰＲＩには署名していなかった。しかし遅ればせながら２０１５年に署名を行い、インベストメントチェーンを通じてＥＳＧ投資拡大に向け積極的に影響力を行使することにコミットした。影響は既に現れ始めており、今後国内におけるＥＳＧ投資が飛躍的拡大をとげるための重要な推進力が生まれたといえる。

もうひとつ、サステナブル投資主流化の動きのなかで重要な意味を持つのは、ＦＳＢ（金融安定理事会）タスクフォースの報告だ。そもそもこのタスクフォースは、２０１５年にＧ20財務相および中央銀行総裁会議がＦＳＢに対し検討を求めたことにより設置されたもので、そのねらいは、企業の気候関連の情報開示を促進・標準化して、①企業に対する投資・与信や保険引受判断を支援すること、そして②金融セクターの保有する炭素関連資産および金融システムに内在する気候変動関連リスク・機会を明示すること、である。こうしたリスク開示が不完全だと、資本配分の誤りが生じて金融市場の不安定化にもつながりかねない、とする。企業による気候変動対策が不適切な場合に金融市場に及ぼす潜在的影響を、重くとらえているのである。タスクフォースの提言書[3]は、気候変動と企業の関係を考えるうえで以下２つの重要な示唆を含む内容となっている。

ひとつ目は、気候関連情報はもはや「非」財務情報などではなく財務情報であるとの認識である。ふたつ目は、低炭素社会に向けた将来シナリオを描き、そこでの自社にとってのリスクと機会を明らかにすべきとの主張である。過去の温室効果ガス削減実績の開示に加えて、将来の規制や市場のありかたが大きく変化するという前提で、低炭素・脱炭素社会に向けてきちんとした事業戦略を描けているかどうかが、投資家の重大関心事になってきているのである。

このように、メインストリーム投資家は、投資判断の上で環境を将来の企業価値を左右する重要な判断要素とますます考えるようになった。

## 三　企業による戦略的対応の方向

今後企業が果たすべき役割を考えるうえで参考になる、先進企業による戦略的対応の方向性と具体例をみてみよう。

### 長期目標設定とコミットメント

まずひとつの傾向は、目標設定において長期の視点や、バックキャスティング手法が広がりつつあることだ。トヨタ自動車は、2015年10月に、2050年に向けた長期計画「トヨタ環境チャレンジ2050」を発表した。将来の脱炭素社会を見据えて、新車$CO_2$ゼロチャレンジ、ライフサイクル$CO_2$ゼロチャレンジ、工場$CO_2$ゼロチャレンジ等を掲げ、サプライチェーンを含む製造工程から製品使用時の排出にいたるまで、つまりバリューチェーン全体を通じての$CO_2$排出ゼロをめざす意欲的な目標である。これまでの日本企業にはなかった、超長期レンジで大きくかつダイナミックな変化を起こす戦略にコミットしたのである。

またWWF（世界自然保護基金）、CDP（国際環境NGO）、WRI（世界資源研究所）、国連グローバル・コンパクトの各機関が共同で立ち上げたのが、Science Based Targets initiative（SBT·i）である。温暖化の2℃目標を達成するために、企業に対して科学的知見と整合する削減目標設定を求めるもので、世界の２５０以上の企業がこのイニシアチブに参加し、長期的かつ意欲的な削減目標を立てている。これまでは手堅く達成可能性を重視した目標を掲げがちだった日本企業の中からも、このイニシアチブに参加する企業が出てきている。[4]

いずれも、「これまでやってきたこと」の延長線での目標設定や、できる範囲での改善の積み重ねではない。長期的に「達成すべきこと」を目標に設定し、そこからバックキャスティングつまり逆算して当面なすべきことを決めるという、これまでにないアプローチが広まりつつあるのである。

## より幅広いサステナビリティへの関心

持続可能な発展には環境側面に加えて、社会的側面がある。とりわけ、貧困問題は気候変動とならぶ地球規模の大きな課題だ。そして気候変動の影響を最も強く受けるのは脆弱な人々であるという意味においても両者は関連性が強い。なかでも、アジア地域はＩＰＣＣ（気候変動に関する政府間パネル）の評価報告書において、多くの課題を抱える気候変動に脆弱な地域であるとされており、気候変動の「緩和（mitigation）」だけではなく、すでに顕在化している気候変動の影響に適切に対処する「適応（adaptation）」に関連したビジネス・ソリューションの提供が期待されている。

この点に関連して、疎外され取り残された人々を社会の内側に取りこむという、インクルーシブ・ビジネス（inclusive business）という概念が関心を集め、取り組む企業が最近増えてきている。インクルーシブ・ビジネスとは、企業がバリューチェーンのどこかで貧困層を取り込み、雇用創出、生活向上などの社会的インパクトを生み、同時に企業価値をも生み出す新たなビジネスモデルを指す。２００５年にＷＢＣＳＤが提唱した概念である。

特に農業分野での事例は最近注目を集めている。調達先である農家への支援は、農家の経済基盤の安定・強化につながると同時に、企業にとっても強固なサプライチェーン構築に通じる。アジア企業の好取り組み事例は、２０１６年2月にマニラで開催されたＡＤＢ（アジア開発銀行）の「第2回インクルーシブ・ビジネス・フォーラム」でいくつも紹介された。たとえば、２０１４年に韓国でＣＳＶポーター賞を受賞した、食品工業のＣＪグループの事例がある。同社は、ベトナム農村での農業システム改善に取り組み、苗の選択から灌漑システムの改善まで農業生産性の向上に深くかかわった。そして環境への配慮を浸透させるとともに、韓国の国際協力機関ＫＯＩＣＡと協働して自国で成果をあげたセマウル運動を移植し、農村の近代化をも図った。この取り組みで、農家は収入向上・生活安定を手に入れた。企業としても品質・収量とも安定した供給が可能な強いサプライチェーンをつくり、またベトナム国内での自社ブランドの認知度向上につながるというメリットが得られた。

日本企業もそれぞれの強みを生かした戦略で、脆弱なアジア地域の気候変動への影響に対するソリューションを提供し始めている。マラケシュでのＣＯＰ22では、“Adaptation for all”

と題し気候変動への適応をテーマにした日本政府の公式サイドイベントで、事例が紹介された。測量技術など地理空間情報技術の強みを生かしてアジア各国の防災力強化に貢献する国際航業、ＩＣＴ技術を環境・社会ソリューションに活用するＮＥＣ、持続可能な保険・金融サービスを提供し、マイクロインシュアランスで小規模農家を支援する損保ジャパン日本興亜の３社が、パネルに登壇してそれぞれの事例を発表した。例えば損保ジャパン日本興亜は、気象データを保険金支払いのトリガーとする天候デリバティブを応用して、タイの小規模農家向けの小口の天候インデックス保険を開発し、干ばつに苦しめられる米作農家への普及を図った。その取り組みはタイ政府からも高く評価され、表彰されている。

　こうした新たな切り口での日本企業のビジネスを促進しようと、経産省が「適応ビジネス研究会」を立ち上げた。気候変動への適応分野はアジアにおけるニーズが高く市場規模も拡大しているので、日本企業がビジネスチャンスとして戦略的に対応することを提言している。[5] 報告書では有望分野として、「自然災害に対するインフラ強靭化」「エネルギー安定供給」「食糧安定供給・生産基盤強化」「保健・衛生」「気象観測及び監視・早期警戒」「資源の確保・水安定供給」「気候変動リスク関連金融」をあげている。インフラ関連だけでなく、サービス・金融・情報など幅広い業種の企業によるビジネス・ソリューションの提供が期待される。

図表2　日本企業のSDGsへの対応状況

（問い）貴社は、SDGs（持続可能な開発目標）の採択を受けて何らかの対応をとっていますか。

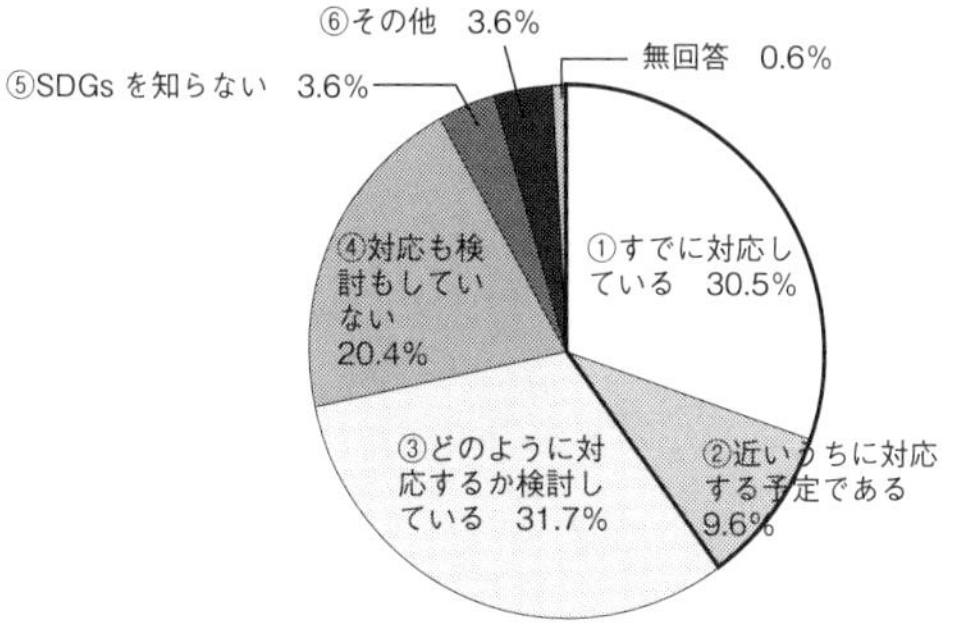


出典：「ＣＳＲ実態調査」結果　（公社）企業市民協議会 CBCC　2017年6月

## 四　今後の課題「トランスフォーメーションの時代」に求められるもの

以上の動きに加えて、2015年に国連総会で採択されたSDGs（持続可能な開発目標）は、その流れを加速するとともに新たな視点を与えてくれる。環境だけではなく食糧、栄養、水、衛生、教育など2030年までに達成すべきSDGsの17の目標領域は幅広い。世界の企業が大きなビジネスチャンスと前向きにとらえて、事業戦略に組み込み始めている。日本企業の間でも関心は高く、経団連の関連団体CBCC（企業市民協議会）のCSR実態調査では、SDGsに対応している企業は3割、対応方法検討中を含めると約7割の企業が取り組むとしている[6]（図表2）。

SDGsに取り組むことで生まれる市場規模は、

ＷＢＣＳＤなどの試算によれば、農業・食糧、都市、エネルギー・素材、健康と福祉の４分野だけでも世界のＧＤＰの10％にあたる毎年12兆ドルにのぼり、３億８０００万人の雇用を生むという[7]。

こうした積極的な企業の動きが、今後十分な規模の社会的インパクトを生むためには何が必要だろうか。それは、個々の企業の事業戦略やマネジメントの改善に加えて、社会全体でのサステナビリティの主流化を進めることであろう。そのために、特に次の点が重要である。

### 課題１　政策へのサステナビリティ統合とＣＳＲ関連政策の見直し

日本企業のＣＳＲは、グローバルなビジネス展開上必須と考えた電機業界を先頭に産業界自らがリードしてきたという歴史がある。裏を返せば、欧州のＣＳＲとは異なり政府の政策的関与が弱い。体系だったＣＳＲの戦略的政策パッケージを掲げて欧州全域の企業に浸透させようとする欧州委員会や、ＣＳＲを外交戦略に織り込んでいるスウェーデンやノルウェーなどの北欧諸国の動きとは大きく異なる。

今後、責任ある企業行動をＳＤＧｓが強調する社会全体のトランスフォーメーション（大変革）につなげるためには、まず欧州にならって日本もサステナビリティの理念を政策過程に組み込むとともに、既存のＣＳＲ関連政策の評価・見直しが必要である。それは企業への規制強化や義務化に力点をおくのではなく、例えば、政府が先頭に立って持続可能な公共調達を制度化し広範に実施したり、国際ルールや貿易協定に環境保護・人権尊重をはじめとするＣＳＲの要素を組み込むなど、政府自身によるリーダーシップ発揮やルールメイキングに、より力を入れるべきであろう。

## 課題２　マルチステークホルダー・エンゲージメントの促進

ＳＤＧｓが目指す長い時間軸での大きな社会変革を起こすためには、対話と協働、すなわちステークホルダーが共に知恵を絞り、合意にもとづいて行動する必要がある。その点で、前身のＭＤＧｓ（ミレニアム開発目標）とは違い、ＳＤＧｓの策定過程に産業界を含む幅広いステークホルダーが参加し深く関与したことは重要な意味をもつ。今や地球規模の諸課題は政府に委ねているだけでは決して解決できない。さまざまな主体が能動的に関わり行動することが唯一の解決法であり、有力なプレーヤーである企業が最大限の力を発揮するためにも、幅広いステークホルダーのエンゲージメント（関与）が求められる。

ＳＤＧｓは世界共通の目標体系であるが、その取り組み方法は各国・各主体に委ねられており、特に取り決めはない。またそもそも取り組み自体、義務ではない。このような目標体系の実効性への疑問の声もある。しかし、それは世界共通の目標を明示することで達成に向けた各主体の行動を促す、新たな時代の「目標によるガバナンス（蟹江）[8]」であるともいえる。そして、このガバナンス手法の成否のカギは、欧州をはじめ広く導入され実践されてきたマルチステークホルダー・エンゲージメントにある。

国内でもかつて内閣府の主導により、マルチステークホルダー・エンゲージメントを初めて導入した「社会的責任のための円卓会議」が2011年に創設されたが、大きな成果を生むことなく事実上潰えてしまった。[9] SDGsを機に、これからの時代に求められる重要な仕組みとして、中央でも地方でもマルチステークホルダー・エンゲージメントを導入し定着させ、そして成熟させていくべきであろう。

## 課題3　価値の再定義と、可視化プロトコルの共有

最後に、社会との関係性においてビジネスがもたらす価値が正しく評価されていないという問題がある。企業が果たす役割が重要との一般的認識は広まりつつあるものの、企業が生む「本当の価値」を共通の基準で可視化（見える化）することはできていない。この点に取り組んでいるのが、WBCSDが手掛けている「価値の再定義」というプロジェクトである。ここでは、第1ステップとして「企業が自然資本と社会資本にいかに依存し、同時にいかにインパクトを与えているか」を可視化するための世界共通プロトコル策定に取り組んでいる。すでに自然資本プロトコルはIUCN（国際自然保護連合）などとの共同開発により、第1版が発表されている。[10]

企業に熱い視線が注がれ、企業側もサステナビリティの戦略的主流化を進めている。この流

れを加速しインパクトを拡大させるためには、企業がさらなるリーダーシップを発揮するとともに、ステークホルダー側も共通の関心に基づいて、企業と対話し協働していくことが求められる。こうした対話の前提として、共通の可視化指標に基づいて企業が価値創造ストーリーを語り、投資家をはじめステークホルダーが評価し呼応して行動する仕組みが浸透しないと、真の意味でのトランスフォーメーションは実現できないであろう。

### より学びたい人は——参考文献


蟹江憲史（編著）『持続可能な開発目標とは何か』ミネルヴァ書房、２０１７年。

企業と社会フォーラム（編）『持続可能な発展とマルチ・ステイクホルダー』千倉書房、２０１２年。

足達英一郎ほか『投資家と企業のためのＥＳＧ読本』日経ＢＰ社、２０１６年。

関正雄『ＩＳＯ２６０００を読む』日科技連、２０１１年。

損害保険ジャパン・損保ジャパン環境財団（編）『気候変動リスクとどう向き合うか——企業・行政・市民の賢い適応』きんざい、２０１４年。


### 注

1 "Low-Emissions Solutions CONFERENCE" 主催は WBCSD (World Business Council on Sustainable Development), ICLEI (Local Governments for Sustainability), ほか計４団体。

2 出典：GSAI"Global Sustainable Investment Review", 2016. なお、同レポートによると、中国は２０１５年に初めてグリーンボンドを発行し、わずか2年間で今や世界一の発行残高を誇る国となった。

3 TCFD "Recommendations of the Task Force on Climate-related Financial Disclosures", 2017.

4 ２０１７年8月現在、ソニー、第一三共、川崎汽船、コニカミノルタ、キリンホールディングス、小松製作所ほか計11社が、ＳＢＴｉが示すクライテリア（要求事項）を満たして承認を取得している。

5 経済産業省「温暖化適応ビジネスの展望」研究会報告書、２０１７年。

6 ＣＢＣＣのホームページから、アンケート結果のダウンロードが可能。

7 Business & Sustainable Development Commission "BETTER BUSINESS BETTER WORLD", 2017.

8 蟹江憲史「持続可能な開発目標とは何か　２０３０へ向けた変革のアジェンダ」、２０１７年。蟹江はＳＤＧｓを新たなグローバル・ガバナンス戦略と位置付けたうえで、「成否は不透明である」としつつも、目標によるガバナンス・アプローチの可能性に期待を寄せる。

9 円卓会議の設立経緯や活動成果などについては、以下のサイトに詳しい。「社会的責任に関する円卓会議――持続可能な未来のためのマルチステークホルダー・サイト（内閣府）」http://www5.cao.go.jp/npc/sustainability/forum/index.html（２０１７年8月25日閲覧）。

10 Natural Capital Coalition "Natural Capital Protocol", 2016. 日本語訳「自然資本プロトコル」は２０１７年2月に刊行された。

# 11章　アジア$CO_2$グリッド構想の展開と自治体連携

伊藤雅一（名古屋産業大学現代ビジネス学部教授）

**ポイント**
○気候変動への対応に向けて自治体連携が進展している。
○アジアでは環境教育の仕組みづくりが必要である。
○「アジア$CO_2$グリッド」を連携の共通基盤に。

## はじめに

2017年5月にアメリカのトランプ大統領がパリ協定からの離脱を表明したが、ニューヨーク、カリフォルニア等の州知事、シカゴ、サンフランシスコ等の市長らが気候連盟を結成するなど、国レベルの利害を超えた自治体連携の動きが顕在化している。パリ協定に基づくC

$O_2$削減に向けた国際協調にとって、自治体連携の重要性が改めて示された事案と言える。

その一方で、アジアの国・地域では、$CO_2$の排出源、吸収源に対する人々の意識や行動、その背景にある環境教育等の状況が大きく異なる。つまり、アジアにおける自治体連携には、「共通だが差異のある責任原則」に基づいて、住民生活や企業活動など様々な場面における環境配慮の向上を促しながら、気候変動への対応を加速させていくことが強く求められる。このため、住民生活に身近な自治体が連携協力を進めるうえで、地域レベルの$CO_2$削減に向けた環境意識と相互理解を醸成する環境教育の仕組みづくりが必要になると考えられる。

本章では、まず地域レベルの$CO_2$削減に取り組む自治体の国内外における連携の動きを概観する。また、日本と台湾の生活環境圏に開設している$CO_2$濃度測定局の実測データを活用した環境教育の実践事例を紹介する。そのうえで、アジアの国・地域に$CO_2$濃度測定局を多地点配置し、これを基盤にグローカルな視点から環境教育の推進を図る「アジア$CO_2$グリッド構想」の展開と自治体連携の在り方を展望する。

## 一　地域レベルの$CO_2$削減と自治体連携

日本の自治体では、地球温暖化防止対策の推進に関する法律に基づき、地域レベルの$CO_2$削減に向けて、地球温暖化対策地方公共団体実行計画に基づく取り組みが進められている。また、都市づくりの視点から、都市の低炭素化の促進に関する法律に基づき、低炭素まちづくり計画の策定と推進が図られるとともに、都市再生特別措置法に基づく立地適正計画に沿って、居住・都市機能の集約化を目指すコンパクトシティの形成が進められている。このほか、自然エネルギーの活用推進やスマートコミュニティの実証実験など、多様な政策分野から地域レベルの$CO_2$削減に向けたアプローチが行われている。

さらに、気候変動への対応に向けた自治体連携は、世界大都市気候先導グループ（Ｃ40）や持続可能性を目指す自治体協議会（ＩＣＬＥＩ）への参画、姉妹都市交流などを通じて形作られている[1]。また、名古屋大学環境学研究科附属持続的共発展教育研究センター等がサポート団体となって、欧州委員会の「市長誓約（Covenant of Mayors)」をモデルに、日本版「首長誓約」による自治体連携を目指す取組も始まっている。２０１５年12月には、愛知県西三河地方の５市（岡崎市、豊田市、安城市、知立市、みよし市）が①エネルギー地産地消、②温室効果ガスの大幅削減、③気候変動等への適応の３項目を一体として推進することを誓約し、「持続可能なエネルギー気候行動計画」の推進体制として「西三河首長誓約推進協議会」を設立するなど、日本版「首長誓約」に基づく取り組みの具体化と誓約自治体の拡大が目指されている。

以上のように、気候変動への対応に向けて国内外で自治体連携のネットワークが形成されてきているが、パリ協定の目標達成には、家庭部門を中心とする民生部門の大幅な$CO_2$削減も避けて通れない課題となる。その課題解決には、人々の環境意識を高め、エネルギー消費の抑制に加え、低炭素の地域づくりに向けた自立的かつ多面的な環境行動を実践に移す社会的状況を創出していくことが望まれる。つまり、人々のライフスタイルとその様々な活動の舞台となる地域空間を低炭素社会に適合した形に変えていくための自治体レベルの政策努力が一層必要になると考えられる。

## 二　生活環境圏の$CO_2$濃度データを活用した環境教育の実践

### 地域の$CO_2$濃度調査に基づく環境教育の目的

名古屋産業大学環境教育研究プロジェクト（以下「名産大プロジェクト」という）[2]では、人為の直接的な影響を受ける生活環境圏の$CO_2$濃度に着目し、地域の$CO_2$濃度調査に基づく環境教育（以下、「$CO_2$環境教育」という）の実践とその成果の海外移転に取り組んでおり、国境を越えた自治体連携に発展しつつある。

$CO_2$環境教育の目的は、①学校周辺の$CO_2$濃度調査を通じて$CO_2$濃度を可視化し、②$CO_2$濃度の地域分布や大気のメカニズムを理解するとともに、③$CO_2$濃度と身近な地域環境との関係性を探究したうえで低炭素地域づくりに役立つ行動を考える、以上の探究的な環境学習活動の機会を提供することにある。この環境教育は、２００３年に着手して以来、日本国内及び台湾の小・中学校、高等学校の延べ１１０校で実践、４５００名を超える児童・生徒が受講している。また、指導者講座には、1100名を超える学校教員や環境ボランティアが参加している。

$CO_2$環境教育は、2つのステップの環境教育によって構成される。ファーストステップの環境教育は、小・中学校、高等学校を対象として、可搬型の$CO_2$濃度測定器[3]を用いて学校周辺の$CO_2$濃度調査を行い、その収集データを活用して$CO_2$濃度マップを作成し、$CO_2$濃度と地域環境との関係性を探究するものである。この環境教育では、$CO_2$濃度の調査体験を通じて、$CO_2$の性質や特性を知ることに加え、各学校の学習ニーズを踏まえながら、気象や地域環境が$CO_2$濃度にどのような影響を及ぼしているのかを実感を持って理解することを支援している[4]。

その一方で、生活環境圏の$CO_2$濃度は、複雑かつ多様な日変化を示す。この点は、$CO_2$濃度と気象、地域環境との関係性を探究するうえで有効な教材となるが、その考察に際して科学的な理解を促そうとすると、$CO_2$濃度の動態を把握するための継続的なデータの収集と活用が不可欠となる。このため、セカンドステップの環境教育では、高等学校を主な対象に$CO_2$濃度測定局を開設し、その収集データを活用して$CO_2$濃度の動態に関する科学的理解を促すとともに、生徒による主体的で探究的な環境学習活動を支援している。

セカンドステップの環境教育の基盤となる$CO_2$濃度測定局は、$CO_2$濃度、温度、湿度、気圧の各センサー[3]を百葉箱に格納したもので、3秒間隔でデータが収集、蓄積されている。各

図1　$CO_2$濃度測定局の配置状況

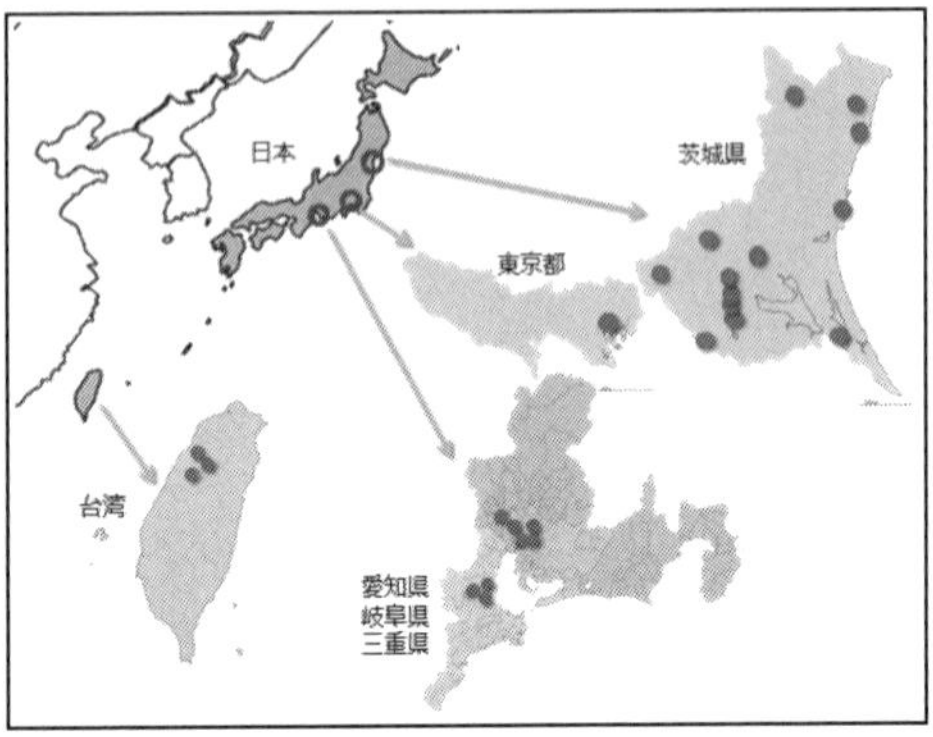


測定局における$CO_2$濃度データの年間収集量は、約1000万件となる。また、収集データについては、「$CO_2$濃度常時測定ネットワークシステム」を通じて、一部の測定局を対象にインターネット経由で公開している。なお、同測定局は、2017年6月末現在、名産大プロジェクトが東海3県を中心とする日本国内と台湾・苗栗県内に12測定局を開設するとともに、同様の測定局を茨城大学国土空間情報研究室とつくば市が茨城県内に計14局を開設している（図1）。

## 生活環境圏における$CO_2$濃度の動態

生活環境圏で測定される$CO_2$濃度は、地域成分と変動成分によって構成される。地球成分を含めた地域成分は、地域の空間を代表するもので、全球観測によって測定されたバックグラウンド濃度（地球成分）に地域の代表的な吸収源、排出源、気象現象が反映される。また、変動成分は、測定地点近傍のみの空間を代表するもので、

図２　生活環境圏における$CO_2$濃度の日変化

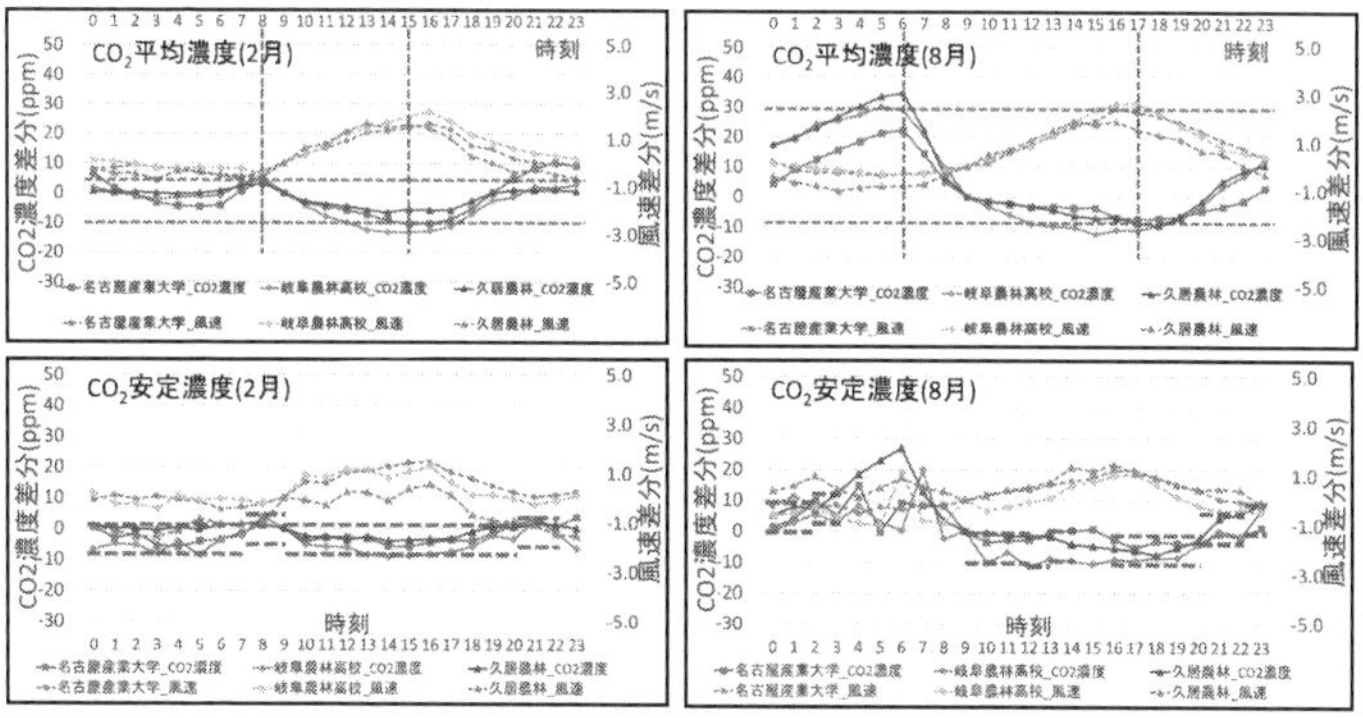


局所的な影響が反映される。生活環境圏の$CO_2$濃度は、地域成分の安定的な影響に加え、変動成分による局所的な影響を受けることによって複雑かつ多様な変化を示す。

ここでは、東海3県の$CO_2$濃度測定局で測定された$CO_2$濃度の時別平均値（以下、「$CO_2$平均濃度」という）、一定以上の風速状況[6]における$CO_2$濃度の時別平均値（以下、「$CO_2$安定濃度」という）の2つの指標を用いて、生活環境圏における$CO_2$濃度の基本的な動態を解説する。

図2は、名古屋産業大学地点（愛知県尾張旭市）、三重県立久居農林高校地点（三重県津市）、岐阜県立岐阜農林高校地点（岐阜県本巣町）に開設された$CO_2$濃度測定局の収集データ（2011—13年）を基に、$CO_2$平均濃度と$CO_2$安定濃度の日変化を例示したものである。各測定局における$CO_2$濃度変化パターンの比較を容易にするため、午前9時を基準値とした差分ベースの日変化を検証している。生活環境圏の$CO_2$濃度は測定

地点によっても異なる動きを示すが、東海3県の3測定地点におけるCO$_2$平均濃度は、ほぼ相似した変化パターンに収斂し、次のような共通的傾向を示すようになる。

まずCO$_2$平均濃度の日変化は、午前6時前後に相対的に高い傾向を示し、午後3時前後に相対的に低い傾向を示す。CO$_2$濃度の変動幅は、春から夏にかけて拡大し、夏から翌春にかけて縮小する。図中、横線はCO$_2$濃度の変動幅（3局の平均値）を、左縦線はCO$_2$濃度が日変化の中で相対的に高い時間（3局の平均値）を、右縦線はCO$_2$濃度が日変化の中で相対的に低い時間（3局の平均値）を示す。この2つの破線によって形作られる四角形の大きさは、主として日射による対流発生に伴う風速の増加と、植物活動によるCO$_2$吸収量の増加によって変化する。生活環境圏におけるCO$_2$濃度の季節変化を表す一つの指標となる。

また、CO$_2$安定濃度の変動幅は、大気拡散によりCO$_2$平均濃度に比べて縮小する。図中の横線は、3局平均でのCO$_2$濃度の時別変動幅が10ppm以下で推移している時間帯を示す。大気が安定する冬は一定の時間変動幅の範囲内で推移するが、春から夏にかけて濃度差が拡大し、夏から翌春にかけて縮小する。

以上から、CO$_2$安定濃度は、その地点にとって安定的に示される濃度であるのか、あるいは局所的な変動成分の影響を受け、限定的に示される濃度であるのかを評価する判断材料となる。また、CO$_2$安定濃度の日変化のなかで下限値を示す時間帯のCO$_2$濃度は、地域成分の影響を評価するうえでの判断材料となる。

## 学習成果としての$CO_2$濃度マップ

セカンドステップの環境教育プログラムは、①オリエンテーション、②学校周辺の$CO_2$濃度調査、③$CO_2$濃度マップの作成、④$CO_2$濃度測定局のデータ検索[7]、⑤$CO_2$濃度マップの解釈、⑥学習成果の発表によって構成される。また、上記の②から⑤を繰り返し実施することによって探究的な学習活動の充実を図ることが可能となる。

大気中の$CO_2$濃度は、世界各地で全球観測が行われているが、これらの観測ではグローバルスケールのバックグラウンド濃度の変動が測定されており、身近な地域環境を理解、評価するデータとは捉えられていない。また、生活環境圏においては、森林等の植生や都市からの$CO_2$の収支評価を行うフラックス観測が行われている。しかし、この観測では、周辺の水平空間が一様であることや大規模なタワーの建設が必要であるため、測定可能な場所が限られる。

セカンドステップの環境教育では、学校等に簡易測定局を開設し、その定点データと学校周辺の$CO_2$濃度調査に基づく面データ、この2つの実測データを活用して、生活環境圏における$CO_2$濃度の動態を把握しようとするものである。そして、学習成果となる$CO_2$濃度マップは、実測データに基づく$CO_2$濃度の空間分布とその時系列変化の検証を通じて、$CO_2$の吸収源、排出源に対する児童・生徒の自覚を促し、公共交通の利用や緑化の推進など、地域環境の改善に向けた多様な環境行動を実践に移す動機付けを行うものである。

今後は、$CO_2$濃度測定局の定点データに基づく動態把握に加え、$CO_2$濃度の空間分布を可視化する$CO_2$濃度調査の継続的な実施を重点的に支援していくことで、自治体の環境政策にも応用可能な$CO_2$濃度マップの作成を目指している。

## 三　「アジア$CO_2$グリッド構想」の展開と自治体連携

### $CO_2$環境教育の海外移転と学校間交流

$CO_2$環境教育は、身近な地域環境をフィールドとし、国際社会が削減に取り組んでいる$CO_2$濃度を教材化している。このため、日本における環境教育の成果を台湾に移転し、国境を越えた学校間交流の場を設けるなど、「地域性」と「グローバル性」を同時に認識させる環境教育プログラムへの発展に取り組んでいる。

名産大プロジェクトでは、台湾の育達科技大学との学術交流の一環として、2012年度に現地の小・中学校、高等学校で環境教育の実践に着手した。また、2014年度からは苗栗県環境保護局と連携し、県内の23校で環境教育を実践（写真1）するとともに、学校教員や環境ボランティアを対象とした指導者講座を継続的に開催してきた。また、環境教育の基盤となる$CO_2$濃度測定局については、苗栗県環境教育センター、育達科技大学、国立聯合大学の3地点に開設済であり、さらに現地企業等の環境CSRの一環として開設する動きも具体化しつつある。

写真1　$CO_2$濃度調査の実施風景（台湾）

台湾における$CO_2$環境教育の導入と並行して、日本国内では、三重県教育委員会、三重大学等と連携し、高等学校等の生徒を対象に、2014年度より赤塚植物園（三重県津市）が所有する里山の$CO_2$濃度、植物、土壌生物等を体験的に学ぶ環境学習セミナーを継続的に開催してきた。その中で、2015年度には、テレビ会議を通じて、日本と台湾の高等学校の生徒が$CO_2$濃度調査の成果を互いに発表し、意見交換する学校間交流の場づくりを行っている。また、三重県は2016年1月に高雄市と国際交流の覚書を締結したが、これを契機に、高雄市教育局と連携し、環境教育の導入に着手するとともに、教育旅行で台湾から三重県を訪れる児童・生徒を対象とした国際交流学習の具体化を進めている。

以上のように台湾では、大学間連携から産学官連携、さらには自治体連携へと連携関係を拡げながら、$CO_2$環境教育の普及を図ってきている。

## 「アジアCO$_2$グリッド構想」の展開と自治体連携

「アジアCO$_2$グリッド構想」は、アジアの国・地域にCO$_2$濃度測定局を多地点配置し、生活環境圏のCO$_2$濃度を可視化する「CO$_2$グリッド」[8]を構築するとともに、これを基盤にグローカルな視点からCO$_2$環境教育の推進を図ることを目的としている。

「CO$_2$グリッド」は、CO$_2$濃度測定局がネットワーク化されたローカルスケールの大気環境情報システムであり、測定局の多地点配置によって、CO$_2$濃度に与える人為や地域環境の影響、特にCO$_2$の排出源や吸収源の影響を可視化する対象空間を拡げていこうとするものである。また、CO$_2$環境教育は、地域レベルのCO$_2$削減に向けて多様な主体の環境意識を高め、その参加と連携による「新しい公共」[9]を築いていくための自治体政策、さらには自治体連携の共通基盤となる。

地域レベルのCO$_2$削減に向けた多様な主体の参画と国際協調を下支えする環境教育の仕組みづくりは、アジアにおける低炭素共同体の形成とその環境ガバナンスの構築に向けたボトムアップアプローチの一つとなろう。今後は、日本と台湾の自治体連携を礎として、「アジアCO$_2$グリッド構想」のプロトタイプモデルの構築を進めるとともに、CO$_2$環境教育の輪を東アジアやASEANに拡げていくことを目指している。

## より学びたい人は――参考文献

杉山範子「気候エネルギー自治を通じた地域創生と地球貢献――日本版「首長誓約」『環境自治体白書2016―2017』、2017年、150―9頁。

伊藤雅一・岡村聖編『みんなで作る$CO_2$濃度マップ――地球温暖化と私たちの暮らし』リバネス出版、2009年、162頁。

髙木祥太・伊藤雅一・岡村聖「生活環境圏における$CO_2$濃度の変化パターン～環境情報としてのデータ解釈の可能性に着目して」『環境情報科学』46巻2号、2017年、62―70頁。

齋藤修・山田貴弘・中島紀夫・安原一哉・桑原祐史「『茨城県$CO_2$グリッド』による$CO_2$多点計測と茨城県における地域特性について」『(社) 地盤工学会 環境地盤工学シンポジウム発表論文集』№9、2011年、197―200頁。

## 注

1 例えば、横浜市では、カナダのバンクーバー市との姉妹都市提携の一環として温暖化対策分野の連携を進めている。

2 名古屋産業大学の教員と学生によって組織しており、大気環境学、教育工学、環境政策学など学際的な視点から環境教育プログラムの開発、実践等に取り組んでいる。

3 株式会社ユードーム製の可搬型$CO_2$濃度測定器（型式：C2D-W02TR）及び設置型$CO_2$濃度測定

器（型式：C2D-E01）を使用している。

4　例えば、三重県立久居農林高校では、「演習林の維持管理と$CO_2$濃度」をテーマとした課題研究（年間授業時間70時間）を4年間にわたって支援した。

5　二酸化炭素濃度常時測定ネットワークシステムから閲覧できる。http://co2.nagoya-su.ac.jp

6　風速が秒速3m未満の$CO_2$濃度を弱風で浮力の影響が大きく地域の代表性が低い状況、そして、風速が秒速3m以上の$CO_2$濃度を地域成分が反映された空間代表性を有する状況と仮定し検証を進めている。$CO_2$安定濃度の基準となる風速は、今後のデータ蓄積等を通じて変動する可能性がある。

7　$CO_2$濃度測定局に蓄積された過去データから、特定の気象条件下における$CO_2$濃度の日変化を参照するための学習支援システムとして「$CO_2$濃度データ検索システム」を開発し、環境教育に適用している。

8　「$CO_2$グリッド」は、茨城大学国土空間情報研究室の研究グループが簡易気象観測システムとして提唱したものであるが、筆者らは環境教育の基盤として位置づけ、その拡大を目指している。

9　地域が抱える様々な社会的課題の解決に向けた市民、企業、NPO等の動きに着目し、多様な主体の連携や公私協働によって公的領域を形成しようとする考え方。2008年7月策定の国土形成計画では、「新たな公」の表現が用いられている。

# Ⅲ部

# アジア・エネルギー共通安全保障のシナリオ

# 12章　ＣＩＣＡと東アジア・エネルギー安全保障共同体の構築

山本武彦（早稲田大学名誉教授）

**ポイント**

○東アジアにおける軍事的・経済的安全保障の集団安全保障システムの構築は可能か。
○日本はＣＩＣＡに参加し、アジアの平和と安全の促進に向けて積極的に関与すべきである。
○経済成長と人口増加に伴いエネルギー需要の増大が見込まれる東アジアで、エネルギー危機に備えた集団安全保障共同体の構築に向け、多国間協力を活性化させることが望まれる。

## はじめに

冷戦終結から早くも四半世紀が過ぎた。しかし、世界の政治経済情勢は２０１４年のロシアによるクリミア併合を転機に、対ロシア制裁の発動などアメリカを中心とする旧西側世界の連繋関係の強化に象徴されるように、新たな冷戦の兆候が忍び寄ろうとしている。ロシアと中国の政治的・軍事的安全保障分野はもとより、エネルギー分野などの経済安全保障の分野における連繋関係の深化が進む。しかし、他方では政治・軍事・経済の3つの分野で冷戦時代にはなかったメカニズムが東アジアで作動する。アジア相互協力信頼醸成措置会議（CICA：Conference on Interaction and Confidence-Building Measures in Asia）やアジア・太平洋経済協力会議（APEC）、東南アジア諸国連合（ASEAN）、東アジア首脳会議（EAS：East Asian Summit）といった多国間協力システムを媒介とする協働と協力のメカニズムがそれである。

むろん、こうしたメカニズムが作動しつつも、安全保障上の鋭い対立や政治的・経済的・社会的な利害の相克がこの地域の国家間関係で相次いで発生しているのも半面の現実である。その意味で、この地域はバリー・ブザン（Barry Buzan）たちのコペンハーゲン学派が言う地域安全保障複合圏（RSC：regional security complex）の一典型とみていい。

と同時に、ASEANに象徴されるように、経済安全保障共同体から政治的・社会的安全保障共同体に至るまでの包括的な安全保障共同体創生の力学も力強く作動する。そこで、ここでは国際関係論の理論の一つである安全保障共同体（security community）論をも分析の視座に組み込みながら、とくに国々にとって一つの重要な争点であるエネルギー安全保障の地域的枠組みの構築に向けた取り組みを取り上げ、エネルギー安全保障共同体の創生に向けた地域協力システム構築の可能性を探ってみよう。

## 一　ＣＩＣＡに対する日本の消極的反応

日本では、ＣＩＣＡに関するメディア情報はほとんどない、と言ってよい。日本がＣＩＣＡに正式加盟せず、オブザーバー参加の地位しか有していないことにもよるのであろう。だが、ＣＩＣＡはカザフスタンの提案により１９９３年に発足して以来、26カ国が加盟し、２０１６年には5回目の首脳会議が北京で開催されるなど20年以上の歴史を刻んできた。

首脳会議や定期的に開催される外相会議では、主として地域における安全保障関係の点検や信頼醸成措置（ＣＢＭｓ）の拡充をめぐって対話が行われるほか、時には地域の抱える経済安全保障のあり方をめぐって議論が交わされてきた。21世紀におけるエネルギー資源の宝庫の一つと目されるカスピ海沿岸に位置する国々や南シナ海周辺諸国が加盟しているという事情を勘案すれば、経済安全保障の議論が交わされても不思議ではない。それは同時に、政治的・軍事的安全保障の諸問題とも間違いなく相関する。

では、日本がＣＩＣＡに正式加盟しないのはなぜか。それは日本政府が、ＣＩＣＡが中国の主導してきた上海協力機構（ＳＣＯ）と密接にリンクし、中国の影響力の下にある国際制度として捉えてきたことによるのであろう。日本の一部メディアも、中国がＣＩＣＡを安全保障でアメリカの対抗軸を打ち出す場として利用しているという認識を示す[1]。ＣＩＣＡにはアメリカとオーストラリアも加盟せず、日本と同様のオブザーバー参加に留まっていることとも深く関係していよう。ちょうど、中国の提唱したシルクロード経済圏（一帯一路）構想を、中国のパワー投射の戦略と受け止め、懐疑的な眼差しを向けてきたこととも符合する。中国の提唱したアジア・インフラ開発投資銀行（ＡＩＩＢ）に対する懐疑的な反応は、その延長線上にある行動と言えようか。

だが、26の加盟国を一瞥すると中国とロシアのほかに、対立関係にあるインドやパキスタン、イラン、イスラエル、ベトナムといった国々も加わっており、ＣＢＭｓのネットワークを広げようとする関係国の意図を読み取ることができる。むろん、ＣＢＭｓのネットワークは政治的・軍事的な安全保障分野だけに留まることはない。エネルギー資源の開発や利用をめぐる経済的に敏感な問題もこれに含まれる。再言すれば、カスピ海開発や南シナ海の海底資源開発をめぐる問題は、領域紛争と絡むだけに、今後も経済的ＣＢＭｓの問題領域として加盟国間で熱い議論が展開されていくことであろう。この点でもアジア地域は安全保障問題が多元的に絡み合う、まさに地域安全保障複合圏と呼ぶに相応しい地域特性を浮かび上がらせる。ＣＩＣＡは、この特性を映し出す相互作用の場にほかならない。

## 二　経済集団安全保障論の台頭

この議論の中核となる一つの論点が、資源地政学と深くかかわることは強調するまでもない。

資源地政学は、基本的には古典地政学から派生する政策科学的な論点から出発し、関係する国々の資源主権論と結び合わされることが実に多い。南シナ海や東シナ海における領域紛争も、結局のところこのような構図のなかで展開してきた。とくに経済成長と人口増加に伴うエネルギー資源をいかに安定的に確保していくかは、アジアに位置するすべての国が直面するエネルギー安全保障上の大きな課題となっている。

しかし、ロシアを除き東アジアに位置するほとんどの国は、エネルギー資源を自前で必要量を調達できないというジレンマに悩む。しかも、経済成長と人口増加の圧力に対応していくには当分の間、石油・天然ガス・石炭といった在来型エネルギー（conventional energy）に大きく依存せざるを得ない。再生可能エネルギーや原子力といった非在来型エネルギー（non-conventional energy）は、多くの国々にとってエネルギー供給源として位置づけるには、今のところ不確実性のレベルが高い。

確かに、原子力エネルギーを非在来型エネルギー源として位置づけるのは、日本のようにすでに原子力発電をベース・ロード電源の重要な構成要素として位置づけている国には、馴染まないことかもしれない。だが、２０１１年の福島第一原発の原子炉溶融事故以来、原発をエネルギー資源の重要な構成要素とすることについて、躊躇する国が増えつつあることにも留意しておく必要がある。もはや、原子力エネルギーをベース・ロード電源に位置づけることは、「人間の安全保障」という観点からみても、時代錯誤の認識となりつつある。

世界は、第4次中東戦争の際のアラブ石油輸出国機構（OAPEC）の発動した石油禁輸戦略の発動によって味わった塗炭の苦しみを忘れてはいない。当時の第1次石油危機（1973―74年）の経験から学んだ石油資源を持たない先進諸国は、石油資源の供給途絶に陥った国に対して、石油の緊急融通を行う共助システムを構築することで合意し、国際エネルギー機関（IEA：International Energy Agency）を設立した。これを転機に、1979年のイラン革命直後に起こった第2次石油危機に際して、IEAのエネルギー危機管理メカニズムが作動し、この危機を見事に乗り切ったのである。第1次石油危機の学習効果が、いかに大きなものであったかを世界は知ることとなる。これを契機に資源を持たない国々の結束でエネルギー危機を切り抜けるという発想から、経済集団安全保障（collective economic security）という新しい概念が国際関係の場に組み込まれることとなる。

石油資源しか持たない石油産出諸国が石油輸出機構（OPEC）のサブ・システムとして作られたOAPECに参加し、先進諸国に対して「弱者の脅し」を集団で仕掛けた石油禁輸戦略は、石油資源を持たない先進世界の結束をもたらすこととなった。OPECやOAPECは石油資源を集団財（collective goods）として先進世界との取引材料に使う。他方でIEAは石油消費国同盟の形をとっていく。石油禁輸という集団制裁に遭った先進世界が、IEAの創設によって石油消費国としての集団財を形成することに成功したと言い換えてもよい。

こうして形成されたOPECとIEAとの相互牽制関係は、その後、原油価格の安定機能を果たし、石油資源を媒介にそれぞれ思惑の異なったエネルギー集団安全保障システムとして機能していく。2つの国際組織は、これらのシステムに参加する国々の経済的利益を増進する「伝達地帯（transmission belt）」としての役割を果たしていくこととなったのである。[2]

集団安全保障の概念は軍事的安全保障の分野で使われるのが一般的である。だが、第1次石油危機の経験は、限られたエネルギー資源を共有し、一国の個別的エネルギー安全保障を集団安全保障の概念で補強するという思想は経済集団安全保障の最も根幹となる政策構想であり、その実践化はエネルギー資源の国際公共財化を意味すると言っていい。国際公共財という表現が強すぎるのなら、国際「準公共財」と言い換えてもよい。同時にこのことは個別国家の経済安全保障政策の共通化ないし集団化を示唆するものであり、他の経済資源、例えば食糧資源の国際公共財化ないし準国際公共財化への試みにも適用可能な思想、とも言えよう。

いずれにせよ、このような第1次石油危機後の展開は資源地政学の限界をはっきりと示しており、地政学が本来内包している国家中心型のリアリズム思考の限界が露わとなる。すなわち、リアリズムの安全保障に関する中心命題は国家間の「安全保障のジレンマ」論をベースにしており、同時にそれはゲーム論でいう「囚人のジレンマ」にも通じる。

このジレンマにはまり込むと、当然、関係国間に相手の政策や行動に対する「対応と解釈のジレンマ」が作動することになってしまう。エネルギー安全保障に絡めて言えば、関係国家は「エネルギー安全保障のジレンマ」に悩まされることになる。これほど、非生産的な相互作用はない。

### 三　エネルギー集団安全保障体系の組織化——エネルギー安全保障共同体の創生

こうしたジレンマから脱却し、エネルギー資源の集合化を志向する方策の一つが地域的な枠組みでエネルギー安全保障共同体を構築する試みである。その先例として、エネルギー共通政策を古くから採用してきたヨーロッパ連合（ＥＵ）の試みがあげられる。ローマ条約に基づき１９５７年に欧州経済共同体（ＥＥＣ）をスタートさせて以降、現在のＥＵに至るまでの間、加盟国間のエネルギー政策の共通化が進められてきた。その試みはエネルギー安全保障共同体の形成へと繋がり、ＥＵにおける現在の共通エネルギー政策推進のバックボーンとなっている。ＥＵは政治的・軍事的分野はもとより経済分野での共通政策化を進め、世界で最も先進的な安全保障共同体へと成長を果たした。ＥＵ統合の過程は、安全保障共同体理論の実践過程そのもの、といえよう。

一方、アジアに目を転じると、ヨーロッパの統合過程よりはるかに遅れはしたものの、とくに冷戦終結後、ＡＳＥＡＮを軸とする経済的利益を共有しようとする国々の意識が高まっていく。ＡＰＥＣは環太平洋諸国の経済協力ネットワークの制度化を進める役割を果たしてきたし、２００５年の第１回首脳会議を皮切りにエネルギー、金融などの経済課題をはじめ、感染症対策など地域全体の政策課題を話し合う東アジア首脳会議（ＥＡＳ）などアジア・太平洋地域の協力システムは重層的な構造をとるようになった。言い換えれば、東アジアにおける経済安全保障に関わる争点の地域内連結性（inter-connectivity）の高まりを意識した相互依存の重層的システムが形成されてきたのである。

なかでも、ＡＳＥＡＮの果たしてきた役割は特筆に値する。この連結性という概念はＡＳＥＡＮ内でキーワードの一つになっており、域内のエネルギー分野の連結性強化もその一環として位置づけられている。しかも、２００３年にバリ島で開かれたＡＳＥＡＮ首脳会議で第２ＡＳＥＡＮ共同宣言（Bali Concord Ⅱ）が採択され、２０１５年からＡＳＥＡＮ経済共同体をスタートさせることが明らかにされた。同時に、２０２０年までに政治共同体と社会・文化共同体を創設する意図が表明されたのである。経済共同体は、宣言通りに２０１５年12月に発足した。むろん、経済共同体の枠組みのなかでエネルギー政策面での域内協力の深化に向けた取り組みが実践されようとしている。

ここに至るまでの経緯で、政策決定者にＡＳＥＡＮ安全保障共同体創造の必要性を認識させるうえで果たした知識人の影響力を見逃してはならない。この点で果たした南洋工科大学のアチャリヤ（Amitav Acharya）教授の貢献は実に大きい。彼は安全保障共同体の有意性をＡＳＥＡＮの指導者に説き、彼らとの間で一種の認識共同体（epistemic community）を作り上げることに成功する。そして、第２ＡＳＥＡＮ共同宣言の発出に結実させたのである。

図１　世界の長期エネルギー受給見通し

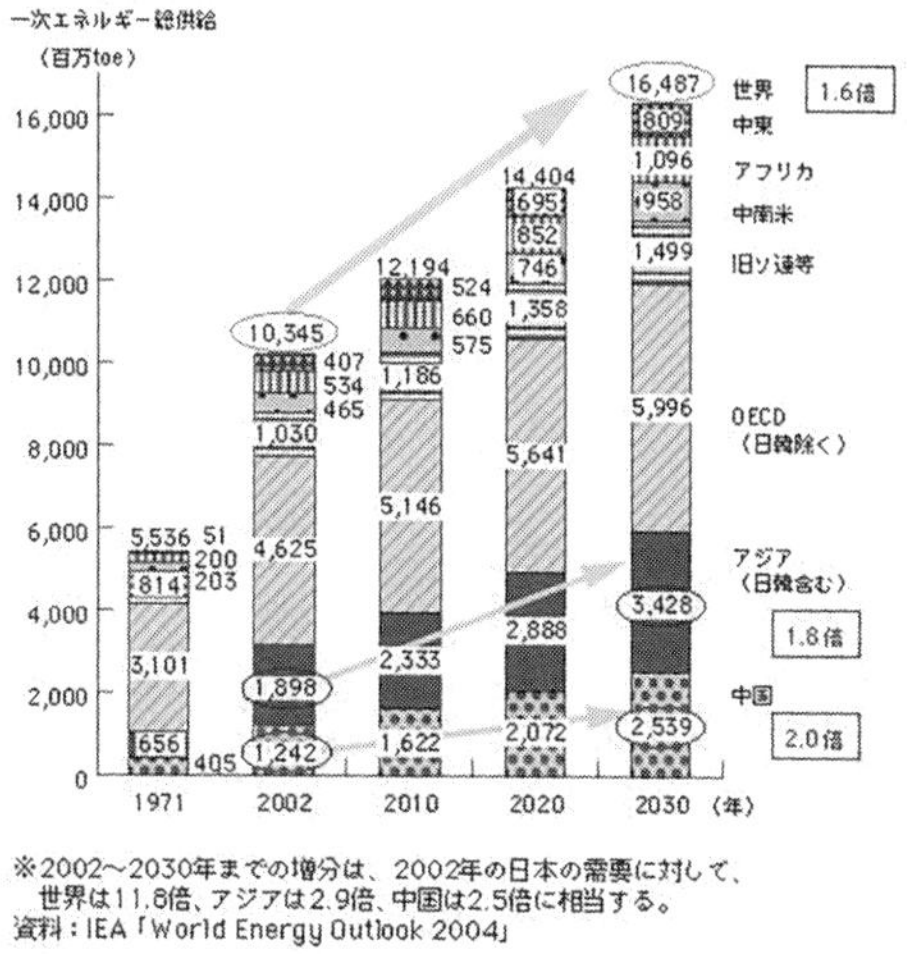


出所：資源エネルギー庁資料

ともあれ、ＩＥＡの発行した２０２０年から２０３０年までの世界の長期エネルギー需給見通しをみても、アジアの需要増予測値は高い。とくに中国の目覚ましい経済成長は今後も長期的に続くであろう。加えて、インドやＡＳＥＡＮの経済成長と人口増はアジア全域におけるエネルギー需要を拡大させる要因になることは間違いない（図１）。

１９９７年に、日本が中国と韓国とともにＡＳＥＡＮ拡大会議（ＡＳＥＡＮ＋３）のメンバーになってから20年の歳月が過ぎた。２０１６年に開かれた第19回ＡＳＥＡＮ＋３の首脳会議でも金融分野などの経済安全保障問題での協力強化が確認された。だが、エネルギー需給の逼迫が域内経済にダメージを与えないよう、エネルギー危機管理を含めたアジア全体のエネルギー・ガバナンスの確立に踏み込んだ議論が交わされた形跡は見られない。ここは、一歩踏み込んでＡＳＥＡＮ＋３の枠組みでこの問題を提起してみてはどうか。

さらに、２０１１年からアメリカとロシアが参加するようになったＥＡＳの枠組みでもエネルギー集団安全保障の地域化を目指した政策提言を行うことも選択肢の一つとして考えられよう。ＡＳＥＡＮが踏み出した経済安全保障共同体の実験に見習い、無資源経済大国としての日本の積極的な政策的イニシアティブの発揮が今こそ求められている。

**より学びたい人は——参考文献**


Emanuel Adler and Richard Barnett, (eds.), Security Communities. (Cambridge University Press), 1998.

Amitav Acharya, Constructing a Security Community in Southeast Asia; ASEAN and the Problem of Regional Order, (Routledge), 2000.

Barry Buzan and Ole Waever, Regions and Powers: The Structure of International Security. (Springer), 2003.

John H. Hertz, "Idealist Internationalism and the Security Dilemma," World Politics, Vol.2, No.2, January, 1950.

山本武彦「アジア経済「集団」安全保障体制創生への道筋――エネルギー資源と食糧資源を中心に」国立政治大学国際関係研究センター（台北）編『問題と研究』38巻2号（２００９年4、5、6月号）。

**注**

**1**　「日本経済新聞」２０１４年5月22日。

**2**　Joseph S. Nye, Jr., "Collective Economic Security," International Affairs, Vol. 50, No. 4, October 1974, pp. 586-587.

# 13章　「アジア・スーパーグリッド」の包括的検証と課題

澁谷　祐（早稲田大学資源戦略研究所招聘研究員）

**ポイント**

○まもなくグリッドの開幕ベルはモンゴルから響く。
○グリッドが築く信頼、安全と安心のアジア。
○「電力輸入を認めない」規制のなぜ？

## 一　はじめに

日本の通信大手・ソフトバンク・グループ（社長・孫正義）が発表した「アジア・スーパーグリッド（ASG）」構想は、モンゴルで発電した電力を北東アジア向けに供給するための「国際電力連係（グリッド＝送電線）の構築」を目的とする（図表1の左側）。

図表１　「アジア・スーパーグリッド」とモンゴルのウインドファーム（概念図）

出典：モンゴル・エネルギー省（2016年）とJICA（2016年９月）

ＡＳＧ構想の発表から5年後、同グループはモンゴル資本との間で初の風力発電所建設契約にこぎつけ、２０１７年12月、運転開始の予定である（図表１の右側）。構想から実現に向けて一歩前進した。[1]

しかし、ＡＳＧ構想発表から現在までの期間、中国は「一帯一路」構想を発表し、ロシアは「東方戦略」を進め、朝鮮半島情勢は緊迫するなか、アジアユーラシアの環境条件は大きく変化した。

一方、わが国の電力システム改革が進み、「電力の輸入を認めるべき」という方向性が明確になれば、ＡＳＧ構想の実現性は一気に高まるので、今後の動向が注目される。

構想から実現に向けてスタートした現段階において、客観的・包括的にＡＳＧについて検証を試みることは意義があると思われる。

## 二　日中ロ韓４カ国のコンセプトに温度差

### 「アジア・スーパーグリッド」構想の提言

２０１１年3月11日、東京電力福島第１原子力発電所事故が発生した。全国54基の原子力発電所は運転中止したため、沖縄を除いて全国は深刻な電力不足に陥った。緊急事態の下、当時の民主党政権は脱原子力依存と再生可能エネルギー導入政策に転換した。

11年7月、神奈川県や愛知県、大阪府などの自治体と通信大手のソフトバンク・グループが「自然エネルギー協議会」を設立した。同社の孫正義社長（自然エネルギー財団会長＝現在）は「アジア・スーパーグリッド」構想を提言した。

13年4月、日本では「電力システムに関する改革方針」を閣議決定し、16年の小売り全面自由化と20年までの発送電分離を決めた。

14年6月、北東アジアにおける再生エネルギー源と可能性について「ゴビテック――アジア・スーパーグリッド」会議がウランバートルで開催された。

## 韓国の「ユーラシア・イニシアチブ」

13年10月、韓国の朴槿恵大統領（当時）は、「2013大邱世界エネルギー総会（WEC）」の基調講演で「アジアユーラシアの電力網、ガスパイプラインと送油管のエネルギー・インフラの相互連結」を提言した。

14年7月、習近平国家主席が訪韓した際、朴槿恵大統領は韓国の「ユーラシア・イニシアチブ」と中国の「一帯一路」の連携を「要請」した。

## 「一帯一路」構想の登場

15年3月、中国政府は「シルクロード経済圏構想」（一帯一路）文書を公表して、「国境を越えた電力と送電通路の建設を推進する」と謳った。

同年9月、習近平・国家主席はニューヨークで開催された国連サミットで「国際エネルギー系統構築に向けた協議を提案する」と表明した。

## 4カ国協力機構の設立

北東アジアの国際電力連係構想は、ソフトバンク／自然エネルギー財団の「アジア・スーパーグリッド」を契機に始まり、中国の「一帯一路」構想とロシアの「エネルギーブリッジ」構想が相次いだ。

図表2　ソフトバンク・グループ、中国国家電網公司、韓国電力公社、ロスセチ（ロシア国営送電会社）のトップ（写真左端：孫正義社長）

出所：GEIDCO

注目すべきは、16年3月、ソフトバンク・グループ、中国国家電網公司、韓国電力公社とロスセチ（ロシア国営送電会社）の4社合意によって、「国際エネルギー系統発展協力機構（GEIDCO＝非営利団体）が設立されたことである（図表2＝写真）。4社間で、国際電力系統構築に関する調査企画の覚書が締結された。

GEIDCO初代会長に中国国家電網会長の劉振亜氏が就任した。副会長に孫正義社長と元米国エネルギー庁長官のスティーブン・チュー氏がそれぞれ就任した。

GEIDCOには日立、ABB、GE、シーメンスなどの世界的企業、大学、研究機関などが参加を表明した。

自然エネルギー財団によれば、この機構は、「ASG構想の世界版であり、国際的な自然エネルギーの活用を促進する」ことを目的とする。ただし、この機構が、どのような調査企画を具体化するか、また異なる4カ国の構想についてなんらかの調整を行うのか、あるいは単なる助言機関か等について、明確でなく今後の動きが注目される。

## 「エネルギーブリッジ」構想の登場

16年9月、ソフトバンクとモンゴル資本は合弁でモンゴルにおいて風力発電所建設プロジェクトにかかる融資契約に締結した(前掲のとおり)。

16年9月、「東方経済フォーラム」(極東ロシア・ウラジオストク)総会において、ロシアのプーチン大統領は、「ロシア、日本、韓国と中国の4者による『エネルギーブリッジ』構想を支持する」と表明した。

ソフトバンクは、ロシアの「ロスセチ」(ロシア・グリッド)と合弁で、ロシア極東と日本間を結ぶ「エネルギーブリッジ」の設計会社の設立を提案した。

16年10月、中国国家電網公司の劉振亜会長はモンゴルを訪問し、モンゴル国会議長及び首相との会談において、「電力は将来重要な貿易商品になり、シベオボ発電所の建設運営計画と電力系統の整備を共同で行うことを期待する」と述べた。

16年12月、プーチン大統領は訪日して安倍首相と会談した。同行したロシアの送電会社ロスセチの首脳が孫正義社長と会談した。

プーチン大統領は、樺太から北海道に送電する「エネルギーブリッジ構想」（ロシア国営電力大手ルスギドロが中核出資）を支援表明した。国際協力銀行と三井物産合同によるルスギドロ株の買収（4・88％）について合意に達した。

## 三　「アジア・スーパーグリッド」構想から実現に向けて――中間報告書のポイント

### 事業化のためのプレ・スタディー段階

17年4月、自然エネルギー財団は「アジア・スーパーグリッド（ASG）」構想から実現に向けて、中間報告書を公表した。ポイントを整理すれば次のとおりである。

ASG事業の目的は、国際競争による経済効率性の向上によって域内電力価格差を縮小して電力貿易の便益を高めることにある。

そのポイントは、プロジェクトの投資形態、技術的バイアビリティ、市場規模と経済性と法的規制である。

投資リスク・利益には商業スキームと規制スキーム（ホスト国の）がからむ。

技術適合性では、蓄電技術やスマートグリッドを組み合わせた直流送電システムの導入が有望である。モンゴルからの送電距離　日本（2400㎞）、韓国（1600㎞）、中国とロシア（300㎞）で、直流送電のロス率（％）は、それぞれ8％、8％、5％、3％と低い。

市場規模について、日本、中国、韓国は極めて大きな電力市場であり、これらがつながれば欧州や北米を超える規模となり、価格調整や相互補完性の効果は圧倒的に大きくなる。

15年現在、北東アジアの越境送電能力（ＭＷ《メガワット》）は、極東ロシアと中国北部：８００ＭＷ、極東ロシアとモンゴル：２３０ＭＷ、モンゴルと中国北部：１２０ＭＷを示している。

経済性では、日本の電力価格は国際的に見て極めて高い。日本の23セント／ｋＷｈという料金水準の高さが目立つ。モンゴル、中国の一部、ロシア極東の料金は日本の３分の１以下である（15年、家庭用電力料金比較）。

日本の電気事業に関する法体系は国際連系を想定していないため、法令や規則の改正等の検討が必要となる（後出掲載）。

## 将来実現に向けてのさらなる課題

続けて、中間報告書は、次の課題をあげている。

・メガソーラーとウインドファーム容量の底上げ、蓄電池容量の増強と地域クラスター産業形成とスマートグリッド構築を分析すること、

・超高電圧送電技術の経済・金融に与える影響を分析すること、

・電力規制上の障壁を分析し、欧州における送電の歴史形成を参考に、相互接続・統合電力市場の可能性を研究すること。[2]

## 四　北東アジアの国際連係の発展と安全保障

### 「電力供給の武器」論に反論

ＡＳＧ構想に対して、日本国内では海外と電力融通を行うことに対する安全保障上の懸念が根強くある。外交的に緊張関係になった際に「電力供給を武器」として利用されるのではないかとする考えである。

この懸念に対して自然エネルギー財団の報告書は次のとおり反論した。[3]

電力融通を適正な規模に設定し、国内対策が十分であれば、万が一、ロシアからの電力供給が途絶する事態を想定したとしてもその経済的影響は限定的なものに留まる。

電力供給の途絶は電力輸入国側だけでなく輸出国側にも大きな損失を与える。

輸出国側に発電・送電事業への投資参加を促すことによって、事業リスクを双方で共有し、相互依存関係性を高められる。

相互依存関係性が成り立てば、どちらかが一方的にバーゲニングパワー（交渉力）を持つことは考えにくい。

## エネルギー連携と相互依存の構図

現代北東アジア（中国、韓国、北朝鮮、日本、モンゴルとロシア）は世界地図上、電力を含めてエネルギー連携協定のない「空白地域」のひとつである。

その理由の一つは、域内6カ国のエネルギー市場の不均衡拡大、異質多様性・非対称性・地政学リスク（エネルギー安全保障）と低い相互依存関係に起因するためである。

6カ国別に見れば、「常態経済期」に入った中国、市場化離陸期のモンゴル、自給体制をめざす北朝鮮と先進国の日本・韓国の共通の「アキレス腱」は持続性のあるエネルギー供給の確保問題である。他方、域内最大のエネルギー輸出国であるロシアは「東方軸足戦略」を推進し、東シベリア・サハリンにおいて資源開発投資プログラムを進め、「アジア太平洋国家」をめざしている。モンゴルの自然エネルギーのポテンシャルは膨大である。

域内の一次エネルギーのバランスは、供給比40％が不足（15年純輸入）し、今後も拡大傾向を示し、エネルギー安全保障リスクに対する認識は深まる方向にある。

現在5カ国（北朝鮮を除き）の間は互換性と補完性を追求してエネルギー連携強化の動きがさまざまなレベルで論究されている段階である。

## 北東アジアのエネルギー連携のメニュー

北朝鮮を除く5カ国が相互依存関係を深め、エネルギー連携を強めるための方策を探求すれ

図表３　北東アジアのエネルギー連携（イメージ）

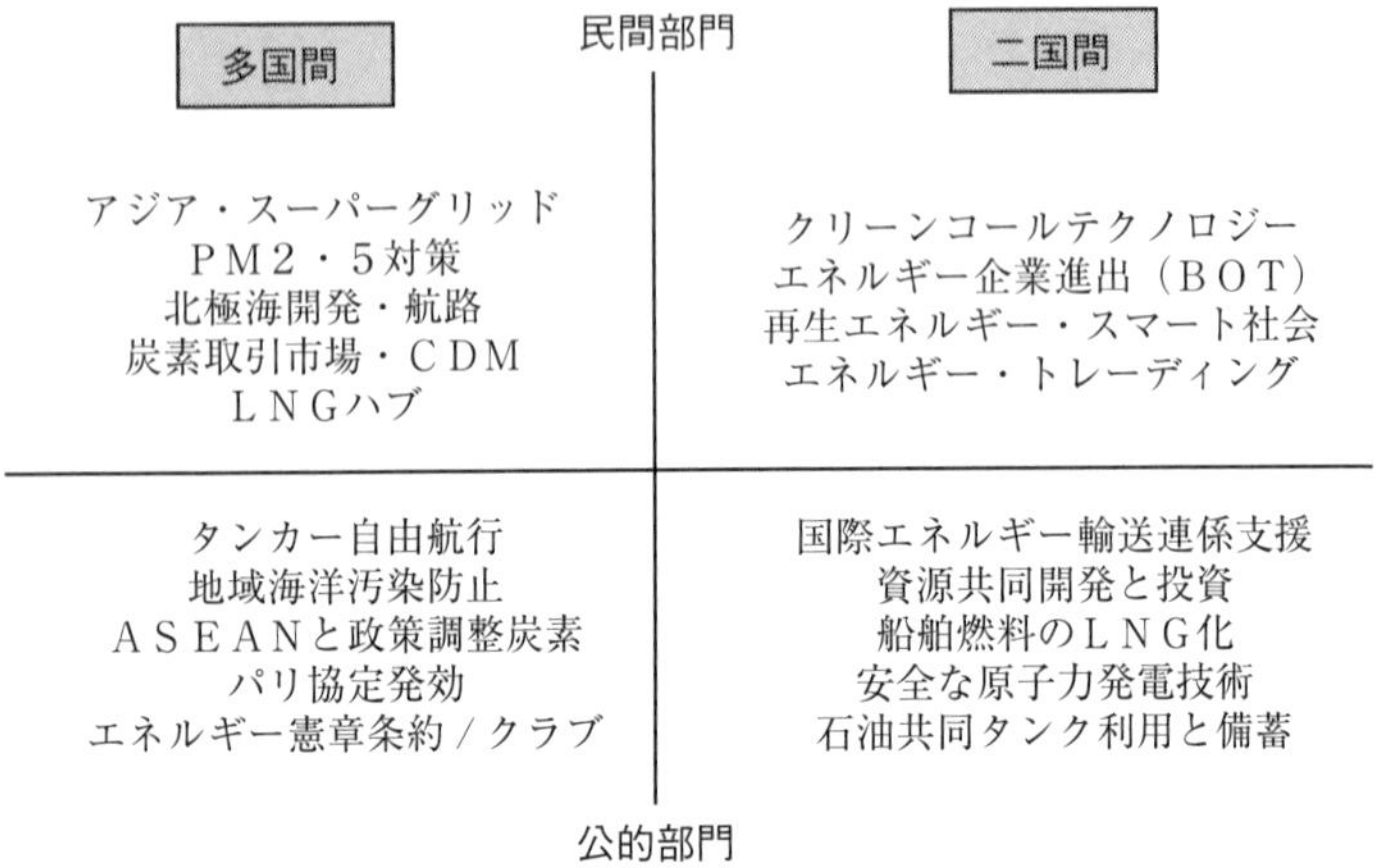


（出典）　EGLJ

ば、次のマトリックスのとおり整理できるだろう（図表３）。

日本は中韓ロなどを相手に、二国間（縦軸の右欄）連携のケースにおいて、まず、民間部門では、石炭ガス化、地中貯蔵技術や再生エネルギー関連技術の利用促進とエネルギー・トレーディングの活性化がある。公的部門では、パイプライン・鉄道・送電線の建設のコネクティビティ（連結）計画の構築の促進である。

続いて、多国間（縦軸の左欄）について、民間部門では電力貿易の「アジア・スーパーグリッド」構想やＰＭ２・５対策のための技術移転がある。

公的部門は、ポスト京都の地球温暖化防止のためのパリ協定の発効と措置、エネルギー上下流の投資、電力系統やパイプラインを含む市場アクセスの促進がある。[4]

## 期待される日本のリーダーシップ

「アジア・スーパーグリッド」は電力のコネクティビティ（連係性）を高めて、域内の信頼関係を醸成し、押し上げるツールのひとつである。国際連係の拡大は開放経済移行に貢献し、紛争・脅威に対する歯止めと抑止に一定の役割を与えると期待される。

笹川平和財団会長（元国際エネルギー機関（ＩＥＡ）事務局長）田中伸男氏は、「日本のようにエネルギーを輸入せざるを得ない国は、エネルギー源をできるだけ多様化することが安定供給と安全保障の唯一の道です。一国だけに頼るのではなく、電力網を南側も北側もつなぎ、パイプラインやＬＮＧ（液化天然ガス）の形でもエネルギーを調達できるようにしておけば、一カ所で止められても困らないはずです」と語った。[5]

また、国際連係は東日本大震災のような災害時の電力供給のリスクヘッジになる。

日本は、電力インフラをふくめエネルギー投資ファイナンス、イノベーティブな低炭素技術と質の高いインフラパートナーシップを軸に北東アジアのエネルギー戦略をリードするポジションにある。

## 五　結語――日本の電力システム改革と課題

### 電力規制「電気は輸入できません」の終わりへ

東日本震災・福島第一原発事故を契機に我が国のエネルギー・ミックス政策はパラダイムシフトした。半面、エネルギーはますますグローバル化が進むなかで、不思議なことに、主要先進国の中で我が国は唯一国際連係（送電線と天然ガスパイプライン）を持たない国である。

我が国の電力史を調べたところ、原子力が最盛期のころ朝日新聞の意見広告のなかに、「電気は輸入できません」とあるのを見つけた。

その理由として広告記事は、「資源の乏しく、島国の日本は石油、石炭、天然ガスやウランなども輸入に頼っており、（略）電気が足りなくなったとしても海の向こうの国々から輸入することはできません」と主張した（朝日新聞、03年4月23日、一面）。

広告依頼主は、電力会社系の日本原子力文化振興財団であった。この意見広告は、「既存の古い電力・エネルギー体制」を象徴する見本だった。現代世界のなかではどうみても不合理・不適合ではないだろうか。

橘川武郎・東京理科大学大学院イノベーション研究科教授は、「アジア・スーパーグリッド」構想を含めた国際連係強化のための論点を次のように簡潔に整理している。[6]

①卸電力市場の発展が進むこと（2％→8％へ）
②直流高圧送電（ＨＶＤＣ）の技術改革が進みロス率が大幅に減少すること
②韓国→日本の潮流になり、ＨＶＤＣはグローバルスタンダード
③電力10社のなかで国際連係できる能力は東電のみ
④再生可能電力比率（30年：22〜24％→30％）、原子力（20〜22％→15％）を提唱

我が国は、既に古くなった電力の「絶対自給論」の呪縛を解き、アジアユーラシアと連携強化する度量が試されている。

**より学びたい人は——参考文献**


伊集院敦・日本経済研究センター［編］『変わる北東アジアの経済地図——新秩序への連携と競争』文眞堂、２０１７年。

林華生・浜勝彦・渋谷祐編著『日中印の真価を問う』文眞堂、２０１０年。

朝日新聞（The Globe Asahi）『国境を越える電力』２０１７年3月1日。

澁谷祐「『北東アジア・エネルギー安全保障論』のために」『グローバルアジア・レヴュー』第4号、国際アジア共同体学会、２０１７年6月。

注

1 モンゴルにおける風力発電所の建設計画

16年9月、モンゴル国内の電力需給逼迫の緩和と自然エネルギーの促進を目的として、ソフトバンク・グループ系列のSBエナジーとモンゴルのコングロマリットNewcomは合弁でモンゴル・ウムヌゴビ県において出力50MW（計25基）の風力発電所建設プロジェクトにかかる融資契約を締結した。国際協力機構（JICA）と欧州復興開発銀行（EBRD）がともに協調融資に参加する。（金額は明示されず）

これはグループにとってモンゴルでの初の発電事業である。17年12月の運転開始を目指す。孫正義社長は、「グループは日本、インド、モンゴルで自然エネルギー事業基盤を持ち、今後もグローバルに事業を推し進める」と述べた。JICAは「日本政府の推進する『質の高いインフラパートナーシップ』に合致する」と述べた（出典：https://www.jica.go.jp/press/2016/20160928_01.html）。

2 欧州における国際的な送電網の建設は、1910年代から始まり、15年にデンマークとスウェーデンがつながり、21年にはフランスからスイスを経由してイタリアにつながった。

3 自然エネルギー財団報告書「エネルギー安全保障と電力貿易：アジア・スーパーグリッド構想における日本の安全保障への影響」2014年1月30日 http://www.renewable-ei.org/activities/reports_20140130.php

4 鳩山由紀夫元首相は「中国は消費財、韓国は中間財を、そして日本はロボットなどの資本財を得意としているので、分業しながら協力できる分野が多い。またアジア・スーパーグリッド構想という、自然エネルギーを地域で発電し、送電網で需要地域に送る構想など、グリーンインフラの分野もある」と語った（人民網日本語版、２０１７年5月13日、鳩山元首相独占インタビュー）。

5　朝日新聞（The Globe Asahi）「国境を越える電力」２０１７年3月1日。

6　自然エネルギー財団国際シンポジウム「国際送電網の現状と今後の展望——アジアスーパーグリッド構想を受けて」２０１６年9月8日（東京）　http://www.renewable-ei.org/activities/SponsoredEvents.php

# 14章　東シナ海ガス田開発の再生へ

後藤康浩（亜細亜大学都市創造学部教授）

**ポイント**

○東シナ海のガス田共同開発は２００８年合意以降、進展なし。
○ガス田開発域を「中立地帯」とし、日中共同出資で開発を。
○東シナ海問題の解決は南シナ海に通ず。

## 一　東シナ海ガス田開発の経緯と現状

東シナ海の日本と中国の排他的経済水域（ＥＥＺ）の中間線付近の海域地下に天然ガス資源が賦存することは、１９６８年の国連アジア極東経済委員会（ＥＣＡＦＥ）による探査で知られるようになった。ただ資源量については曖昧な情報しかなく、開発可能性は真剣には検討されなかった。時を同じくして１９６９年に日本にとって初となるアラスカからの液化天然ガス（ＬＮＧ）輸入が始まったことや原子力発電が本格的に稼働を始めたことから、東シナ海ガス田が顧みられることはなかった。

１９７０年代の２回の石油危機で、「脱石油」「脱中東」が大きな政策テーマとなり、東シナ海ガス田も開発が検討されたものの、当時急増していた日本のエネルギー需要を賄う基盤的なエネルギー源とは判断されず、日本は天然ガスに関しては豪州、マレーシア、インドネシアなどからのＬＮＧの大量輸入の道に踏み込んでいった。その後、１９８６年の「逆オイルショック」で石油とそれに連動する天然ガス価格が大きく下がり、天然ガスそのものもプロジェクトの増加などで供給過剰に陥り、長期低迷したためエネルギー安全保障への関心が薄れ、東シナ海ガス田は日本人の記憶の中から消えていった。

東シナ海ガス田が再び関心を持たれたのは２００４年春に中国が日本の主張する日中中間線にきわめて近い中国側海域でガス田開発に乗り出したことがきっかけである。背景では、中国など新興国のエネルギー需要が急激に伸び始め、グローバルなエネルギー需給が再び逼迫し始め、２００１年頃から石油価格が上昇に転じていたことがある。日本近海でのエネルギー資源が新たな意味を持ってきたのである。

中国が着手したのは春暁ガス田などであり、中間線を越えて日本側海域の地下にも同じガス田が続いているとの専門家の指摘があった。そのため、「中国が一方的にガスを生産すれば、日本側の資源も吸い取られる」と言った議論が高まり、中国に対し、開発の一時中止と境界線の確定を呼びかける政治的な動きが出てきた。２００５年に通商産業省（当時）は中間線の日本側海域で帝国石油などに試掘権を付与すると同時に、中国側が開発を進めていた春暁ガス田に「白樺」、天外天に「樫」、龍井に「翌檜」、断橋に「楠」、冷泉に「桔梗」と日本名を与えた。日中の中間線付近の資源について、日本側の権利を明確に主張したといえる。これに対する中国側は「中間線の日本側海域におけるガス田共同開発」を提案したが、日本側はこれを一方的な主張と否定、中間線をまたぐ両側の海域での春暁など4ガス田の共同開発を提案した。これを中国側は「中国の主権と資源権益への重大な侵害であり、挑発」と批判、共同開発構想は潰えた。

この時点でふたつ注目すべきポイントがある。第1は、中間線に対する中国側の認識である。東シナ海では日中双方の領海基線の間隔が４００海里（７４０・８キロ）未満であるため、日本と中国のＥＥＺは重なり合う部分が出てくる。そのため、日本側は国際海洋法の関連規定と国際判例に基づき、中間線を境界とすべきと主張。中国側は境界線については大陸棚の延長や大陸（中国）と島（日本）の違いを考慮して設定すべきと主張し、日本の中間線の主張を認めていない。

とすれば、中国が日本の主張する中間線を基準に中国側海域、日本側海域と区分し、共同開発海域を提案すること自体が実は日本の中間線を前提として認めていることになる。２００５

図表1　日中中間線付近での中国の開発状況

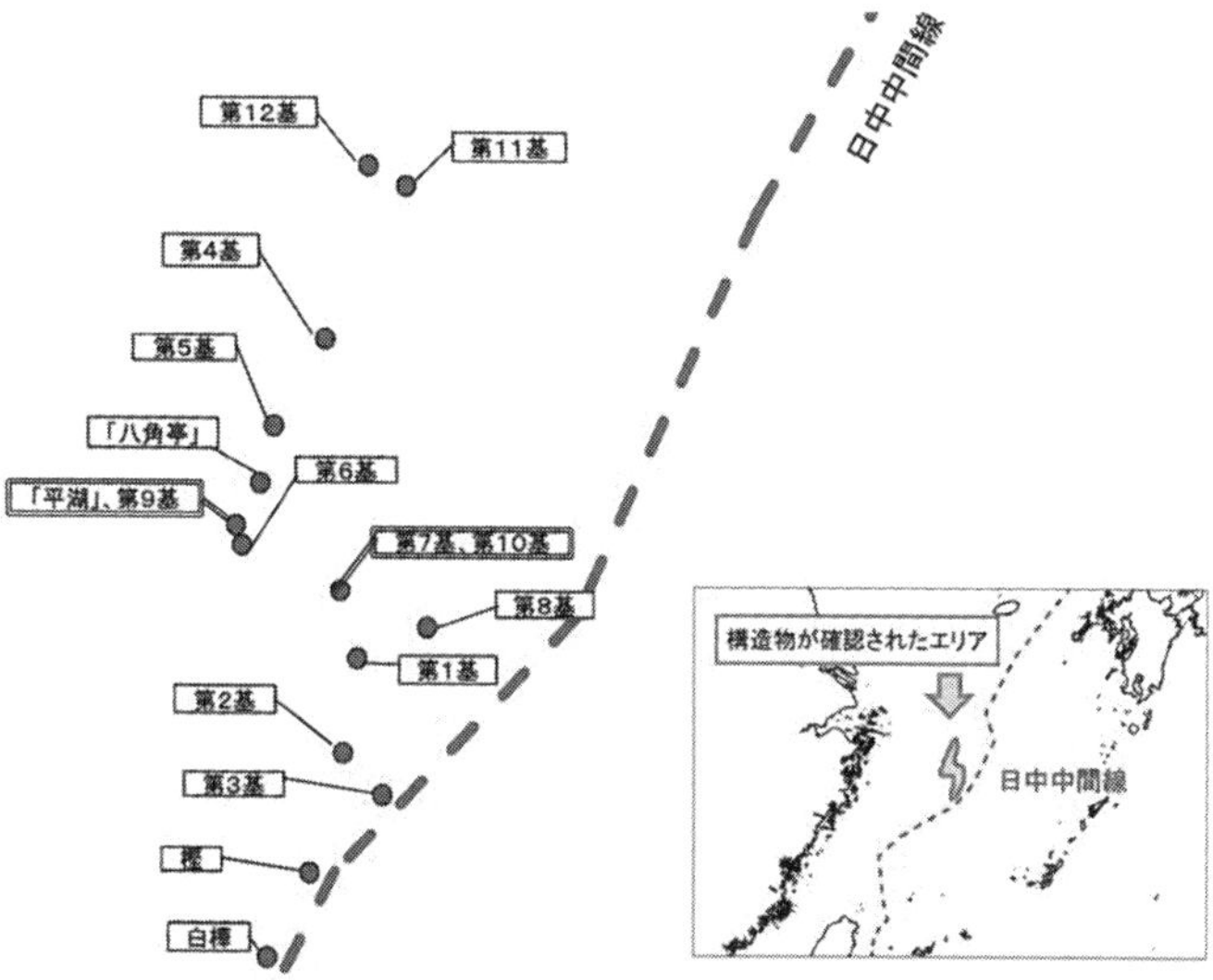


出所：外務省ホームページ

年の中国による共同開発提案は日本側の主張には沿わないものだが、中国側が事実上、大陸棚などを根拠にする自らの境界線主張から離れ、日本の主張する中間線を議論の土俵にした点には着目する必要があるだろう。

２００８年になって事態は急転した。中国側が白樺（中国名：春暁）で日本企業を含めた共同開発を提案して来た。同年6月18日に日中両国は、①白樺の共同開発、②翌檜（中国名：龍井）南側の中間線をまたぐ海域での共同開発、③その他の海域についての継続協議――で合意し、発表した。表面的には転換点と言えたが、その後は共同開発には実質的な進展はなく、合意そのものは中国側によって無視し続けられている。この合意後の空白期間に中国は中間線の中国側海域で海上プラットフォーム建設、掘削、生産など開発行動を加速させており、２０１７年3月時点で、中間線の中国側海域では16基の海上プラットフォームなど構築物が確認されている。こうした状況をみれば、２００８年合意は日本側に対する中国の目くらまし戦略で、中国が施設建設など開発実績を積み上げるための時間稼ぎの策略だったと考えるのが妥当だろう（図表１）。

同じ東シナ海では２００８年12月には中国海洋局の海洋調査船２隻が尖閣諸島付近の日本の領海に侵入、９時間以上にわたって領海侵犯を続けるという事件が起きた。中国公船の領海侵犯は初めてのケースであり、中国当局者は「中国の主張を行動で示した」と表明。その後、尖閣付近での中国の漁船や公船による領海侵犯は多発することになり、２０１０年9月には尖閣諸島周辺で日本領海に入り、違法操業していた中国漁船が取り締まりにあたった海上保安庁の巡視船に体当たりをして破損させるという事件も発生した。

東シナ海ガス田で日中共同開発の合意をしながら、中国側が合意を無視する形で独自の開発行為を続け、尖閣諸島をめぐっても領海侵犯行為が急増していった経緯を並行してみれば、中国側が東シナ海における多面的な海洋権益の伸張を図っていることは歴然としている。東シナ海を「平和と協力の海」にという理念は希薄化し、むしろ日中の対立が深まっているのが現実である。

## 二　東シナ海ガス田開発の経済性と意味

中国が開発に乗り出した21世紀初頭の段階では東シナ海ガス田は中国にとって国産の天然ガス供給源として重要な意味を持っていた。主として発電向けの石炭利用は大気汚染や国内の物流の停滞、中小の炭鉱事故の多発など大きな問題を引き起こしていたからだ。もちろんＬＮＧ輸入、トルクメニスタンからのパイプラインでのガス輸入などが計画されていたが、国産エネルギーとなる東シナ海ガス田は中国にとって安全保障上も経済上の両面で意味があったのである。実際、東シナ海の稼働第1号となった平湖ガス田からパイプラインで運ばれる天然ガスは火力発電用燃料として重要な役割を果たした。

だが、２００５年あたりから天然ガス輸入を激増させ、今や圧倒的な世界最大の天然ガス輸入国になった中国にとって、東シナ海ガス田はもはや有意なものではない。現在では中国の天然ガスは新疆ウイグル自治区や四川省、甘粛省など内陸の国内生産分に加え、トルクメニスタンや２０１４年から本格化したミャンマーからのパイプラインでの天然ガス輸入など大型供給源が続々構築され、４ルートにわたる西気東輸（西部の天然ガスを東部の沿海地域へ）パイプラインと連携した輸入パイプラインによって安定し、長期的にも資源量が十分な供給網が構築されているからだ。２０２０年前後にはロシアからの天然ガス輸入も始まる予定である。ＬＮ

Gも国内に20カ所以上の受け入れ基地が稼働しており、輸入量は日本、韓国に次ぐ、世界3位となっている。さらに国内ではシェールガスや炭層メタン（CBM）の開発も進められている。資源量や開発・生産コストの面から中国にとって東シナ海ガス田にこだわる必要性はもはやないといっていい。

## 三　海洋進出戦略

資源としての開発必然性が薄いなかで、中国が日中中間線の中国側海域に多数の海上プラットフォームを建設しているのはなぜか。世界の海上油田の開発現場ではプラットフォームと陸上の基地を結ぶため、ヘリコプターが頻繁に飛行している。筆者がロンドン駐在中に訪問した英領北海でBPが開発するフォーティーズ油田の「パイパーα」プラットフォームには周辺数十キロ圏内に林立する他社の海上プラットフォームに向かうヘリも含めた航空管制のための基地が設けられ、空域を管理していた。プラットフォーム自体が海上部分だけで100mを超すような大型のもので、掘削や操業に必要な電力を賄うために1万KWのガスタービン発電機も設置されており、まさに海上基地といっていいものだ。周辺海域には事故や物資補給のため、支援船が常時、遊弋《ゆうよく》している。

すなわち、海上油田施設は海における一大拠点であり、海域の領有を示威する存在であるとともに軍事施設としても利用可能である。南シナ海で2013年あたりから中国が「九段線」という国際法では正当性のない主張に基づき、領海の地理的根拠とはならない低潮高地の岩礁を続々と埋め立て人工島として、新たに領海などの権益を主張し、さらに滑走路やミサイル発射台など恒久的な軍事施設化している。

こうした現実と照らし合わせれば、中国の東シナ海ガス田開発における海上プラットフォーム建設が人工島造成と同じ目的を秘めているのではないかとみざるを得ない。海上の油田、ガス田開発は陸上に比べコストが高いため、石油価格低迷期は停滞するのが経済原則だが、中国は2014年以降の油価低迷期でも開発を積極的に進めている。さらに最近の海洋資源の開発はコスト削減のため、海上プラットフォームの数を極力減らし、1基のプラットフォームから数キロ先まで水平掘りで進み、油・ガス層の最適ポイントを掘削するのが常識。三次元探査や掘削技術の進化がそうした合理化を可能にしている。にもかかわらず、中国の東シナ海開発では数を競うように多数のプラットフォームを建設しており、海上施設の構築にこそ目的があるのではないかとさえみえる。

## 四　日中対立の解決と「中立地帯」構想

日中にとって東シナ海ガス田は縺れた糸のように解決手段のみえない課題になってしまった。

日本側からすれば２００８年の合意が中国によって履行されず、勝手な開発行為が進んでいるという不信感がある。さらに尖閣諸島をめぐる対立激化、軍事衝突のリスクも合わせてみれば東シナ海はもはや「不信と対立の海」と言わざるを得ない。日中対立を振り返れば、靖国参拝問題や歴史認識問題など70年以上前の日中戦争に起因する問題が長らく争点となってきた。両国民の多くが自らは経験したこともなく、直接の加害者でも被害者でもない侵略や戦争犯罪の問題は想像上の論争、バーチャルな対立に過ぎない。それが時として反日デモや暴動などの形で噴出するのはアジアでは歴史は政治的に利用されやすいからだ。これに対し、東シナ海ガス田開発や尖閣諸島をめぐる対立は日中両国民が今、目撃し、利害関係を感じるきわめてリアルな衝突である。そこに実は深刻さがあり、尖閣諸島や東シナ海で日中の衝突が起きれば靖国参拝などとはケタ違いの決定的な関係悪化となる懸念は大きい。

東シナ海ガス田問題の原点は日中の境界線についての合意形成にある。中国はロシア、ベトナム、カザフスタンなど国境を接する多くの国と今世紀に入って国境線を画定してきた。陸上国境という人の住む、より生々しい境界の確定ができるのであれば人の住むことのない海上の境界はより容易なはずだ。日中両国政府は東シナ海ガス田や尖閣問題が発火した時の危険性を認識して問題の〝信管〟を抜く努力をすべきなのだ。それでなお、境界確定が困難ならば、東シナ海ガス田を日中両国の共同管理する「中立地帯」とする方法がある。中立地帯には格好の前例がある。サウジアラビアとクウェートの陸上及び海上境界に儲けられた「中立地帯（neutral zone）」と呼ばれる共同管理地域である。日本のアラビア石油がかつて権益を持ち、操業していたカフジ油田などはこの中立地帯に立地し、アラビア石油は両国政府が株主に入り、石油生産に伴う利権料の支払いや株主配当を両国政府に対し行っていた。

残念ながらアラビア石油の開発権益は今世紀初めに期限が切れ、同社の生産は終了している。ただ、中立地帯及びアラビア石油の方式は、東シナ海ガス田問題の解決のひとつのヒントにはなるのは間違いない。アラビア石油の存在と産油量は大産油国であるサウジ、クウェート両国にとってクリティカルな問題ではなかったゆえにアラビア石油方式ともいえる手法が機能した。日中双方にとっての東シナ海ガス田もエネルギー安全保障上や経済上で譲ることのできない資源では決してなく、魅力ある資源とも言い難い。

そうした状況を冷静に捉えれば、日中が中立地帯を画定し、その海域内は非武装化し、両国の艦艇や航空機の立ち寄りなど軍事的利用を禁止するとともに、共同で資源開発と海域の管理を行う条約を結び、資源開発を運営する企業を共同出資で設立する、というアイデアは決して荒唐無稽ではないだろう。既に中国側はプラットフォームを建設し、天然ガスを生産、利用しているため、中国の建設した施設、設備を残存価値で評価し、現物出資として企業に取り込み、日本側は現金出資する、というスキームである。出資比率は対立した場合に問題になる恐れが高いものの日中50％ずつにすべきだろう。

問題は収益をどう処分するかである。両国政府に配当してしまえば国庫収入のわずかな部分

図表2　途上国・新興国のエネルギー需要は今世紀に倍増
世界の1次エネルギー需要

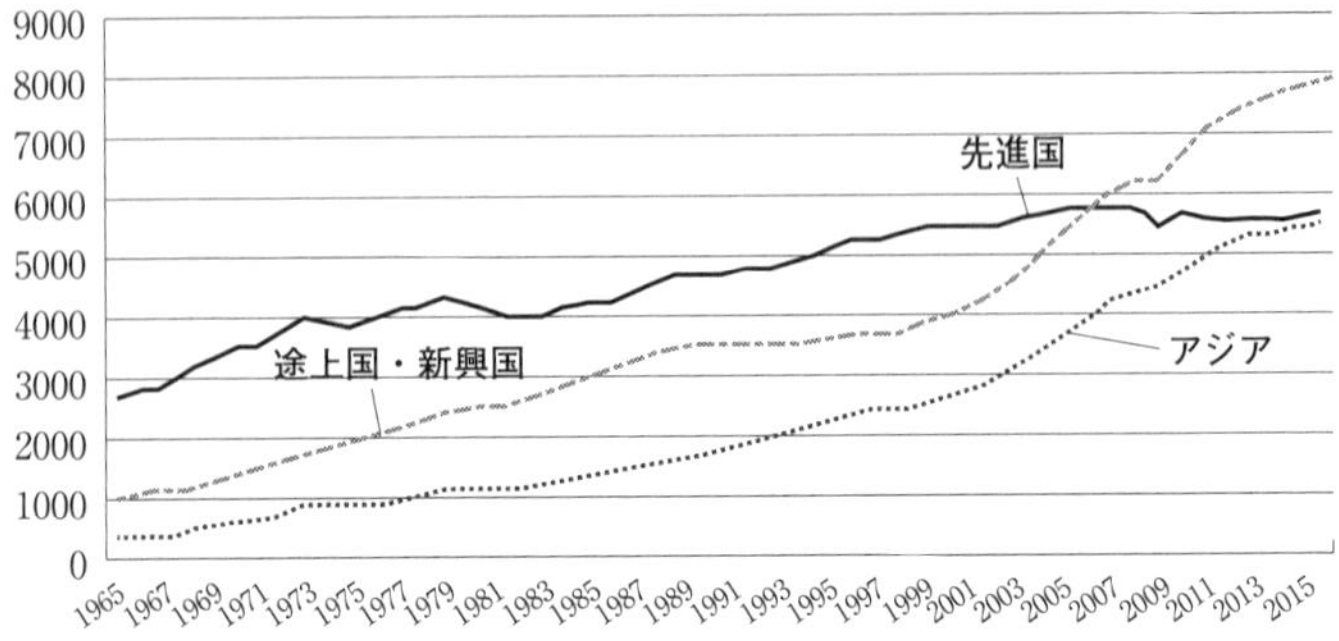


出所：BP 統計

として消えてしまう。利益を共同管理の基金に積み立て、アジアのエネルギー安全保障や環境対策に用いるのが最も有効な使い途であろう。アジア各国の共同原油備蓄基地の建設や電力の広域グリッドの構築など意味のある用途は多い。一部はアジア開発銀行（ADB）やアジアインフラ投資銀行（AIIB）に預託して、前記のような使途に用いる手もあろう。

東シナ海に新たに境界を設けるのではなく、中立地帯を設け、アジアが直面する最も深刻な問題の解決に役立つ資金源とすることこそ東シナ海を「信頼と協力の海」にする道である（図表2）。

また、今や東シナ海と並ぶ「対立と不信の海」となっている南シナ海でも「中立地帯方式」は問題解決のひな形になるはずだ。まずは日中両国が東シナ海で恩讐を乗り越えて、未来志向の枠組みを構築することが、東南アジアにおける次世代の海洋協調の流れをつくる。エネルギー需要が急増を続け、中東や東アフリカなど他地域からの石油、天然ガスの輸入も膨張を続けるアジアにとって、エネルギーの輸送ルートである海こそ平和と協調の場でなければならない。

**より学びたい人は――参考文献**

後藤康浩『ネクスト・アジア』日本経済新聞出版社、2014年。
BP "Statistical Review of World Energy", 2017.
日本エネルギー経済研究所『アジア／世界エネルギーアウトルック　2016』

# 15章　アジアのエネルギー共同体形成におけるコネクティビティ

宮脇　昇（立命館大学政策科学部教授）

**ポイント**

○北東アジア域内資源貿易はコネクティビティ（接続性）が小さい。
○国連海洋法条約の履行により内陸国の資源輸出の増加が期待される
○陸の壁を低めるための多国間協力が必要である。

## はじめに

欧州、北米、アフリカにおいて国境を越えたパイプラインや電力の接続が進んできたのと対照的に、アジアにおいてはパイプラインや電力供給網の接続が進んでいない。もとより道路交通網でさえ国境を越えるルートは少なく、欧州、北米とは比較にならない。その一方で資源開発には各国が鎬を削っており競争は激化しつつある。

規範の国際化で世界を主導する欧州、軍事的覇権を維持しようとするアメリカ、今世紀後半に向けて飛躍的発展が予想されるインド洋地域やアフリカに対し、アジアの政治経済のプレゼンスを維持するためには、各国の資源開発を協力によって最適化する戦略をとる必要がある。その協力の実施に必要な輸送インフラの形成がアジアの強靭化の基礎となる。

本章では、上記の問題意識に基づき、アジアのエネルギー共同体形成に際して必要なエネルギー輸送インフラの国際コネクティビティ（接続性）の現状と展望を内陸国モンゴルを事例に論じる。

## 一　北東アジアにおける資源高開発と接続低開発

北東アジアでは資源輸出国としてロシア、モンゴル、北朝鮮がある一方、他方では世界的に有数の資源輸入国である中国、日本、韓国がある。しかし両者間の資源貿易は極めて寡少である。むろん石炭についてはロシア、モンゴル、北朝鮮から中国に、ロシアから日本に輸出され、石油はロシアからモンゴル、中国（ロシアの第2の輸出先：2015年）、韓国へ輸出されている。天然ガスについてはロシアから日本にサハリン2《ツー》プロジェクトの産品としてLNGで出荷され（日本のLNG輸入の9％）、さらに中ロ合意により2019年までにパイプラインで中国に供給される予定である。しかし世界全体のエネルギー貿易に占める北東アジア域内貿易の割合は、全世界の0・7%に過ぎないといわれる。

なぜなら第一に、北東アジアのエネルギー輸入国は、中東依存度を高めている。中国をはじめ域内各国の石油・ガス輸入量は増え続け、結果として中東への依存も高まっている。中国のエネルギー輸入先上位5カ国は、サウジアラビア、ロシア、アンゴラ、オマーン、イラクである。日本は、主としてカタール、マレーシア、オーストラリアからLNGを輸入し、3・11の前後すなわち2010—12年の輸入増加分の半分をカタール産が占める。

欧州やアフリカで電力供給網やパイプライン網が増大したのは、外交的・政治的安定と経済合理性による。前者について、たとえばソ連から東欧へのドルジバ・パイプライン、そしてデタント以前から西欧に延伸されたパイプラインは、西ドイツのブラント政権による東方外交、東西ドイツ基本条約にみられる相互承認、ヘルシンキ宣言を生んだCSCE（欧州安保協力会議）といった政治的制度化の同時進行によって促進された。その後冷戦の再激化（1980年代）に際してアメリカの反対にもかかわらず経済合理性の観点からパイプライン依存は優先された。一度接続したエネルギー依存は、経済合理性によって継続し、政治的状況にあまり左右されないことの証左である。

現在の北東アジアに転じると、北朝鮮やモンゴルを含む域内各国を網羅する政治的対話は、2014年から「新しいヘルシンキ」としてモンゴルによって主導されているUBD（ウランバートル安全保障協力対話）に限られており、他のＣＩＣＡ（アジア信頼醸成措置協力会議）、ＡＩＩＢとも日本の不参加により共通の政治的プラットフォームとして形成されていないのが現状である。韓国が主導したＮＡＰＣＩ（北東アジア平和協力構想）もまた類似の懊悩を抱えている。

現在の北東アジアにおいて、中国主導のＡＩＩＢやあるいは中ロ主導のＳＣＯ、そしてＣＩＣＡ等の国際レジームが鼎立し、多層的な安全保障対話環境が拡がっているのに比べ、南北朝鮮、米朝、日朝の国交は未だ回復されていない。しかし過去をふりかえるならば、ややもすれば日米同盟に依存していると批判される日本ですら、多国間安全保障構想をもたないわけではなかった。たとえば１９９０年の中山提案は後にＡＲＦ（ＡＳＥＡＮ地域フォーラム）として結実した。また１９９９年に小渕首相は日中韓サミットを提唱し、後に麻生政権は２００８年以来ＡＳＥＡＮ（東南アジア諸国連合）とは別に3カ国の首脳会談を定例的に始めた。その麻生政権は、「自由と繁栄の弧」構想を提唱し、自由民主主義国の戦略的連携を狙ったのである。民主党政権においても鳩山首相が東アジア共同体構想を提唱したのは、記憶に新しい。

こうした個別の外交努力にもかかわらず、各国の多国間安全保障対話の提案が一つに収斂せず国際接続促進の政治的環境が醸成しない中、エネルギーのコネクティビティをめぐる議論は、いかに前進しうるのか。北東アジアの「接続低開発」からの脱却の成否は、政治的環境の醸成に加え、現存する国際接続の障壁の解決いかんによる。本章では資源供給国のモンゴルから資源消費国へのコネクティビティについて、陸路に立ちはだかる「壁」、すなわち「陸の壁」の観点から考察を深める。

## 二　コネクティビティの陸の壁――国際合意の不履行

先に現状を概観すると、中蒙露3カ国は、旧ソ連時代に接続された鉄道（ウランウデ―ウランバートル―北京、ただし軌間が中蒙間で異なる）、電力供給網（ロシア↓モンゴル51百万KW／h、モンゴル↓ロシア284百万KW／h、モンゴル↓中国　1115百万KW／h、ロシア↓中国3299百万KW／hのそれぞれ一方向［送電量は近年のもの］）の国際接続が存在する。

域内の内陸資源大国であるモンゴルの資源輸出を例に、陸の壁を対象化する。陸の壁で最大の論点となるのは、モンゴルの主要産品である石炭や鉱物資源の輸出である。そのほとんどは中国にトラックで輸送されており、第三国への輸出は鉄路あるいはトラック輸送により中国の天津港、あるいはシベリア鉄道経由でウラジオストク港を利用せざるを得ない。

内陸国かつ開発途上国である内陸開発途上国（LLDC）であるモンゴルにとって、国連のミレニアム開発目標（MDGs）で示されたLLDC問題の改善は、国家的悲願である。この内陸国の桎梏をほどくべく、内陸国の権利について、北東アジアのすべての国が署名し、北朝

地図　モンゴルに関する主要鉄道路線

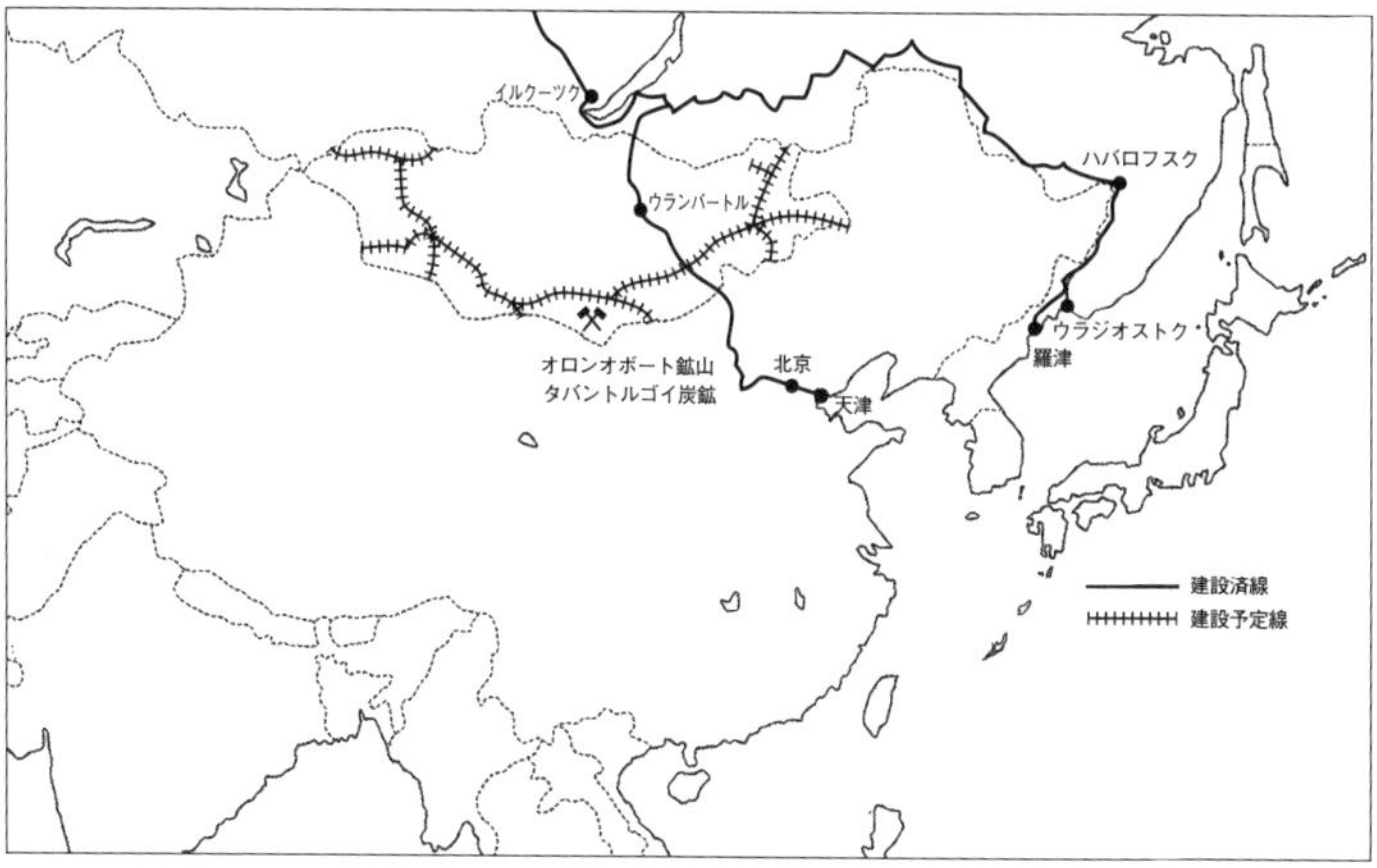


鮮を除くすべてが批准している国連海洋法条約（1982年署名、1994年発効）は、内陸国の権利を具体的かつ広範に定めている。すなわち国連海洋法条約125条では、海への出入りの権利及び通過の自由が左記の通り定められている。

1　内陸国は、公海の自由及び人類の共同の財産に関する権利を含むこの条約に定める権利の行使のために海への出入りの権利を有する。このため、内陸国は、通過国の領域においてすべての輸送手段による通過の自由を享有する。

2　通過の自由を行使する条件及び態様については、関係する内陸国と通過国との間の二国間の、小地域的な又は地域的な協定によって合意する。

3　通過国は、自国の領域における完全な主権の行使として、この定める内陸国の権威及び内陸国のための便益が自国の正当な利益にいかなる害も及ぼさないようすべての必要な措置をとる権利を有する

海洋法条約が発効した1994年以降、内陸国会議で海洋アクセスの課題は常に検討課題となってきた。2003年の国連内陸低開発諸国弁務官事務所（UN―OHRLLS）主催の会議で採択されたアルマトイ行動計画では、具体的に、(a)海からあるいは海へのすべての移送手段のアクセスを確実にする、(b)港湾の競争性を増やすためにコストを削減しサービスを改善する、(c)輸入品の配送コストを削減する、(d)貿易ルートの遅滞や不確実性に立ち向かう、(e)国内ネットワークの開発、(f)運送途中の紛失・破損・劣化を削減する、(g)輸入拡大の路線を開拓する、(h)回廊に沿った道路輸送と人々の安全を改善すること、が合意された。

モンゴルの場合、内陸国特有の閉塞的状況の打破の鍵を握るのは、むろん中ロ両隣国である。しかし現実にはモンゴルから中国経由で物品を輸出する場合に、非関税障壁とも言えるコストがかかっていた。例えば、ウランバートルから天津港の輸送（往復）には、1TEU（20フィート換算のコンテナに相当）あたり1400ドルの費用がかかる。そのうち、中蒙国境で250ドル、中国国内の移送手数料は30ドル、天津港で80ドルが必要である。わかりやすい比較例として、パナマ運河の2007年の移送料は、1TEU＝72ドルである。すなわちモンゴ

ルは、中国経由の貿易にパナマ運河の5倍の料金を支払っていることになる。また鉄路の場合中国国内では石炭車ではなくコンテナを利用せねばならないと定められており、高コストの一因となっている。このため中国向けの石炭輸出にはより安価なトラックが利用されてきた。

同時にモンゴル南部の炭田から中国向けに石炭を輸出するための貨物鉄道の新設が近年計画されている。しかし軌間をめぐってモンゴル国内で大きな論争が惹起された。すなわちモンゴルの鉄路は旧ソ連規格の広軌である。中ソ対立前に接続したモンゴル・中国間の唯一の鉄道は、地理的に炭田を全く経由していなかった（223頁地図参照）。それでは軌間をどうするのか。中国は国際標準軌を採用しているため、対中石炭輸出の経済合理性を考えれば標準軌を用いるべきである。しかしそれは、モンゴルの従来の国家的軌間と異なる新展開である。中国による鉄路の軍事的利用への懸念がモンゴル国内で政治的争点となり、今に至るまでこの鉄路の計画は進んでいない。

鉄路に関しては、鉄道の施設改善は喫緊の課題といわれながらも改善が滞っていた。まずウランバートルを経由する中蒙露の国際鉄道は単線であり、モンゴル側は複線化を要望しているが実際に鉄道の運営に大きな影響力をふるっているロシア鉄道側の消極的姿勢により未だ実現していない。またシベリア鉄道経由でウラジオストク港からの輸出については、シベリア鉄道の貨物価格が割高であり経済合理性の観点から困難である。3・11以降の日本の電力需要の激変に対応して、日本の商社がテストケースとしてモンゴルの石炭をシベリア鉄道経由で輸入したところ、中国経由の試算コストより6倍の費用となったという。

## 三　コネクティビティ強化によるエネルギー安全保障

中露蒙3カ国は、2014年以来首脳会談を開催し、インフラ整備拡大の協力等を推進している。最近の事例としては、2016年にタシュケントでの3カ国の経済パートナーシップの合意に基づき、北東アジアのエネルギー・クラブ構想が提唱された。

例えば、モンゴル南部のオロンオボート（Olon-Ovoot）鉱山より石炭輸出が拡大している。1974年に誕生した駅施設が40余年ぶりに改善され、輸送力強化がなされ天津港からも輸出するいう報道がなされている。また2015年に遡れば、北朝鮮とモンゴルの協力増大の覚書に基づき、北朝鮮北東部の経済特区内の羅津港から2万5000tの石炭を輸出する計画があったという。モンゴルは、羅津港から将来的には金や銅の輸出を検討していた。ただし対北朝鮮経済制裁の強化にともないこの計画の前途は多難である。

モンゴル鉄道省は、2017年のウランバートル安全保障対話において、エネルギー・クラブ構想が前進していないことを認めつつ、1956年に欧亜にまたがる貨物鉄道輸送改善を目的に設立された鉄道国際協力機構（OSJD、本部ワルシャワ）のウランバートルでの会議開催を求め、モンゴル周辺の貨物鉄道の改善につなげたい考えを表明した。こうしたモンゴルの海路進出攻勢は、貨物輸送の独占に対する「輸送自由主義」として捉えることが可能である。

輸送を独占してきた中露のみならず、モンゴルの安全保障政策で重要視されている「第三の隣国」も輸送自由主義の拡大に協力することができる。たとえば今世紀に入ってから日本は、先述のアルマトイ行動計画にしたがい、ＬＬＤＣ諸国のインフラ改善に投資を行う旨表明をしてきた。北東アジア全域に外交関係を有するモンゴルを中心とした鉄道施設改善により、日本や北東アジアのエネルギー安全保障の強化が期待される。これは、「輸送自由主義」を民主主義国家が支援するという構図として、将来の国際接続支援のモデルになる。

## むすびにかえて

コネクティビティの陸の壁については、国連海洋法条約や国連ＬＬＤＣ弁務官事務所のアルマトイ行動計画、あるいはエネルギー・クラブ構想を着実に実行することで、非関税障壁たる陸の壁が撤廃されることが期待される。それに際しては域内の協力の対話枠組みを通じて、資源輸出国のみならず、資源輸入国である中国や日本の国際接続への努力も期待される。

また本章では省いたが、サハリン２からＬＮＧを輸入している日本にとって、サハリンからの海底・地上を通るパイプライン建設が選択肢としてあがり、日本側には議員連盟も結成されれた。残念ながら２０１６年12月の日ロ首脳会談の課題に浮上しつつ最終的に協力課題にならなかった一つの要因は、国内の対露エネルギー依存への警戒心による。本章でみた「陸の壁」と同様に、この「海の壁」も域内のコネクティビティを妨げる要因となっている。

注記：本章第1節及び第3節執筆にあたって、筆者が出席した第4回ウランバートル北東アジア安全保障対話（2017年6月）の議論を参考にした。また第2節については拙稿「『新フィンランド化』試論」（参考文献参照）の一部に依拠している。

### より学びたい人は――参考文献

宮脇昇「『新フィンランド化』試論」『地域情報研究』6号、2017年。

山本武彦『経済制裁』日本経済新聞社、1982年。

渋谷祐編『新ジオ・ポリ』167号、2017年6月。

Yusuke Kawamoto, "Natural Gas Trade between the Soviet Union and Western Countries," *Journal of Policy Science*, 2017.

# Ⅳ部

# 食料自給は国境を超える——食料安全保障共同体の構築へ

# 16章　農・文化を起点としたアジア・バリューチェーン共同体
## ――四本柱《しほんばしら》型地域統合の道

朽木昭文（日本大学生物資源科学部教授）

ポイント
○アジア「農・文化バリューチェーン共同体」の形成を提唱する。
○農業と製造業・サービス産業の産業連関により強化する。
○日本による貿易・投資・ODA・共同体形成の「四本柱型国際協力」。

## 一　はじめに

アジアは、自動車や電機・電子産業の産業集積が一段落し、1人当たり年所得が2000ドルから1万5000ドルという推計もある「中所得国の罠」にある国が多い（河合・朽木、

２０１７年や石川・朽木・清水、２０１５年、など参照)。罠から脱出する方策の一つが「消費」の質の高度化である。ここに、「農業《アグリカルチャー》」文化の重要性がある。農業から製造業そしてサービス産業への産業連関が、一つの道である。そして、アジア共同体の形成が産業連関に貢献する。

さて、地域統合の発展段階として、５段階があると著者は考える。つまり、

第１段階として「関税の撤廃」段階、
第２段階として「移動の自由化」段階、
第３段階として「市場競争・規制のルール作り」段階、
第４段階として「サプライチェーンの形成」段階、
第５段階として「バリューチェーンの形成」段階

である。

著者は、第一に、この第５段階「バリューチェーンの形成」のアジア共同体を提唱する。ここで、バリューチェーン（価値連鎖）とは、生産者ではなく消費者を中心に置き、「消費者の満足を最大化」するように価値を生む鎖である。それは、企業の価値である①研究・デザイン、②調達、③組み立て、④マーケティングのそれぞれが生み出す価値の鎖《チェーン》の核となる。

つまり、「農」を起点とした「アジア・バリューチェーン共同体」の形成に向けた日本の国際協力の在り方を変えていく必要がある。日本政府としては、「貿易、投資、政府開発援助

（ＯＤＡ）」という三位一体型援助を実施してきた。本章は、それにアジア「バリューチェーン共同体」の促進を加えた「四本柱《しほんばしら》型国際協力」への転換の必要性を提唱する。

以下の第２節で、バリューチェーン（価値連鎖）の説明をする。第３節で地域統合の５段階を説明する。その第５段階が地域統合による「バリューチェーン共同体」の形成である。第４節で農業の事例として、⑴ベトナム・ダラットの場合、⑵製造業、ＩＴ産業の農業への参入を例示する。第５節は、日本がアジア・バリューチェーン共同体の形成に向けた「四本柱型国際協力」を推進することを提案する。

## 二　農・文化バリューチェーン共同体の形成

地域統合により１カ国だけではなく、地域全体で価値連鎖（バリューチェーン）を形成する。そのことを以下で説明する。地域統合の重要な要素は、「モノ、サービス、カネ、ヒトの移動の自由」であり、民間企業を中心にした自由競争の環境整備である。その目的は消費者である顧客満足を最大化することである。

ここで価値連鎖とは、①研究・デザイン、②調達、③組み立て、④マーケティングの価値を生む鎖である。企業は顧客に満足を提供し、その見返りに価格分の貨幣を受け取る。企業は顧客に最大の満足を提供し、その見返りの価値を最大化し、利益を最大にする。これが価値連

図1　日 ASEAN・バリューチェーン・マネージメント・ネットワークの説明

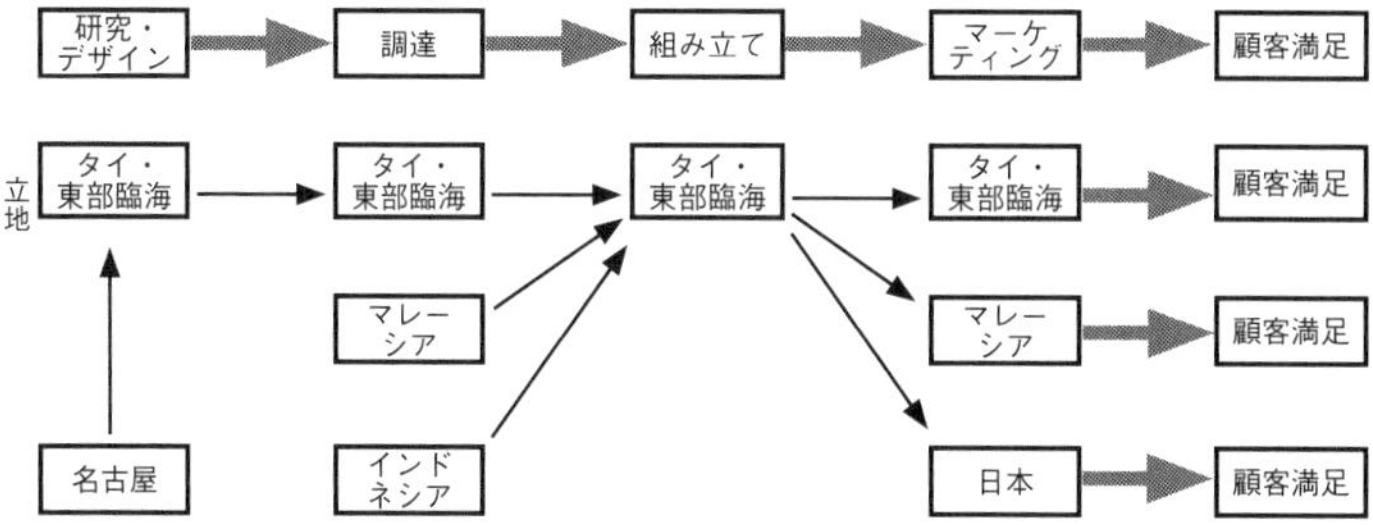


出所：著者作成

鎖・経営である。この経営が近年は一国内で成立しなく、国を連携するようになった。ここに、地域統合の必要性が出てきた。

事例を挙げて図1により①研究・デザイン、②調達、③組み立て、④マーケティングの価値を生む鎖の具体的な説明しよう。①研究・デザインで車が設計され、②調達でその設計に従って部品が調達される。集まった部品で車が③組み立てられる。完成された車は④マーケティングで流通販売される。

タイ・東部臨海地域自動車集積と名古屋自動車集積が存在していて、トヨタが、タイ・東部臨海地域集積と名古屋集積で活動していると想定する。図1によりトヨタは、タイ・東部臨海地域において①研究・デザイン、②調達、③組み立て、④マーケティングの価値連鎖をもち、カムリという車を組み立て、タイ・東部臨海地域の産業集積形成に寄与している。①研究・デザインは、名古屋が中心となり、名古屋からタイ・東部臨海地域へ成果が伝えられる。タイ・東部臨海地域は名古屋から②部品調達も行う。カムリの③組み立てはタイ・東部臨海地域のみで行われる。④マーケティングは、中国と日本の両方で行われる。これが、タイ・東部臨海地域・トヨタ・カムリの価値連鎖である。

次に、産業集積と産業集積の連携を説明しよう。産業集積と産業集積は、国境を越えてリンクする。名古屋で①研究・デザインにより開発された成果がタイ・東部臨海地域産業集積のタイ・東部臨海地域工場で使用される。名古屋で開発されたエンジンなどに関る、②中枢部品がタイ・東部臨海地域に輸出され、③組み立てられる車に使用される。逆に、タイ・東部臨海地域で生産された②部品が名古屋へ輸出され、③組み立てられる車に使用される。名古屋の工場は、マザー工場としての役割もある。新しい製品が開発されると、それがテストされ、海外でも製造されるようになる。海外で安く生産できるようになった標準的な製品は逆に日本に輸出される。車は、車種ごとに違う産業集積で生産される可能性がある。産業集積と産業集積の連携は、アジア共同体が高度な地域統合に繋がる。

地域統合の第5段階とは、①研究・デザイン、②調達、③組み立て、④マーケティングの価値連鎖の統合であることを次節で説明する。

## 三　地域統合の第5段階としてのバリューチェーン共同体

地域統合を、経済学のフレームワークで体系的に理解しよう（表1）。地域統合とはどのような現象であるのか、地域統合によって何がもたらされるのかを解説する。

第1段階は、「関税の撤廃」であり、地域間の「財やサービス」の貿易における関税を撤廃する段階である。地域統合が起こる前の、一国対一国で貿易を行っている段階では、各国は自国の産業を保護するために、海外からの輸入製品に関税をかけている。自由貿易協定の第1段階は、関税を撤廃し、財やサービスが加盟国内で自由に移動できるようになるところから始まる。

第2段階は、「移動の自由化」段階（「モノ、サービス、カネ、ヒト」の移動の自由化の段階あり）であり、資本、金融、人の移動を自由化する段階である。労働力や金融の移動の自由化も進展する。企業間の資本取引や金融取引における規制が緩和され、移動が自由になる。この第1段階と第2段階が、地域統合に不可欠な「モノ、サービス、カネ、ヒト」の移動の自由化という4つの要素の自由化である。

第3段階は、「市場競争・規制のルール作り」であり、それは自由競争のルールを作る。また、国有企業、知的財産権、環境、腐敗の防止など「市場の失敗」に関わるルールも作る。自由競争のルールは考え方により大きく異なり、世界のこのルールをどのように作るかは、地域統合に課された重要な問題である。

第4段階は、「リージョナル・サプライチェーンの形成」であり、地域統合の関連する国が「物流の効率化」を図る段階である。企業のサプライチェーンのネットワークを整備し、効率

表1　地域統合の段階

| | | |
|---|---|---|
| 第1段階 | 関税の撤廃 | モノ、サービスの関税の撤廃 |
| 第2段階 | モノ、サービス、カネ、ヒトの移動の自由化 | 「モノ、サービス、カネ（投資と金融）、ヒト」の移動の自由化 |
| 第3段階 | 市場競争・規制のルール作り | 競争政策と市場の失敗（国有企業、知的財産権、環境、腐敗の防止）など |
| 第4段階 | リージョーナル・サプライチェーンの形成 | 地域統合内の生産者の物流の効率化 |
| 第5段階 | バリューチェーンの形成 | 消費者の効用（満足）を最大化・イノベーションの活性化 |

出所：著者作成

をよくするためのルールを決める。

第5段階は、「バリューチェーンの形成」である。サプライチェーンは、生産者の物流の効率化であり、プロダクト・アウトの生産者の品質とコストを中心にした生産者側の考え方である。バリューチェーンは、マーケット・インの「消費者」の効用を中心とした消費者側の考え方である。「顧客満足」を最大化することを目標とする。価値の連鎖《チェーン》を企業がチェーン（鎖）が、研究・デザイン、調達、組み立て、マーケティングから構成され、各段階の価値を合計した企業の価値を消費者の満足を最大化する。

## 四　農業の事例

### ベトナム・ダラットの場合

ベトナム・ラムドン省のダラットは「アジアにおける1950年代のフランス」で世界遺産の登録を目指す。元々ダラットが、標高は800～1500mであり、フランス植民地時代の避暑地として開発された。ダラットは、当時は鉄道も敷設され、現在も当時のフランス風の建物が残る。農産物にも恵まれ、アジア一級のリゾート地である。

地理的概況を説明しよう。ラムドン省内耕作面積は97万6000haである。農業生産は省内のGDPの44％を占める。ラムドン省は農業分野、特にハイテク農業についての牽引役であり、組織培養による苗生産の先進地域である。傾斜地が少なく大規模化に適している。降雨量は年に1800～2600㎜であり、好条件耕作地である。総耕地面積（31万6169ha）の内で、短期作物が6万9302haであり、永年作物が24万6867haである。

ベトナムのダラットは「農・食・観光産業集積」の構築に向けたプロジェクトを2014年の8月に開始した。ダラットは、ホーチミンから北へ約200キロメートルに位置にあり、標高1500mの気温の安定した高地であり、観光ブランドの形成を目指す。ラムドン省の農業経営者は新しい技術を学ぶことに熱心であり、技術交流を望んだ。花・野菜苗生産に関する生物工学技術の高さが特徴である。

ダラットの主要農産物は、野菜、茶、花、コーヒー、ブドウである。食品産業としては、ジュース、ワインなどがある。ダラット野菜は、観光ダラットに並ぶほど有名で、ホーチミン市で販売されており、海外でのバリューチェーン・ネットワークの形成を目指している。また、ダラットで日本の長野県のレタス農家も生産し、ホーチミン市のイオンで販売している。ダラットの菊が日本に輸出されている。ダラット花フェスティバルは2005年から開始され、ダラットの花への投資の招致とダラット文化の普及も目指す。ダラットコーヒーはオンラインでも販売されている（http://www.dalat-coffee.com/）。ダラットワインは、フランスの協力で生産された。近年にドイツの協力により改善されている。

文化・歴史では、元朝の第13代皇帝で、１９４０年代半ばに終焉を迎えたバオ・ダイが過ごした宮殿がある。これは、１９２８年に建てられ、全体がヨーロッパのアールデコを基調としている。また、フランス占領時に建設された旧ダラット駅もアールデコのスタイルである。ダラット全体がフランスの雰囲気で建設されている。ここに、ダラットは、農産物、食品、文化・歴史の３つの要素を備える。

その農業投資は、大規模化が可能である。人件費が低く、研究所と大学が連携し、人材の育成環境がある。投資環境の改善を実施中であり、ワンストップ・サービス等の行政手続きを簡略化しており、今後の投資家へのインセンティブに関わる政策を、特に農産加工分野で整備している。政府と企業が協力連携し、市場開拓支援を実施している。農業生産概況に関して、作物別に野菜、花卉、茶、コーヒーを説明する。野菜について、栽培面積5万１２１０haにおいて年に１７０万ｔの生産量である（２０１３年）。特に、ジャガイモ、人参、キャベツ、トマトなどがある。特産品として、イチゴ、アーティチョークも生産する。オーガニックの生産も推進する。ハイテク技術を活用した栽培面積は1万２０２６haである。輸出相手国は日本、台湾、タイ、シンガポール、マレーシア、カンボジアであり、輸出量は1万１０００ｔであり、輸出額は15・3万USドルである。

花卉について、栽培面積は5443haであり、ハイテク農業面積は2415haである。輸出相手国は、日本、シンガポール、台湾、タイ、オランダ、EU、USA、中国などである。輸出量は1・96億本であり、販売額は22・18百万USドルである。

茶に関して、栽培面積が2万3117haであり、内高品質茶（ウーロン茶等）は2885haである。生産量は21万2493tの生茶葉（製品にして、およそ4万t）である。輸出量は1万1616tであり、販売額は183・75億USドルである。

コーヒーついて、その農業生産面積は、全体の50%を占める。（15万1565ha）である。農家世帯総数15万5000世帯のうち11万4000世帯がコーヒー栽培に関わる。コーヒー豆の生産量が38万2966tであり、国内第2位である。その販売額が10・7兆ベトナム・ドンである。

日本政府のダラット支援の第1段階として2014年に「農業」の強化を日本のJICAの協力で目指した。この間に日本のJETROが協力し、ベトナムの地元の農企業と日本農企業のマッチング事業が2015年3月にダラットで開催された。この支援が同年11月に完了し、次の支援が食品産業、観光産業の形成へ進んだ。

## 製造業、IT産業の農業への参入

近年の人口知能の発達は目を見張るものがある。そして、製造業やIT産業は、2014年頃から中小企業のみならずトヨタやパナソニックなどの製造業大企業も農業に参入した。この例を以下で記す。

日本オラクルは、農業IoTアプリを開発し、畑を擬人化し、LINEで畑と会話できる。MAVRX社の農業アプリゲームは、本格的な農業・林業が体験できるシミュレーターとして「Farming Simulator 16」がある。これは、モバイル向けで農業を楽しめ、農機具メーカーのリアルな機械を使える。ドローンは農園を高解像度撮影し、土壌の状態から必要な肥料まで可視化する。

日本の製造業の大手企業も続々と農業アプリに参入した。トヨタは、2014年4月から、農林水産省主催による「先端モデル農業確立実証事業」に参画し、愛知県と石川県のコメ生産農業法人9社および石川県と共同でコンソーシアム「米づくりカイゼンネットワーク」を立ち上げ、「豊作計画」の提供と併せて、更なる効率化と品質向上に向けて実証実験を推進した。これは、トヨタの自動車生産におけるカイゼンを農業に適用する。

パナソニックは、2016年12月にスマートフォン、タブレット、パソコンなどの端末を使用し、地域を支える農業組織（農業協同組合など）と、生産者を双方向につなぐクラウド型農業管理システム「栽培ナビ」サービスを開発した。2015年に実施したおうみ富士農業協同組合との実験を経て、滋賀県内の農業組織へのサービス提供からスタートした。

ＮＥＣは、社会ソリューション事業として、農資材から、生産・加工・流通までの食・農価値連鎖の各事業者に対して価値を提供する。これにより世界規模で急増する食料需要を満たす生産改革と公平な分配を実現する。２０１５年にＪＡ小松市の例では、製造業のノウハウを農業に応用し、データに基づく改善で収穫量・品質の底上げを図った。また、宮崎県立高鍋農業高校の例では、ＩＣＴを活用した「考える授業」を実践した。

富士通は、２０１７年に農業のアプリケーションをいくつか販売している。食・農クラウドＡｋｉｓａｉ（秋彩）のシリーズでは、農産加工販売、施設園芸、牛肉生産管理、農業会計、農業生産管理などがある。農業法人の経営管理アプリはＪＡおちいまばりに提供された（参考価格は15万円からである）。栽培管理アプリは、ＪＡ栃木中央会、上川生産農業協同組合連合会へ「食の安心・安全」に向けた取り組みを支援している。

ＮＴＴドコモは、ベジタリアン株式会社が提供する水稲向け水管理支援システムの機器を全国の数等農業生産者向けに２０１６年４月販売を開始した。スマートフォンなどで遠隔地から水田の状況を確認可能にした。このシステムは、２０１５年に新潟市で実験し、国内36都道府県に実験を拡大した。ＮＴＴドコモは、このアプリのベトナムなどを含むアジアへの展開を図る。

## 五　日本の四本柱型国際協力の提唱

本章の要約は以下のとおりである。バリューチェーンとは、①研究・デザイン、②調達、③組み立て、④マーケティングのチェーンである。地域統合の発展段階として、第1段階「関税の撤廃」、から第5段階「バリューチェーンの形成」まである。そこで、本章は、アジアが第5段階「バリューチェーンの形成」を目指すことを提唱する。その際に、中所得国の罠からの脱出の一手段として「農」文化を起点とする。農から製造業、サービス産業の産業連関を強化することにより、アジア「農・文化バリューチェーン共同体」を目指す。

このための日本の経済協力の在り方として、「四本柱《しほんばしら》型国際協力」への転換の必要性を提唱する。日本の経済協力は、世界の援助方針である構造調整プログラム、貧困削減戦略、ミレニアム開発目標を順次に基本としてきた。また、日本政府としては、「貿易、投資、ＯＤＡ」という三位一体型援助を実施してきた（和喜多、２０１５年参照）。そこで、本章は、三位一体型国際協力に「地域統合」を加えた「四本柱型国際協力」を提唱する（朽木・馬田・石川、２０１５年、参照）。

図２に示すように、日本古来の大相撲では、「しほんばしら」と呼ばれる４本の柱があり、柱の色は青、赤、黒、白であり、その柱の下に４人の検査役が座った。「四本柱」型協力へと

図２　四本柱型国際協力

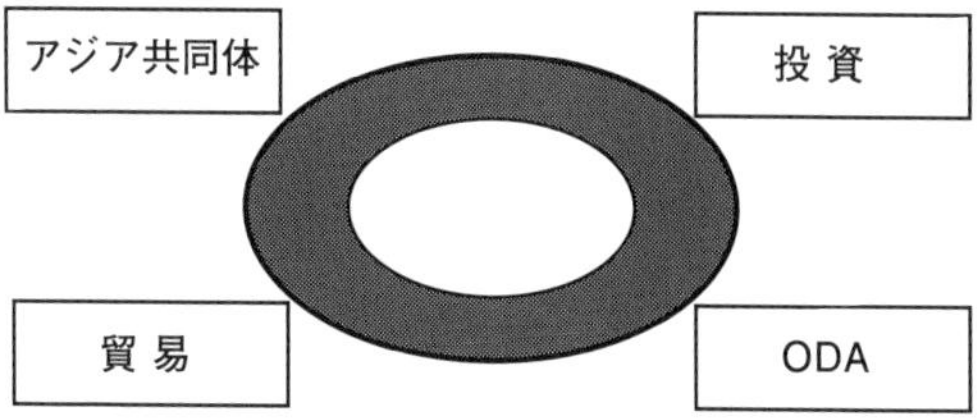


出所：著者作成

は、三位一体型（貿易・投資・ＯＤＡ）に「地域統合」を加えた四本柱である。相撲は日本伝統のスポーツであるが、近年は国際化が進んだ。外国人力士が、２０１６年に幕内力士44人中16人を占めた。（日本相撲協会三月場所番付）。

日本の国際協力は、「アジア・農・文化バリューチェーン共同体」の形成を中心に据え、貿易、投資、ＯＤＡの３体に加えた四本柱とする。

**より学びたい人は――参考文献**


石川幸一・朽木昭文・清水一史『現代ＡＳＥＡＮ経済論』文眞堂、２０１５年。

河合明宣・朽木昭文『アジア産業論』放送大学、２０１７年。

朽木昭文『日本の再生はアジアから始まる』農林統計協会、２０１２年。

朽木昭文・馬田啓一・石川幸一編著『アジアの開発と地域統合――新しい国際協力を求めて』日本評論社、２０１５年。

和喜多裕一「開発協力大綱の意義と課題」『立法と調査』３６１号、

参議院事務局企画調整室、２０１５年。
http://newsroom.toyata.co.jp/en/detail/15711544
http://ews.panasonic.com/jp/press/data/2016/11/jn161128-3/jn161128-3.html
http://jpn.com/soulution/agri/
http://jp.fujitus.com/sokutons/application-store/industry/agriculture/
https://www.nttdocomo.co.jp/info/news_release/2016/04/07_00.html

# 17章　アジアの食料・農産物共同市場への道
## ——日本の食品市場とアジアの食料・食品消費市場の胎動

古橋　元（経済協力開発機構（OECD）貿易・農業局　農業政策アナリスト）

ポイント
○日本国内の食料・食品市場は少子・高齢化の顕在化から伸び悩み。
○アジア諸国は中間層といわれる所得階層が増加して食料消費市場が拡大。
○日系食品企業の海外展開の目的は変化して現地市場の獲得は課題を抱えつつも継続。

### はじめに

近年のアジアは急速な経済成長を遂げて、その背景の下でアジア各国の食料消費の市場規模も拡大した。一方で、日本は食生活が高度化・多様化し、日本の食料部門の市場規模がピークを過ぎて、国内の少子・高齢化による展望から、海外、特にアジアとの食料を通じた関係を変化させている。本章では、食生活が高度化・多様化した日本の食料市場の変化と、アジアとの関係を変化させつつある日本の食品産業の海外展開の動向について理解を深めるとともに、食料・食品市場においても互いにリンケージを深めるアジア諸国における中間層の拡大を示す所得階層の動向、一人当たり畜産消費量の動向について、その課題と可能性を検討する。

## 一　日本の食品産業の現状と海外展開

日本は1970年代既に「国民の食生活の高度化、多様化の中で農産物を安定した価格で提供し、消費生活の安定を図る」と「昭和五十年度 農業の動向に関する年次報告」にあるように、日本人の食生活が高度化および多様化していた。また、「海外に依存せざるを得ない農産物については、輸入の安定的確保や備蓄の推進を図り、長期的視点に立って総合食糧政策を展開していくことが必要」とあり、既に一部の食料は海外からの輸入に依存する構造になり、1980年代から90年代にかけて「食生活のベースは徐々に国内産食料品から輸入食品へ、そして生鮮食料品から加工食品へ」（日本農業市場学会、1997年）と移っている。その上で、日本の食品産業の国内生産額が1990年代後半にピークとなり、消費者物価指数が極めて低位で安定的に推移する中で、食品分野における競争の激化等の影響もあり、国内の食品産業の生産額は伸び悩んでいる。人々の食生活の変化とともに、日本の食品産業は、急激な円高の進展を背景に、民間企業が海外直接投資を積極的に進め、食品加工等を海外での生産にシフト（日本フードスペシャリスト協会、２０００年）させていった。２０００年代後半に入り、食品産業の生産額に持ち直しの動きがあるものの、国内だけで食品産業全体を大きく成長させることが困難になる中で、海外から日本への食品輸入だけでなく、特にアジアに展開してアジア各国の食品産業の成長を日本の食品産業の成長に取り込もうとする動きが見られ、アジアの食品産業とのリンケージをより深化させつつある。[1]

製造業全体として見た場合、「通商白書 ２０１２年」に１９８０年代後半以降、「海外生産比率はすう勢的に高まって」いるとある。経済産業省によれば（図１）、２００７年まで製造業全体の海外生産比率は上昇し、２０００年の10・５％から、２００８年のリーマン・ショックによる世界経済および国内経済の停滞等の影響を受けて一時的に製造業全体の海外生産比率が下がったものの、２０１５年に25・３％まで上昇している。一方、食料品製造業においても、１９８０年代後半から同様のすう勢で海外生産比率は上昇し、１９９６年には４％まで海外生産比率が拡大した。その後、食料品製造業は海外生産比率を緩やかながら上昇傾向を維持させて、２０００年代は４％台後半で推移し、２０１５年に12・２％まで増加させている。製造業全体の海外生産比率に比べて食料品製造業は国産等を優先する消費者の選好もあり、相対的に低く大幅な上昇は見られなかったが、２０１０年代に入って食料品製造業の海外生産比率も増

図1　我が国製造業の海外生産比率の推移（%）

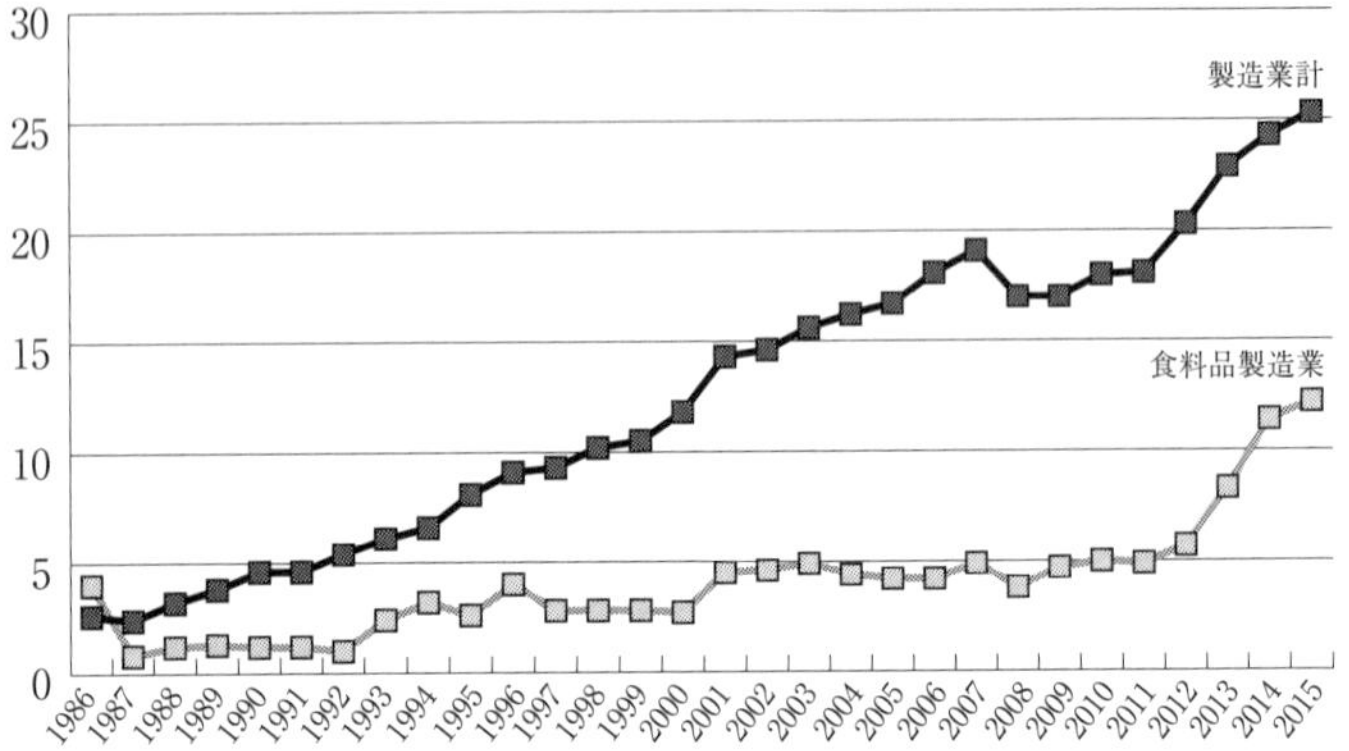


出所：経済産業省「海外事業活動基本調査」　注：国内全法人ベースの海外生産比率

図2　食品卸売業の販売額動向

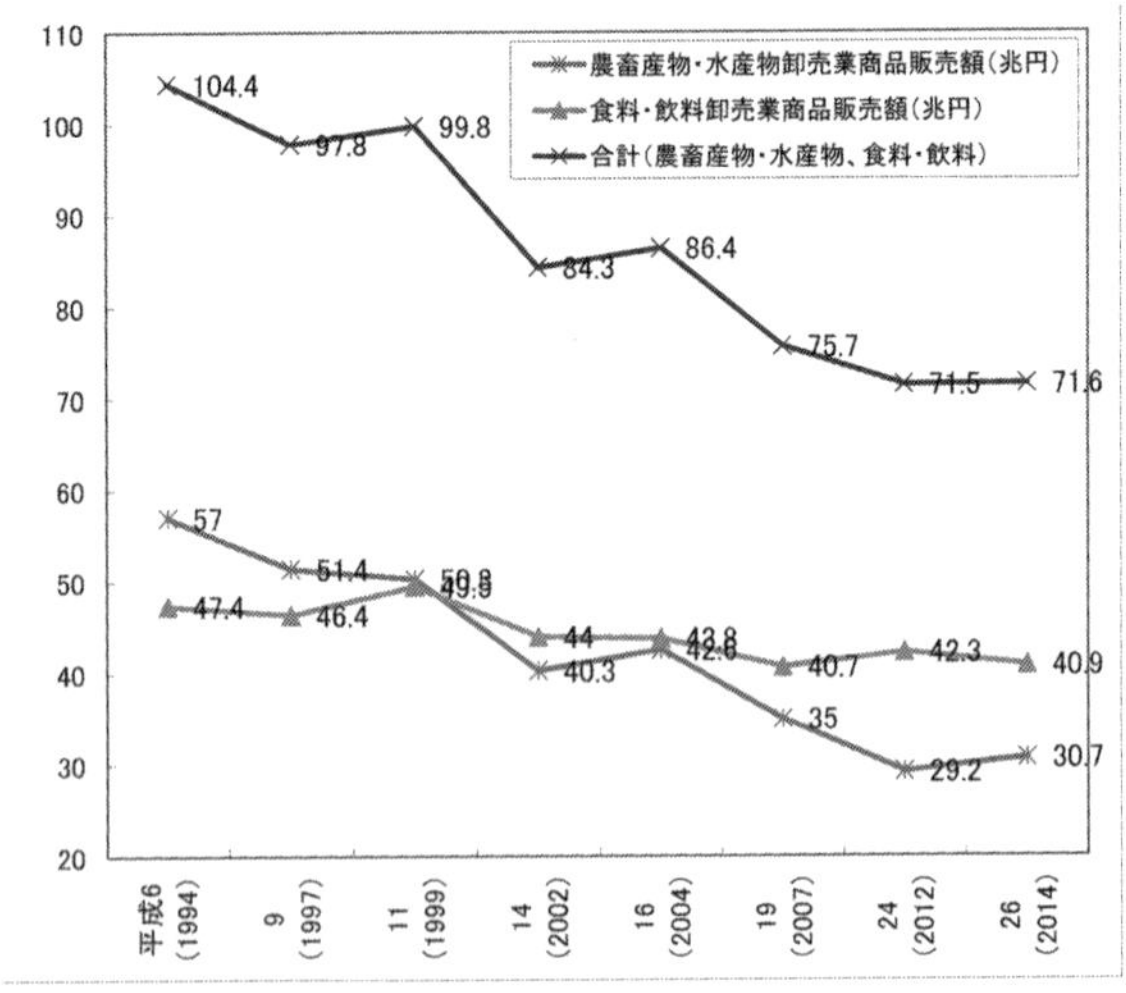


注：販売額は食品以外の販売額も含む。
出所：経済産業省「商業統計」

加している。

食品産業における国内の動向を見る目安として卸売販売額があり（図２）、農畜産物・水産物の同額は、１９９４年の57兆円から低下傾向が続き、２００２年の40・３兆円から２００４年の42・６兆円に若干上昇して持ち直すものの、２０１４年には30・７兆円にまで減少している。約20年間で半分程度の市場規模にまで減少したことになる。また、食料・飲料の同額については農畜産物・水産物の同額ほどの急激な減少を見せてはいないが、１９９９年の49・５兆円をピークに緩やかな低下傾向が続いている。食料・飲料の同額は、２００７年の40・７兆円まで減少したところから横ばいとなり、２０１４年は40・９兆円となり、全体の中長期的な減少傾向は継続している。１９９０年代のバブル崩壊後のデフレーションによる商品価格の低下の影響も考慮する必要はあるが、これら農産物・食料等の同販売額の合計は、１９９４年の１０４・４兆円から２０１４年で71・６兆円（農畜産物・水産物の同額30・７兆円、食品・飲料の同額40・９兆円）まで減少し、名目ベースで見た農畜産物・食料等における同額から見た食品産業の市場規模は縮小している。

## 二　東南アジアの所得階層

日系企業が多く進出するアジア各国は中間層が拡大して消費市場として注目されている。本節では、東南アジアのタイ、インドネシア、フィリピン、ベトナムの4カ国における所得階層の動向について確認する。"Euromonitor International"[2]を用いて、各国の一世帯当たりの年間可処分所得額について、以下の①~⑥所得階層（名目ドルベース）、①1000ドル以下、②1000~5000ドル、③5000~1万5000ドル、④1万5000~3万5000ドル、⑤3万5000~5万5000ドル、⑥5万5000ドル以上に区分する。

タイは2013年に④階層が16・5%で、⑤階層は2・3%、⑥階層は1・9%となり、全世帯の20・7%が1万5000ドル以上の世帯となる。2013年の一人当たり平均可処分所得は3565ドル（以下、一人当たり同所得は世界銀行の世界開発指標（WDI）より）で、総人口が6745万人（以下、総人口はWDIより）であり、③階層が50・9%の最大のシェアを占めることから、③階層を新興の中間層とすれば、71・6%の世帯が中間層以上の世帯といえる。また2005年から2013年の所得階層の推移をみると、タイの1万5000ドル以上の世帯では13・9ポイント増加して、人口規模から考えても中間層の世帯総数は急速に増えている。

インドネシアは2013年に③階層が49・9%に達して最大のシェアを占め、④階層が9・4%、⑤階層が0・9%となり、⑥階層は1・2%で、1万5000ドル以上の年間可処分所得の世帯が11・6%、5000ドル以上の同世帯は61・5%となる。ただし、2013年の総人口が2億5127万人で、一人当たり平均可処分所得は2058ドルでタイより低い水準となるものの、圧倒的に多い総人口を背景に1万5000ドル以上の同世帯が11・6％となり、中間層の総数が多いと考えられる。また、新興の中間層として最大のシェアを持つ③階層を含めれば5000ドル以上の同世帯は6割以上となり、背景となる人口規模から、タイを凌ぐ消費市場が存在すると考えられる。また2005年から2013年の所得階層の推移について、インドネシアの5000ドル以上の年間可処分所得額の世帯は44・8ポイント増えたことになり、1万5000ドル以上の同世帯は同期間に10・6ポイント増加している。インドネシアは総人口の多さから富裕層だけでなく新興の中間層も含めて急速に成長する消費市場と考えられる。

フィリピンも2013年に③階層が50・7％に達して最大のシェアを占め、④階層が12・9％、⑤階層が1・5％となり、⑥階層は1・5％で、1万5000ドル以上の年間可処分所得の世帯が15・9％、5000ドル以上の同世帯は66・7％となる。フィリピンは2013年に9757万人で1億人に近い人口規模となり、2013年の一人当たり可処分所得額が2125ドルで1万5000ドル以上の同所得世帯が15・9％といえども高所得世帯の総数は多いと考えられる。③階層を新興の中間層とすれば全世帯の6割超が中間層以上となり、インドネシアと同程度の水準でフィリピンにも中間層が現れてきたと言える。また2005年から2013年の所得階層の推移について、フィリピンの5000ドル以上の可処分所得額の世帯は38・0ポイント増えたことになり、1万5000ドル以上の同世帯は同期間に12・3ポイント増加している。同国は2000年頃まで停滞していた経済が2000年代に入り、海外居住者や労働者からの送金による経済への好循環もあり、経済成長を軌道に乗せ、ようやくフィリピンも総人口の多さを背景に成長する消費市場となりつつある。

ベトナムは1995年から2005年までに、②階層が急増して17・0ポイント増となり59・9%で最大のシェアを占めて経済成長がようやくスタートした。2013年には②階層が60・4%となり依然として最大のシェアを占めて、③階層は24・1%、④階層が2・1%、⑤階層が0・4%、⑥階層は0・5%となり、1万5000ドル以上の年間可処分所得世帯が2・9%、5000ドル以上の同世帯が27・0%となっている。ベトナムは2013年の一人当たり平均可処分所得が1132ドルで未だに低い水準にあるものの、同年の総人口が8971万人でいずれ1億人に達する見通しであることや、最大のシェアを持つ②階層と共に2005年から2013年までに③階層が急増したことから、今後の成長が期待できる消費市場といえる。

## 三　アジアの一人当たり鶏肉消費量

アジア各国の一人当たり消費額の増加や中間層の拡大に伴い、アジア・新興経済国における肉類消費量は拡大し、今後もアジアの畜産物等を含む食料需要は継続して増加する見通しで

表１　一人当たり年間鶏肉消費量（kg）

| | 2000 | 2005 | 2010 | 2015 | 2016 | 2005-2010差(%) | 2010-2016差(%) |
|---|---|---|---|---|---|---|---|
| 日本 | 14.1 | 14.8 | 16.3 | 18.2 | 18.2 | 10.3% | 11.4% |
| 中国 | 7.4 | 7.7 | 9.3 | 9.6 | 9.2 | 20.2% | -1.2% |
| 韓国 | 10.0 | 10.7 | 15.1 | 18.7 | 18.9 | 41.1% | 25.3% |
| タイ | 12.1 | 11.9 | 12.6 | 15.7 | 16.1 | 5.3% | 28.3% |
| ベトナム | 3.7 | 3.8 | 7.5 | 8.9 | 8.9 | 95.3% | 19.8% |
| インドネシア | 3.9 | 5.0 | 6.1 | 6.3 | 6.3 | 21.4% | 3.8% |
| マレーシア | 32.2 | 38.6 | 47.2 | 51.6 | 51.8 | 22.0% | 9.9% |
| フィリピン | 6.9 | 7.8 | 10.6 | 13.3 | 13.4 | 35.0% | 26.7% |
| 台湾 | 28.8 | 26.7 | 27.9 | 26.8 | 27.5 | 4.6% | -1.2% |
| 香港 | 34.3 | 39.2 | 44.0 | 43.9 | 42.6 | 12.4% | -3.3% |
| シンガポール | 38.0 | 35.6 | 39.2 | 40.3 | 40.9 | 10.1% | 4.4% |
| インド | 1.0 | 1.7 | 2.2 | 3.0 | 3.2 | 29.6% | 46.9% |
| 米国 | 40.6 | 45.4 | 43.5 | 46.9 | 47.9 | -4.2% | 10.1% |
| ロシア | 9.3 | 15.2 | 20.7 | 26.0 | 26.3 | 36.0% | 27.3% |
| ブラジル | 29.1 | 35.1 | 45.5 | 44.8 | 45.2 | 29.8% | -0.7% |
| EU圏 | 16.4 | 17.6 | 19.2 | 21.7 | 21.9 | 9.1% | 14.3% |

注：鶏肉年間総消費量を国連人口推計 2015 年版の総人口で割った数値
出所：米国農務省 PS&D Online

ある[3]（農林水産政策研究所、２０１７年）。日本の食料消費における選好の変化により穀物等の消費から肉類等の消費にシフトする「質的な変化」（大塚・松原、２００４年）が、アジア各国でも生じており、鶏肉の一人当たり消費量についてアジアの主要国の動向を確認したい。

アジアにおいて鶏肉は、宗教的にも比較的忌避されず、マーケットでも広く取引されて、生産工程が比較的容易でもあるため需要が急増しており、近年の一人当たり年間鶏肉消費量の推移についてみる（表１）。２０１６年における同消費量は、所得水準の高い香港、シンガポール、台湾でそれぞれ42・6kg、40・9kg、27・5kgとなり、日本、韓国の消費量18・2kg、18・9kgを大きく超えている。香港は中国等から流入する観光人口による消費も考慮しなければならず、居住者の一人当たり消費量が今後も伸びていくとは考えにくい。マレーシアは51・8kgとなり、シンガポールの水準を超えて同消費量が拡大し、日本や韓国の3倍超の水準となっている。タイは16・1kgで、国内の鳥インフルエンザ発生による一時的な生産・消費の減少の影響があったため横ばいに推移したが、韓国の水準に近づいている。中国、ベトナムはそれぞれ9・2kg、8・9kgで豚肉の同消費量とのリンケージを考慮する必要があるものの、アジア各国と比べても増加する余地がある。特に中国は豚肉の同消費量に比べて伸びが低いものの、台湾の同消費量の水準まで伸びる可能性があると考えられる。フィリピンは13・4kgで長引いた経済の停滞から脱却しつつあり、今後も経済成長が継続するかどうかの課題はあるが、増加する余地は十分にある。インドネシア、インドはそれぞれ6・3kg、3・2kgとなり、同消費量の水準は低いものの、インドネシアはイスラム教の影響により豚肉を忌避する背景から鶏肉消費は旺盛であり、インドは社会階層・宗教・菜食主義等の影響はあるものの相対的に鶏肉消費量の伸びる余地は充分にあると考えられる。

## 四　アジアに進出する日系食品企業の課題と可能性

アジアに進出した特に食肉関連日系企業の事例では、主にタイ、中国、ベトナムにおいて、パートナーの現地企業から原材料を調達して、現地の大手処理加工会社と合弁企業を設立するなどで生産を行い厳格な品質管理が極めて通常となり、その合弁または提携により自社で抱えるリスクを軽減しつつ高品質の製品を供給できるようになっている。ただし、近年は経済成長に伴って現地の提携または合弁企業における人件費を含めた製造コストの上昇が大きな課題となり、現地の加工工場は安定的な高い稼動率を目指す一方で製造ラインは急な製造プロセス変更が難しく、消費の多様化に対応して製品の規格変更等に伴うコストの増加も大きな問題となっている。

また、日本の食品市場の伸び悩みを受けて、長年継続してきた日本向け輸出からアジアの現地販売拡大へと転換しつつあるもののまだその途上にある。特に食肉加工品等は、日本食や伝統的な日本特有の食材という固有の強みに依拠しない。ゆえに日本の得意とする高品質・安全という戦略が競争力である一方で逆にコスト高になり、競争相手である現地企業が先進国の生産技術・管理の知見を身につけながら提供する低価格製品に対抗して、高品質・安全のみで現地の消費市場で販売を増やすことが難しい状況にある。ただし、日系食品企業は現地販売に向けて投資を継続しており、現地の信頼できるパートナー企業と生産だけでなく販売網を持つ現地企業との提携も見られ、長年培った日本企業による高い品質と安全性を持つ現地で生産された食品が、現地の流通網に入りつつある。現地での生産・販売も含めた現地市場を知る信頼できるパートナーを見つけることが一つの重要なポイントになっている。

世界銀行のアグリビジネス報告書[4]では、農業分野のＧＤＰに占める割合が25％未満の国は、アグリビジネスの育成や品質管理の確保、また食料生産の安全性等に関する規制制度が比較的整備されているとする一方、農業部門に依存する割合が高い国ではアグリビジネス関連の制度改革が重要であり、改善の余地があると述べている。アジアではこれらの制度が整備されつつあり、従前より透明化されて日系食品企業による現地市場獲得の可能性が高まり、また制度の改善によりアジアの後発国においても食料・食品市場の更なる拡大の余地は大きく、今後の日系企業の現地展開の可能性は広がると考えられる。アジアの食料・食品市場と日系を含めた海外の食品関連企業および現地企業のダイナミックな変化は今後も続き、より理解を深めて注視していかなければならない。

## 付録　ＡＳＥＡＮコメ市場統合の予測シナリオ

本書のテーマであるアジアの共同市場の一つとして、東南アジア諸国連合（ＡＳＥＡＮ）の米市場の統合について、FURUHASHI and GAY（２０１７年）が分析した[5]。同分析は、アジアの域内市場統合の一つであるＡＳＥＡＮにおけるＡＳＥＡＮ共同体（ＡＥＣ）について、OECD-FAO Aglink-Cosimo モデルによる２０２５年におけるベースライン見通し（ＯＥＣＤ／ＦＡＯ、２０１６年）を基に、ＡＳＥＡＮの米市場におけるＡＥＣ域内の市場統合がより進んだ場合のシナリオを分析した。

ＡＳＥＡＮは、２０１５年までにＡＥＣの設立に向けて市場統合を加速することに合意し、これを基にＡＥＣを２０１５年に設立したものの、その市場統合が充分に期待された水準に達していないとの指摘もあり、更なる市場統合を進めるため、「ＡＥＣ ブループリント ２０２５」が採択された。またＡＳＥＡＮ各国は、食料安全保障政策の重要な品目として米があり、国内への影響を緩和させるため、米の輸出入における輸入関税、割当枠、国有企業へのライセンス制等を実施して、国内外の価格差が相対的に大きく生じている。

この背景の下、２０２５年の将来にＡＳＥＡＮ各国における米の国内価格が輸入価格の水準に近づくというチャレンジングな前提のシナリオ分析である。その結果、ＡＳＥＡＮの米輸入国であるフィリピン、インドネシア、フィリピンの輸入量は、ベースライン見通しの輸入量２２５万ｔ、56万ｔ、１２８万ｔに対して、それぞれＡＳＥＡＮ域内からの輸入を増やして４８１万ｔ、６５７万ｔ、１４６万ｔになる。また、ＡＳＥＡＮの米輸出国であるタイ、ベトナムの輸出量は、ベースライン見通しの輸出量１０９６万ｔ、１２２６万ｔに対して、それぞれ１１４２万ｔ、１３５０万ｔに拡大する等が推計された。

この分析シナリオにおける前提の下で、将来、米の内外価格差が縮小した際、ＡＳＥＡＮ輸入国への影響は大きいと推計されるが、ＡＳＥＡＮの輸入国だけではなく輸出国において、経済成長に伴う非農業部門への労働力移動や農業分野の生産者の高年齢化、さらに食料安全保障政策と国内需給・輸出入のバランスや農業における生産性の向上と技術革新に向けた投資の継続など、シナリオを基にＡＳＥＡＮ域内の今後の可能性と課題を考える機会となろう。

**参考文献**

大塚茂・松原豊彦編『現代の食とアグリビジネス』有斐閣、２００４年。

日本農業市場学会編『農業市場の国際的展開』筑波書房、１９９７年。

農林水産政策研究所「２０２６年における世界の食料需給見通し」２０１７年。

日本フードスペシャリスト協会編『食品の消費と流通』建帛社、２０００年。

OECD/FAO, "OECD-FAO Agricultural Outlook 2016-2025", OECD Publishing, 2016.

**より学びたい人は**

農林水産省「食料・農業・農村白書」（毎年公表）
農林水産政策研究所「世界の食料需給見通し」（毎年公表）
新井ゆたか編『食品企業 飛躍の鍵――グローバル化への挑戦』ぎょうせい、２０１２年。
ＯＥＣＤ／ＦＡＯ「Agricultural Outlook」（毎年公表）
経済産業省「通商白書」（毎年公表）

## 注

1 下渡敏治・名取雅彦「東アジアフードシステムのリンケージとバリューチェーン」『フードシステム研究』第17巻2号、２０１０年、64—75頁。

2 Euromonitor International, World Consumer Lifestyles Databook 2014, 2014.

3 Keiji Ohga, Somporn Isvilanonda, Gen Furuhashi and Prapinwadee Sirisupluxana, "FAO Project Report - FAO Project for Food and Agriculture Market Projection Model Development（GCP/INT/895/JPN）", FAO, 2008.

4 World Bank, Enabling the Business of Agriculture 2016: Comparing regulatory good practices, January 2016.

5 FURUHASHI G. and GAY H. "Integration of Asian rice markets", [TAD/CA/APM/WP31/REV1], OECD Food, Agriculture and Fisheries Papers, 2017.

# 18章　東アジア農林水産物・食品貿易と中日農産品貿易の課題

唱　新（福井県立大学経済学部教授）

**ポイント**

○東アジアの農産品・食品貿易はEUに遅れている。
○中国は東アジア最大の農産品輸入国である。
○日本の中国向け農産品輸出拡大は可能である。

## はじめに

農林水産物・食品貿易は国際貿易における重要な分野であるが、各国は食糧安全保障の視点から国内農業の保護政策として、ＦＴＡ／ＥＰＡ交渉ではつねに農産品関税引下げの例外化を要請している。

東アジアでは発達している工業製品の国際分業と比べ、農林水産物・食品貿易は遅れている。今後、域内貿易の多様化を促進するために農林水産物・食品の貿易自由化も不可欠である。日本にとっても、農林水産物・食品のアジア向け輸出の可能性が高く、その輸出拡大は地域経済振興の追い風となると考えられる。

このような視点から本章はRCEP参加国[1]を対象に、その農林水産物・食品の貿易構造を考察した上で、中日農産品貿易拡大の課題と将来方向を明らかにしたい。

## 一　東アジア農林水産物・食品貿易の概要

以下、表1に基づいて、東アジアの農林水産物・食品貿易の動向を見る。

### 貿易規模と増加率

2000年以降、東アジア域内FTAの貿易拡大効果により、農林水産物・食品貿易は、ASEAN+6では2・2倍増、ASEANでは3・1倍増であり、そのいずれも世界の増加率（1・8倍）を上回った。この中で、「ASEAN+6」の中国向けの輸出増（12・2倍増）が寄与したと見られ、とくにニュージーランドは19・1倍増、オーストラリアは16・1倍増、ASEANは13・9倍増という高い増加率が見られている。

表１　東アジア農林水産物・食品貿易マトリックス（単位：億ドル）

| | | ASEAN | 中国 | 日本 | 韓国 | インド | オーストラリア | ニュージーランド | ASEAN+6 | アメリカ | EU28 | 世界 |
|---|---|---|---|---|---|---|---|---|---|---|---|---|
| ASEAN | 2000 | 38.9 | 6.4 | 50.3 | 5.9 | 0.7 | 5.0 | 0.8 | 108.0 | 45.7 | 35.8 | 232.6 |
| | 2015 | 158.8 | 95.4 | 81.7 | 27.7 | 7.0 | 25.2 | 8.1 | 403.8 | 106.0 | 102.8 | 766.4 |
| 中国 | 2000 | 14.9 | | 58.1 | 15.4 | 0.2 | 0.9 | 0.1 | 89.6 | 11.7 | 14.6 | 152.9 |
| | 2015 | 66.1 | | 79.7 | 30.6 | 2.1 | 8.0 | 1.6 | 188.2 | 60.2 | 58.6 | 448.9 |
| 日本 | 2000 | 2.9 | 2.5 | | 3.2 | 0.0 | 0.4 | 0.1 | 9.2 | 4.6 | 1.1 | 23.5 |
| | 2015 | 7.9 | 5.1 | | 3.3 | 0.0 | 0.9 | 0.2 | 17.4 | 7.8 | 2.7 | 51.1 |
| 韓国 | 2000 | 1.3 | 1.1 | 17.3 | | 0.0 | 0.2 | 0.0 | 19.8 | 2.1 | 1.2 | 26.0 |
| | 2015 | 7.5 | 7.9 | 17.3 | | 0.1 | 1.7 | 0.3 | 34.7 | 7.3 | 2.9 | 56.2 |
| インド | 2000 | 5.9 | 1.2 | 7.7 | 1.2 | | 0.4 | 0.1 | 16.5 | 8.8 | 11.5 | 58.1 |
| | 2015 | 25.3 | 2.9 | 6.6 | 3.7 | | 1.8 | 0.4 | 40.7 | 28.3 | 37.1 | 228.2 |
| オーストラリア | 2000 | 22.0 | 2.9 | 30.3 | 6.3 | 0.3 | | 4.8 | 66.7 | 15.8 | 10.3 | 129.6 |
| | 2015 | 63.7 | 49.7 | 35.1 | 22.8 | 6.8 | | 11.7 | 189.8 | 45.1 | 14.3 | 307.3 |
| ニュージーランド | 2000 | 7.5 | 1.8 | 8.1 | 0.4 | 0.1 | 5.3 | | 23.1 | 11.2 | 15.3 | 66.0 |
| | 2015 | 24.7 | 37.3 | 11.6 | 2.6 | 0.5 | 23.6 | | 100.2 | 26.6 | 24.3 | 204.1 |
| ASEAN+6 | 2000 | 131.3 | 22.3 | 212.4 | 38.4 | 1.9 | 17.1 | 6.6 | 430.1 | 145.5 | 125.5 | 921.1 |
| | 2015 | 513.0 | 293.6 | 305.5 | 118.4 | 23.6 | 86.2 | 28.8 | 1,369.0 | 391.3 | 345.5 | 2,828.3 |
| アメリカ | 2000 | 21.1 | 8.8 | 138.8 | 19.6 | 1.4 | 3.6 | 1.2 | 194.6 | | 61.9 | 509.0 |
| | 2015 | 70.2 | 92.3 | 129.8 | 58.3 | 9.4 | 13.6 | 4.6 | 378.1 | | 115.4 | 1,087.4 |
| EU28 | 2000 | 22.2 | 6.4 | 47.6 | 8.2 | 0.4 | 7.3 | 1.1 | 93.2 | 97.9 | 1,213.1 | 1,651.4 |
| | 2015 | 78.7 | 102.6 | 69.4 | 27.4 | 6.3 | 29.8 | 6.1 | 320.3 | 216.9 | 3,184.9 | 4,416.1 |
| 世界 | 2000 | 161.8 | 51.1 | 469.8 | 70.5 | 7.7 | 29.9 | 9.9 | 800.6 | 510.9 | 1,754.9 | 4,090.8 |
| | 2015 | 690.5 | 555.5 | 577.2 | 237.6 | 96.6 | 124.3 | 39.0 | 2,320.6 | 1,272.0 | 4,481.5 | 11,206.2 |

注：農林水産物・食品はSITC分類の00類（動物）、01類（鳥獣肉類等）、02類（酪農品・卵）、03類（魚介類）、04類（穀物等）、05類（果実・野菜）、06類（糖類等）、07類（コーヒー・茶等）、08類（飼料等）、09類（その他調整食料品）、11類（飲料）、12類（タバコ）などを含むが、HS分類のデータと一致しない。
資料：「RIETI-TID2015」により作成。

しかし、２０１５年の東アジア域内向けの輸出額は１３６９億ドルしかなく、世界輸出総額（１兆１２０６億ドル）の１２・２％、ＥＵ（４４１６・１億ドル）の３分の１に過ぎず、東アジアでは農林水産物・食品貿易は必ずしも盛んに行われているとはいえない。

## 輸出入の国別構造

表１についてみると、東アジアへの最大の輸出国（地域）はＡＳＥＡＮ（４０３・８億ドル）であるが、国別の輸出額についてみると、第１位はアメリカ（３７８・１億ドル）であり、以下、オーストラリア（１８９・８億ドル）、中国（１８８・２億ドル）、タイ（１３８・６億ドル）、ニュージーランド（１００・

2億ドル）の順となっている。

輸入（2015年）に関しては、国別で域内最大の輸入国は日本（305・5億ドル）であるが、それに次いで、中国（293・6億ドル）、韓国（118・4億ドル）、マレーシア（107・6億ドル）、シンガポール（94・2億ドル）、インドネシア（86・3億ドル）である。

### 東アジア農林水産物貿易の課題

いまの段階では東アジアの農林水産物・食品貿易は欧米に大幅に遅れている。世界の農産物輸出上位国についてみれば、アメリカ、カナダ、ブラジルなど農地面積が大きい国では、大豆、とうもろこし、小麦などの土地利用型作物の輸出が多いのに対し、オランダ、ドイツ、フランス、イタリアなど欧州主要国では花卉、チーズ、ワインなど、加工食品の輸出が上位を占めている。さらにEUでは域内向け輸出は全体の7割以上を占めることからみれば、東アジアの農産品貿易は非常に大きな可能性が潜んでいると考えられる。

## 二　中国農産品の市場開放と貿易動向

### WTO加盟と農産品の市場開放

中国はWTO加盟をきっかけに農産品貿易の自由化が進展されてきた。当時の中国は農産品の関税率を2004年までに加盟前の21・2%から15・8%に引き下げるとコミットメントしていたが、このWTO枠組み以外に2002年に調印された「中国・ASEAN間の包括的な経済協力に関する枠組み合意」のアーリーハーベスト規定により、2004年からASEAN諸国から中国への肉類、魚類、酪農類、その他動物性生産品、樹木、野菜、食用の果実などの輸入品目に対する関税の引下げを前倒しに実施することになった(唱新、2005年、201頁)。それ以降、中国は2005年にチリと、2008年にニュージーランドと、2009年にパキスタンと相次いでFTAを締結し、2006年から「バンコク協定」の枠組みで、バングラデシュ、ラオスに対し、農産品輸入関税の削減を実施した。その結果、2010年には中国農産品の平均輸入関税率を15・2%までに引き下げた(田国强・蒋俊朋・王莉、2012年)。

中国は食糧の自給率を95%以上に確保することが政策目標とされているが、都市化の進展にともなう農地の減少及び人口増による食料品への需要増、農産品輸入関税の引下げなどにより、農林水産物・食品の輸入も年々増加している。

### 農産品の輸出入

2000年以降、所得水準の上昇にともなう食生活の改善及びWTO加盟による農産物輸入関税の引下げと規制緩和などにより、大豆、小麦、とうもろこし、コメを中心に、土地集約型農産品の輸入は急増してきており、2008年から輸入は輸出を上回って、中国は農産品の純

図1　中国農林水産物・食品輸出入の推移（単位：億ドル）

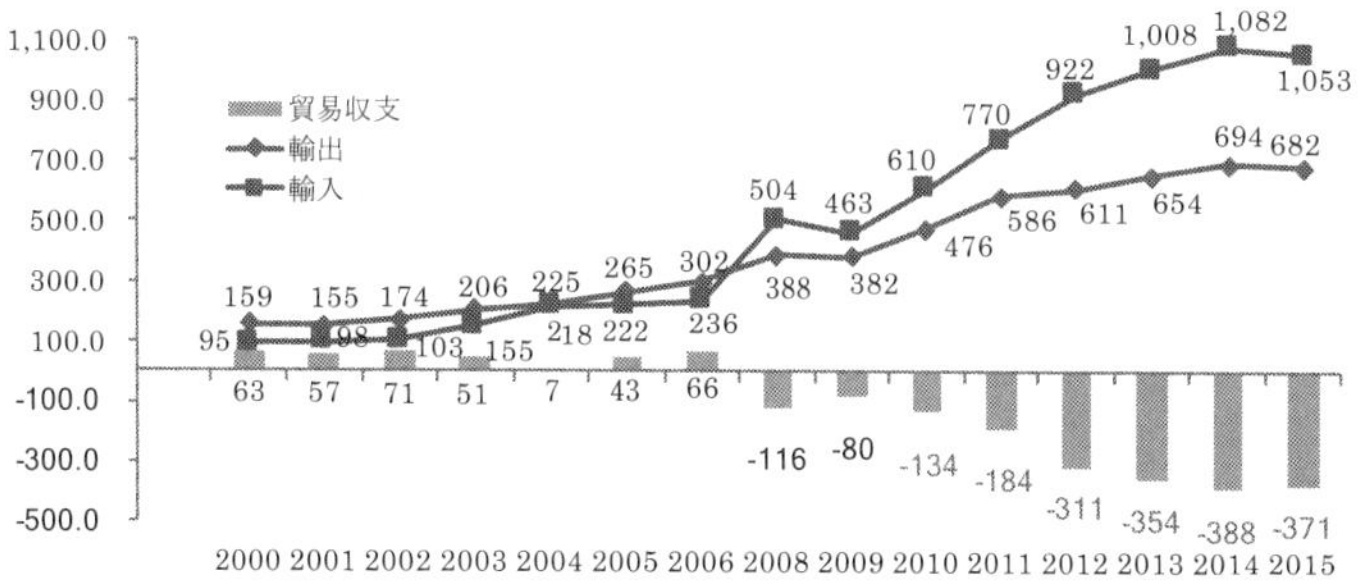


注：中国の農林水産物・食品はHS分類の第1類（01）～第24類（24）の合計であり、その数値は表1のデータとは異なっている。
資料：中国国家統計局編『中国統計年鑑』各年版により作成。

輸入国となっており、その赤字額は年々増大し、2015年には371億ドルに上った（図1参照）。

表2に示されているように、2015年には中国農産品輸入の主な品目は採油用の種（HSコード12）と穀物（HSコード）など、土地集約型農産品の輸入であり、その輸入は490億ドルで、農産品輸入額の約半分を占めている。この中でとくに注目すべきことは大豆の爆発的な輸入増である。

2000年以降の中国は食生活の変化により、食用植物油、養豚・養鶏用の飼料の生産拡大により、大豆への需要が急増し、輸入も急拡大している。中国国家商務部の発表データによると、大豆（HSコード1201）の輸入は2000年の1042万tから2015年の8168万tへと7倍弱増加し、輸入額は348億ドルに達した[2]。その主な輸入相手国（上位3位）はブラジル（輸入量：4007万t、輸入額：168・9億ドル、以下同）、アメリカ（2840万t、

表2　中国農林水産物・食品輸出入の推移（単位：億ドル）

| | 輸出 | 2010年 | 2015年 | 輸入 | 2010年 | 2015年 |
|---|---|---|---|---|---|---|
| 1 | 魚並びに甲殻類〔03〕 | 88.1 | 133.2 | 採油用の種及び果実等〔12〕 | 270.6 | 397.5 |
| 2 | 食用の野菜〔07〕 | 74.8 | 90.2 | 穀物〔10〕 | 15.0 | 92.8 |
| 3 | 肉及び食用のくず肉の調製品〔16〕 | 58.6 | 80.1 | 動植物の油脂及びその分解品〔15〕 | 88.8 | 78.9 |
| 4 | 野菜等の調製品〔20〕 | 55.5 | 73.9 | 肉及び食用のくず肉〔02〕 | 22.2 | 68.1 |
| 5 | 食用の果実及びナッツ等〔08〕 | 26.8 | 51.6 | 魚並びに甲殻類〔03〕 | 43.7 | 63.2 |
| 6 | 各種の調整食料品〔21〕 | 15.6 | 29.8 | 酪農品・鳥卵〔04〕 | 20.0 | 62.0 |
| 7 | 採油用の種及び果実等〔12〕 | 20.5 | 29.0 | 食用の果実及びナッツ等〔08〕 | 21.4 | 60.1 |
| 8 | 食品工業の残留物と調整飼料〔23〕 | 19.6 | 26.6 | 食品工業の残留物と調整飼料〔23〕 | 32.3 | 44.2 |
| 9 | コーヒー・茶・マテ・香辛料〔09〕 | 16.6 | 25.3 | 飲料・アルコール・食酢〔22〕 | 16.5 | 42.8 |
| 10 | 飲料・アルコール・食酢〔22〕 | 10.0 | 19.9 | 食用の野菜〔07〕 | 15.2 | 26.2 |

注：〔　〕内はHSコードである。
資料：中国国家統計局『中国統計年鑑』各年版により作成。

124・3億ドル）、アルゼンチン（943万t、39・4億ドル）である。

また、表2のとおり、大豆に次いで、輸入が急増したのはコメ（HSコード1006）、小麦（HSコード1001）、とうもろこし（HSコード1005）などを中心とする穀物であり、その輸入額は2010年の15・0億ドルから2015年の92・8億ドルへと5年間で5倍増加した。[3]

穀物の主な輸入国はアメリカ（27・8億ドル）、オーストラリア（21・3億ドル）、ベトナム（7・3億ドル）であるが、その主要品目であるコメの輸入に関しては、2015年には輸入量は337・5万t、輸入額は14・9億ドルであり、その主な輸入国はベトナム（179・3万t、7・3億ドル）、タイ（95・7万t、5・0億ドル）、パキスタン（44・2万t、1・6億ドル）であった。[4]

中国のコメ輸入に関しては、センシティブ品目として、関税割当制度を導入しており、現時点での関税割当量は532万tであるが、[5]その輸入業者は国有の貿易公司に限定している。実際の輸入量は2011年の60万tから2015年の337・5万tまで急増したが、WTO約束割当を下回っている。

中国は「三農」（農業、農村、農民）政策及び食糧安全保障の一環として、技術開発、資金援助などを通じて、農業技術の向上と農村経済の発展を促進しているが、穀物と大豆の自給率（95％）を維持しているとともに、野菜を中心とする農産品の輸出拡大に取組んでいるものの、都市化の進展にともなう農地の減少及び食料品の需要増により、農産品の輸入増は避けられない。このことは世界農産品貿易拡大にとって、多くのチャンスを提供することになるであろう。

## 三　日本農林水産物・食品輸出拡大の可能性

日本は2015年6月に改定された「日本再興戦略」において、2020年に農林水産物・食品の輸出額1兆円目標の前倒し達成を掲げるなど、農林水産物・食品の海外への販路拡大を目指している。日本の農産品輸出においては、地理的に近いアジア向けの輸出は圧倒的なシェアを占めているが、今後、経済成長も堅調に推移している中国は無視できない市場である。

### 日本の東アジアへの農林水産物・食品輸出

2015年には日本の農林水産物・食品の輸出額は7451億円で、その中で、地理的に近い東アジアへの輸出は5344億円で、輸出総額の72・7%を占めている。[6] その中で、香港への輸出額は1794億円で第1位であり、以下、台湾（952億円）、中国（839億円）、韓国（501億円）、タイ（358億円）、ベトナム（345億円）、シンガポール（223億円）、マレーシア（83億円）の順となっている。その中で、香港、シンガポール、台湾は農産品の輸入に対し、基本的に無関税或いは低関税であると同時に、日本食品への認知度も高いので、日本にとって、農産品輸出の「定着市場」となっている。

また、品目別の輸出についてみると、水産物は2757億円（輸出構成比37・0%、以下同）で第1位である。それ以下、加工食品は2258億円（30・3%）、林産物は270億円（3・6%）、青果物は253億円（3・2%）、コメ・コメ加工品は201億円（2・7%）、牛肉は110億円（1・5%）、緑茶は101億円（1・4%）、花卉は82億円（1・1%）であるが、日本政府の掲げている農林水産物輸出額1兆円の政策目標の中で、2020年には加工食品の輸出額は5000億円、水産物は3500億円、コメ・コメ加工品は600億円を目指している（農林水産省、2016年）。

## 中日農産品貿易拡大の可能性

日本の中国向けの農林水産物・食品の輸出額に関しては、各種のデータは異なってはいるが、表1のとおり、その輸出額は、2000年の2・5億ドルから2015年の5・1億ドルへと倍増し、その主な輸出品目（2015年）はホタテ（輸出額242億円、以下同）、林産物（57億円）、さけ・マス（43億円）、植木（41億円）、播種用の種（31億円）、アルコール飲料（24億円）、菓子（18億円）、清涼飲料水（17億円）である。しかし、その輸出額は中国の輸入額の1％未満で、欧米やASEAN諸国と比べ、極端に少ない。日本にとって、水産物、畜産物、乳製品及び健康・美容関連の加工食品、飲料などは、中国への輸出可能性が大きいことを考えて、今後、日本の農林水産物・食品の輸出拡大目標を実現するためには、地理的に近い、物流も便利、消費力も旺盛な中国への輸出拡大は欠かせない政策課題となっている。

## むすびにかえて――中日農産品貿易の課題

現在、中日農産品交渉は中日韓FTAの一環として、RCEPの枠組みで行っている。今後、中日農産品貿易を拡大するために、中国も日本も以下の課題に直面している。

### (1) 中国の課題――食品安全生産システムの構築

現在、中国の日本向け農産品輸出拡大を阻害している要因は食品安全問題である。かつて、中国産野菜における農薬残留問題により、中国の野菜輸出産地に大きな衝撃を与えたことをきっかけに、中国政府は「食品安全法」の実施により、輸出企業への管理・監督強化、輸出企業側も生産体制の再編、農場・農薬管理制度の整備など、食品の安全生産システムの整備に取組んでおり、一部の輸出用農産物について、国際基準から見ても高い水準の生産・検査体制を構築するに至っている。今後、さらに広範囲で完全な安全生産システムを整備するには日本からの協力も不可欠である。

## (2) 日本の課題──中日農産品貿易協議枠組みの構築

中国では農村から都市へ、農業部門から非農業部門への人口・労働力移動が進展する中で、農産品の対外依存が高まると同時に、所得水準の上昇にともなう安全・安心、健康・美容関連の食品への需要拡大により、海外から高度な加工食品の輸入も増加すると見込まれている。制度上の制約要因も多く横たわっている。現時点の中国では、日本からの牛豚肉、牛乳・乳製品、青果などは輸入禁止品目となっており、動植物検疫や放射性物質規制などの制約も厳しい。さらに政治関係とリンクしているコメの関税割当の配分では日本に不利な状態にある。

中国向けの農林水産物・食品の輸出を拡大するために、牛豚肉、牛乳・乳製品、青果など、一部の輸入禁止品目に対し、検疫協議の締結や輸入解禁の交渉が必要となっているが、それらの問題を根本的に解決するために中日農産品貿易の協議枠組みを立ち上げて、農産品貿易に関する法律、法規、技術水準に関する意見交換、中国における農産品・食品の安全生産システムの整備への技術協力を推進するのは不可欠である。

## より学びたい人は――参考文献


田国强・蒋俊朋・王莉「入世以来中国农产品贸易的发展状况及趋势展望」『世界農業』２０１２年第２期。

唱　新『中国型経済システム――経済成長の基本構造』世界思想社、２００５年。

山澤逸平「ＴＰＰ、ＲＣＥＰと日本の米政策」『国際貿易と投資』冬季号、２０１５年。

徐雪高「大豆进口连创新高和我国的粮食安全」『现代经济探讨』２０１３年第10期。

農林水産省「農林水産物・食品の輸出の現状」２０１６年２月。


## 注

１　東アジアとは通常、ＡＳＥＡＮ＋３を指しているが、本章ではＲＣＥＰとの関連で、ＡＳＥＡＮ＋６を考察対象にする。
２　中華人民共和国商務部『中国农产品进出口统计报告２０１５』。
３　穀物輸入の主要品目はコメ（輸入量３３７・５万トン、輸入額14・９億ドル、以下同）、とうもろこし（４５８・６万トン、10・７億ドル）、小麦（30・０万トン、８・９億ドル）である（出典：同上）。
４　Global Trade Atlas 2017.
５　中国のコメ輸入に関する関税割当制度では関税割当枠を有する場合は関税が１％、関税割当枠がない場合は65％である（農林水産省ＨＰ）。
６　経済産業省『通商白書』２０１６年版。

# 19章　東アジア水産業共同体の形成
## ——水産業の発展がもたらすもの

山尾政博（広島大学大学院生物圏科学研究科教授）

**ポイント**

○第3のフード・レジーム、東アジアを拠点とする水産物貿易が発展している。
○輸出志向型水産業は、先進国消費市場の多彩な需要に応えている。
○貿易が複雑化し、食の安全を管理するグローバルなシステムが求められる。

## 一　食料貿易のダイナミズム

### フード・レジームの視点から

資本主義経済の発展に伴い、多国間での食料貿易が拡大する動きは様々な視点から捉えられている。歴史的視点、地理学的視点からはフード・レジーム論がある。これまで3つのレジーム（体制）が確認されている。[1] 第1のレジームでは、イギリスを先駆とする帝国主義勢力の拡張によって、植民地経済の食料生産が世界市場に組み込まれた。第2のレジームは、第2次世界大戦終了後から1970年代まで、アメリカが資本主義経済の覇権を握り、戦略的な食料輸出政策のもと、穀物・畜産物などの輸出を増大させた。アジア・アフリカの農業及び政策は、伝統的農業からの脱却をはかりながら、貿易自由化への対応を迫られた。欧米のアグリビジネス企業が多国籍化し始めたのがこの時期である。第3のレジームは、1970年代から現在に至るまで、経済のグローバル化の進展と多国間貿易によって特徴づけられる。

第3のレジームに関する議論は多い。これまで先進国と開発途上国との間の二者間によって特徴づけられていた食料貿易は、多国間のそれへと変わった。この背景には、先進国の国民所得の向上や生活スタイルの変化がある。食料の消費需要は、加工調理度の高い“ready-to-eat”や“ready-to-cook”の食品を中心に伸びた。また、量販店、外食・中食チェーン、コンビニエンス・ストア等の拡大によって、業務用食材の需要が増えた。家庭では調理や食事を外部に依存する状況が広まり、供給する側においても食料消費形態の変化に対応できるよう、ビジネスの外部委託（アウトソーシング）が進んだ。

食料貿易の多国化を先導したのは、第2のレジームで成長したアグリビジネス企業であった。だが、1985年に先進5カ国蔵相・中央銀行総裁会議のプラザ合意によるドル高是正と円高誘導が実施されると、アジアでは食料貿易の流れが変わった。そのきっかけを作ったのは日本の食品製造業であった。日本国内の投資・雇用環境が悪化した食品企業の間には、海外、特に中国及び東南アジアに生産拠点を移す動きが急速に広まった。これ以降、日本の食品製造業の拠点が中国、タイ、ベトナム、インドネシアに形成された。高次加工食品を低価格で生産・供給できる食品製造業とその関連産業が目覚ましい発展を遂げた。

## 自国資源の活用から国際分業へ

１９８０年代半ば、タイは輸出志向型の農水産業を振興する政策に舵を切った。それまでの輸入代替政策を改め、安価な農水産資源と豊富にある低賃金労働力を結びつけて輸出振興を図った。この開発政策は、日本を始めとする先進国の食品製造業のタイ投資への呼び水になったのである。水産業では、タイにある自国資源に加えて、世界各地から安価な原料を仕入れて加工輸出する企業が増えた。同様なタイプの水産加工業は、経済の改革開放を進めた中国やベトナムに定着し、インドネシアにも広まった（山尾、２０１５年）。

ＦＡＯ（２０１５年）は、最近の世界の水産物貿易を規定するのは、大手量販店やレストラン・チェーンによる調達行動である、と指摘している。[2] これに呼応して、水産加工業の外部委託化が、世界的規模、地域的規模で進み始めた。漁業先進国が、最終輸出先が求める高次な加工や世界認証に応じるには、第三国での加工がより効率的になる。複雑な水産物貿易、バ

図表1　中国・東南アジアの水産加工業と日本の水産業

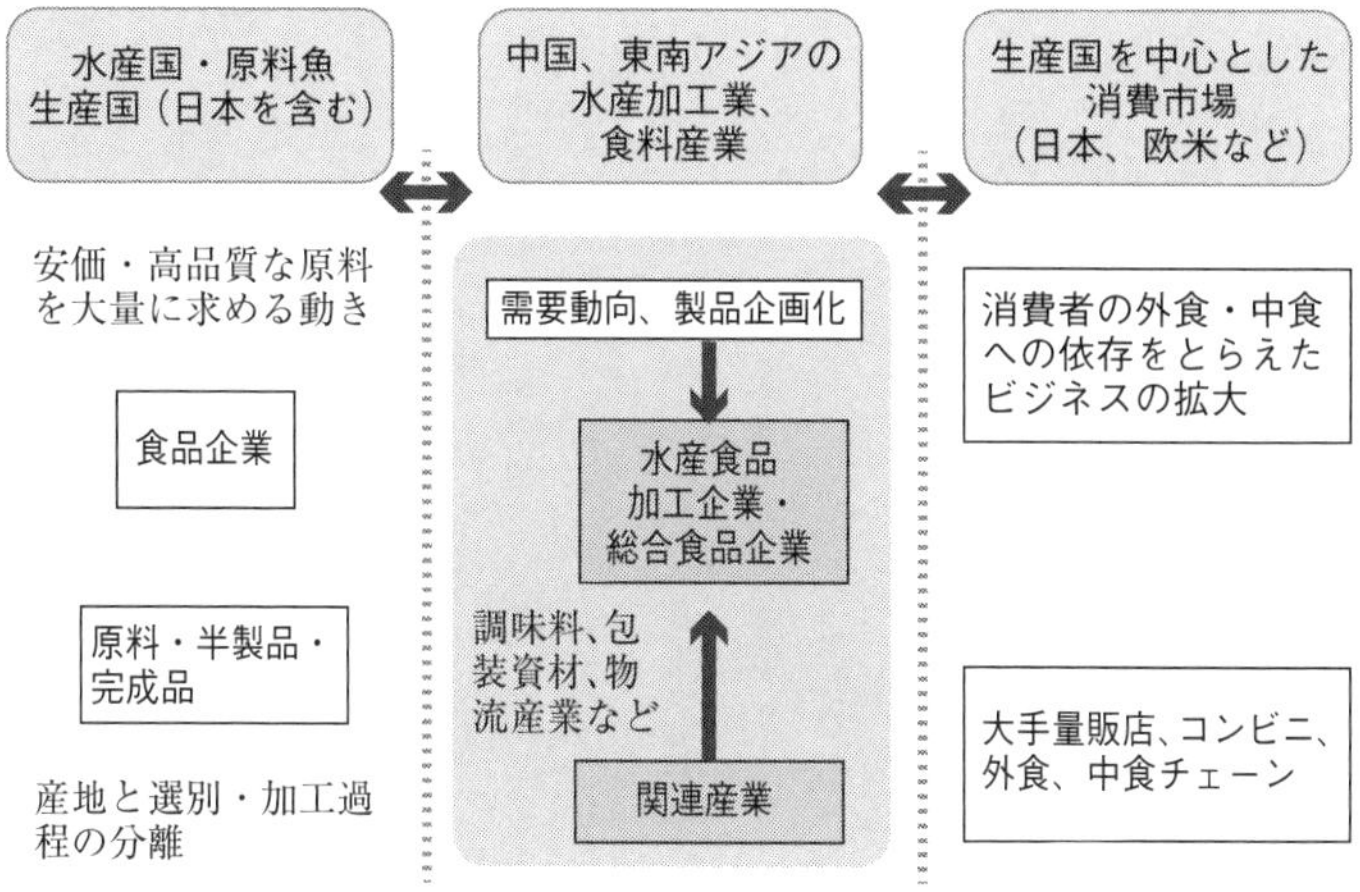


資料：筆者作成

リュー・チェーンが構築されていった。[3] 図表1は、漁業・養殖業生産に特化した国・地域から、原料魚が中国・東南アジアの加工拠点に輸出され、世界の消費地市場に向けて再輸出される過程を示している。原料魚の調達先は多岐にわたるが、水産加工業の拠点は特定国・地域に集中する傾向が強い。

なお、開発途上国の輸出志向型水産業は、1982年に第3次国連海洋法会議にて採択された「海洋法に関する国際連合条約」をきっかけに成長した、とも言える。沿岸国は200カイリまでの水域を排他的経済水域（EEZ）として宣言し、他国隻の漁船の入漁を制限するようになった。これを機に開発途上国の間では、輸出志向型の水産業を育成する動きが本格化した。逆に、日本のような、かつての漁業大国は、沿岸国からの水産物輸入に依存するようになった。

## 二　国際分業化がもたらす機能分化と空洞化――東アジア水産業の現実

### 複雑化するサプライ・チェーン

世界的に水産食品製造業の構造変動がダイナミックに進み、複雑なサプライ・チェーン（供給連鎖）が構築されている。水産物加工の工程間分業は今も進化し続けている。水産加工業の拠点国と周辺国に加え、拠点国間の分業関係も珍しいことではない。

図表2は、東インドネシアの零細漁業者が漁獲するキハダマグロ（Yellowfin tuna）が、どのような経路でアメリカ市場に輸出されるかを示したものである。船外機付きの小型漁船でキハダマグロを漁獲した漁業者は、直ちに解体処理してロイン（四半身）にした上で、集荷業者（集荷ポイント）に持ち込む。第1次加工業者は、集荷業者から買い付けたロインを、選別・成形して冷凍・保管する。この事例では、インドネシア国内での加工はここまでである。調理済み食品にするのはベトナムにある第2次加工業者である。最終製品はベトナムからアメリカに輸出される。インドネシアは東アジアの加工拠点のひとつであるが、ツナ輸出は国際分業によって成り立っている。

図表2　キハダマグロのサプライ・チェーン：東インドネシアの漁村からアメリカ市場へ

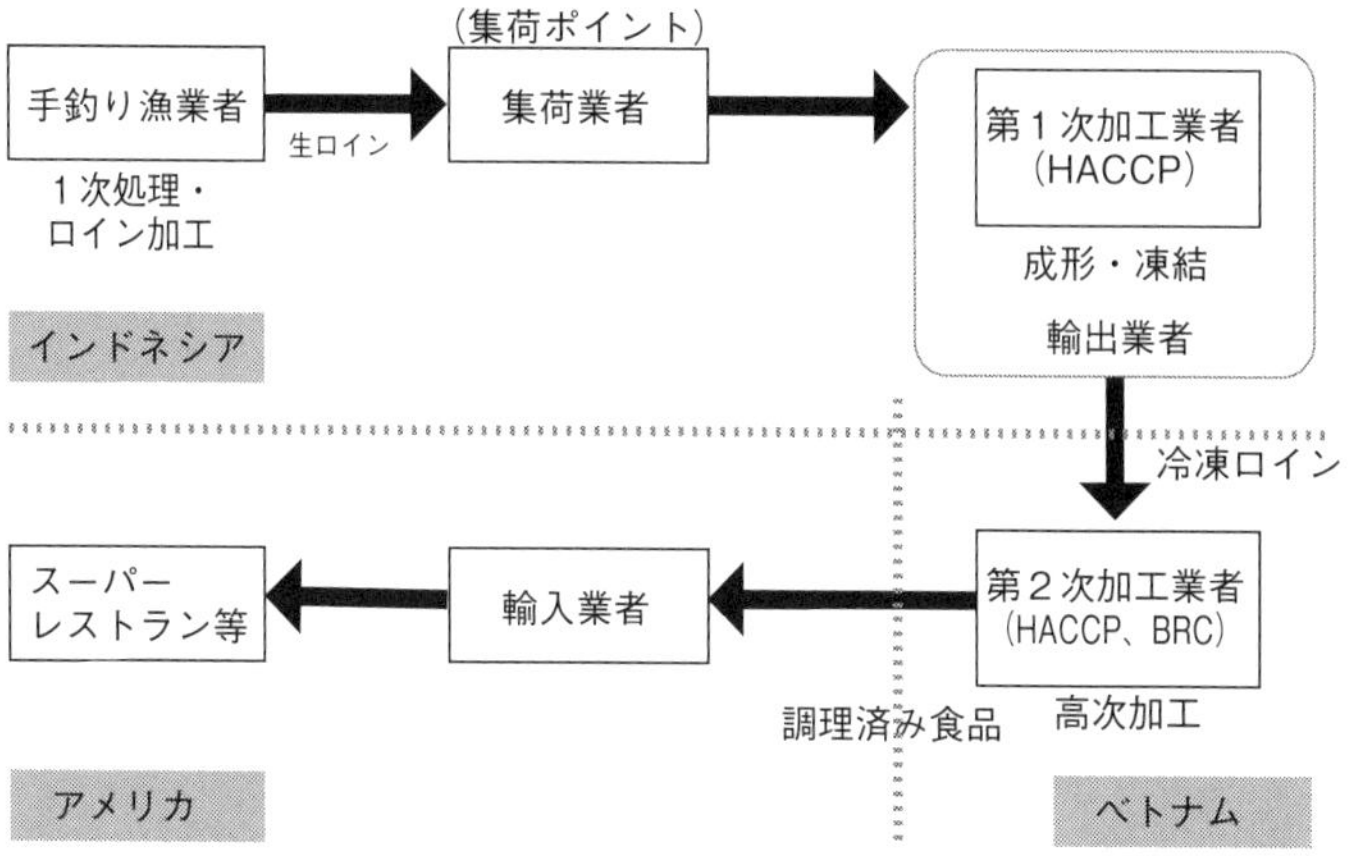


資料：2017年2月筆者調査にもとづき作成

図表3　サケフレークの生産工程：A社の事例

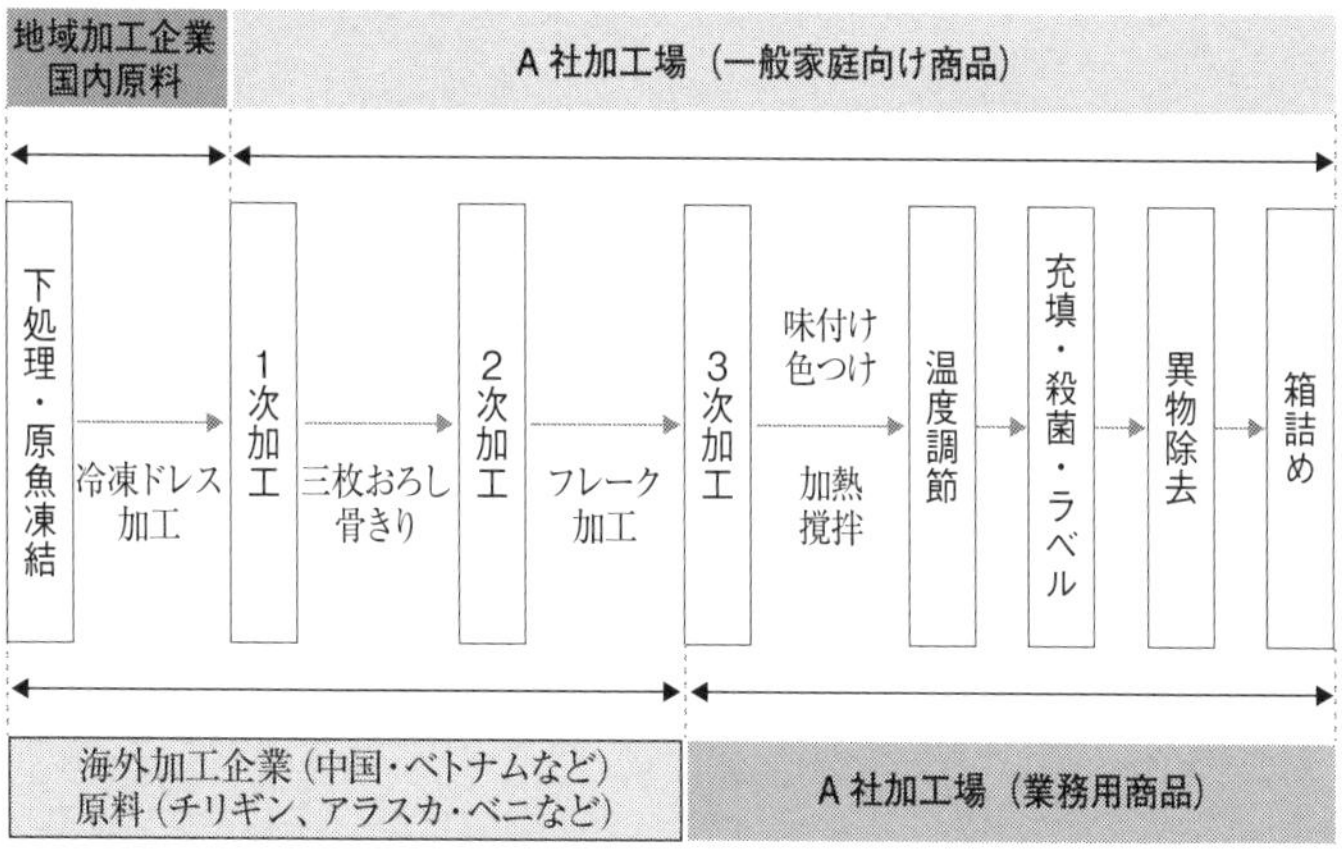


資料：天野・山尾 「震災復興過程にみる水産加工企業の構造変動」(2017年度農業市場学会ミニシンポジウム報告資料)

## 日本の水産業を支える海外の加工業

日本の水揚産地には、多獲性魚種に加えて、加工を必要とする魚種が多数水揚されている。加工すれば商品価値があがる魚種が少なくない。ただ、産地の水産加工業だけでは、消費者が求める安価な高次加工品にはなりにくい。また、日本の加工場は規模が小さく、賃金水準も高いため、労働集約的な作業がある高次加工品の製造には向いていない。

最近、全国的に水揚が増えているブリ類の場合、小型では商品価値が高くない。こうした魚種は、冷凍加工業者が買い上げて商社を通じて輸出する場合と、中国や東南アジアの水産加工企業に委託加工して、日本に再輸出する場合がある。

北海道や三陸の沿岸で毎年、大量に水揚げされるシロザケ（*Oncorhynchus keta*、秋サケ）は、メスは卵を取り除き、オスはそのまま加工される。シロザケはその身をほぐしてフレーク加工して、おにぎりなどの具材として使われる。この過程は、図表3に示したように、1次加工から2次加工までが海外で行われる場合がある。3次加工からは日本国内の工場で行われる。海外原料は第3国で最終製品まで加工される。特に、業務用の製品については海外原料、第三国での加工が一般的である。

日本の水産業が持続的に資源を利用するには、様々なタイプの加工業が必要である。日本の加工業は、魚種によっては、下処理・原魚凍結、冷凍ドレス（頭とハラワタを取ったもの）、フィーレ（三枚おろし）加工に、機能を特化させている。高次処理、ないしは低価格品の製造は、中国及び東南アジアの加工業が役割の大半を担っている。機能的にみれば、日本の水産加工業は空洞化している。

## 三　フードチェーン・アプローチと水産物貿易

### 食の安全管理の最前線

食料産業、特に食品製造業のグローバル化の波は、食の安全に関する既成概念を大きく変えた。FAOは、食品やその材料の生産から加工・流通・販売までの一連の段階および活動を捉えて、「フードチェーン・アプローチ」を提唱している。このアプローチは、安全、健全、栄養に満ちた食を提供する責任を分担する生産者、流通・加工業者によって担われる連携であり、工程管理の重視である。最終製品の検査に比べて、問題のある製品の出荷を未然に防止するほうが、効率的かつ経済的であると考えられている。この管理手法は、個々の生産・加工現場はもとより、農場から食卓までの全工程をカバーするものである。工程管理をつないでいくシステムの構築が、食料生産管理の基本になりつつある。

世界市場に水産食品を提供する中国と東南アジアから広がるネットワークは、同時に食の安全管理に関するものである。これまで示した3つの図は、いずれも後述するフードチェーン・アプローチとして読み替えることができる。中国と東南アジアは水産業の世界的拠点であり、食の安全に関する技術開発の最前線にある。

## 発想の転換を迫られた水産政策

２０１５年の国連持続的開発サミットで採択された持続可能な開発目標（ＳＤＧｓ）[4]には、海洋と海洋資源を保全し持続的に利用すること、が目標として含まれている（ＧＯＡＬ14）。これ以前から、「共有地の悲劇」のような急激な水産開発を防ぎ、環境保全と持続的な資源利用を求める動きはあった。ＦＡＯは、１９９５年に「責任ある漁業」に関する行動規範（ＣＯＣ：Code of Conduct）、ついで「責任ある養殖業」の提起を行った。責任ある生産の考え方は、世界の水産業に大きな転換を迫るきっかけになった。東南アジアではＡＳＥＡＮが主導して、この地域の実情を反映させたガイドラインを作成し、各国は国内版の作成に努めた（山尾、２０１２年）。

自国の水産資源を活用した輸出振興策には、持続的な資源利用、環境保全への配慮が求められた。同時に、輸出用水産物に対しては、今まで以上に厳しい安全基準が要求された。それまでの、生産の増大を中心にした政策から、責任ある生産、食の安全管理を重視した政策へと舵を切ったのである。

## ＥＵ市場に照準をあてたフードチェーン・アプローチ

１９９０年代に入りバブル経済が崩壊した日本では、水産物輸入が減少に転じ、世界の水産物輸入に占める割合を低下させた。経済不況が続くなか、市場では低価格の高次加工品を需要する動きが強くなった。また、消費者の「魚離れ」が止まらず、少子高齢化によって市場全体が縮小した。日本に代わって水産物貿易を牽引したのは、市場統合によって巨大な消費市場圏を形成したＥＵ、それにアメリカであった。特に、ＥＵは食の安全（food safety）の確保を目的に、輸入相手国に対して、生産、加工、流通について厳しい管理を要求し始めた。

ＥＵ市場ではフードチェーン的な発想が強く、生産から消費に至る過程で食の安全確保を目指すようになった。ＥＵは、ＷＴＯ／ＳＰＳ協定[5]を根拠に、生産・加工・流通の体系化を、輸入相手国に要求するに至った。ＥＵを重要な輸出相手先としていた東南アジア諸国では、タイを先頭に水産政策のＥＵ対応を進めたのである。

## 戦略的なアプローチ

ＥＵ市場向け輸出を目的に組み立てたアプローチは、工程管理の手法の優れた点を活かしたもの、と考えられた。もちろん、すべての食料産業に適応されたものではない。輸出向け農水産物と食品製造業が対象であるが、タイのように国内外市場を区別せずに対応した国もあった。

一方、ミャンマーのように、食料産業の発展が後発の国では、ＥＵ向け輸出が可能な企業を育成するために、食の安全管理に関する法制度と行政能力を段階的に高めていこうとする動きがみられる[6]。

フードチェーン・アプローチの充実が、水産業の輸出競争力を高める条件のひとつになった。タイでは輸出志向の水産加工場に対してはＥＵ・ＨＡＣＣＰ《ハサップ》の取得を推奨し、あるいは、少なくともアメリカ輸出が可能なＨＡＣＣＰの取得を求めた。ＨＡＣＣＰは食品の衛生管理の手法であり、危害分析（微生物、異物など）と重要管理点（殺菌工程、包装工程など）から構成される[7]。中国及び東南アジアの水産加工業において、ＨＡＣＣＰは食の安全確保には欠かせないシステムになっている。国際標準化機構のＩＳＯ　９００１（品質マネージメント）、ＩＳＯ２２０００（食品安全）に加え、ＦＳＳＣ　２２０００などの国際認証を取得する企業が増えている。

東南アジアでは、最も重要な輸出品目である養殖エビ（ブラック・タイガー、バナメイ・エビ）の生産現場に、ＧＡＰ（Good Aquaculture Practice：適正養殖規範）と呼ばれる生産管理手法を導入している。ＧＡＰは食の安全を確保するのが主な目的だが、持続的な資源利用、環境保全、労働者の人権の確保、等の要素が含まれている。タイでは、淡水魚の養殖にもＧＡＰ手法を導入している。親魚の確保から収穫・出荷にいたる全過程で工程管理が行われる。ＧＡＰの普及に関する指導・助言、審査・認証、認定の役割は、それぞれ独立した機関が担っている。食の安全性を担保するための第三者による評価・認証体制ができあがっている。

図表4　スリミ製品を製造するB社の原料調達、対米輸出（日本）

・スリミ製品の高付加価値化、原料から製品加工までの徹底した衛生管理、EU水準の衛生管理とそれを可能にする社内体制の確立
・EUのIUU(Illegal, Unreported and Unregulated)漁獲規制に対応するため、EUHACCP対応の海外原料のみを使用
・各種証明書はすべて公的機関で発行

（1）B社の原料調達

（2）B社の対米輸出経路

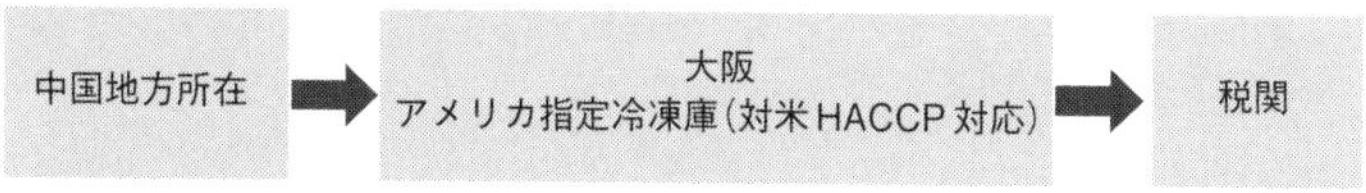


資料：聞き取り調査により、萩原友圭子が作成

## 食の安全管理と責任ある食料生産

日本では、中国や東南アジアのように徹底したフードチェーン・アプローチを採用した、輸出志向の水産加工企業の事例は多くない。図表4は、数少ないEU向けのスリミ製品を製造しているB社の原料調達、対米輸出の経路である。スリミの原料魚はアメリカで漁獲されるが、EUはIUU（Illegal, Unreported and Unregulated：違法・無報告・無規則）漁業ではないという証明書を求める。漁獲された魚はEU・HACCPを取得した加工船でスリミブロックに製造されて、日本に輸出される。輸入されたスリミブロックは、B社に近接して立地しているEU・HACCP対応倉庫で保管される。

別企業が運営するこの倉庫、Ｂ社の加工場は、徹底した安全衛生管理が実施されている。それらを、地域の保険所、地方厚生局といった政府機関がモニタリング及び指導している。

原料生産の現場では、責任ある生産と食の安全性の確保を結びつけた取り組みが行われている。漁獲漁業では、ＩＵＵの他に、持続可能な漁業の認証を行うＭＳＣ（Marin Stewardship Council）がよく知られている。養殖の現場では、ＧＡＰの他に、ＡＳＣ（Aquaculture Stewardship Council）などの認証が知られている。逆に、そのような証明書と認証するシステムがない場合、輸出向けの原料としては利用できないケースが増えている。認証のある原料だけが、ＨＡＣＣＰ等の基準を満たした水産加工場において製品化される。

Ｂ社は、ＥＵ輸出よりも米国向の割合が多いが、ＥＵが求める原料魚の基準を維持するために、海外原料を用いている。ＥＵ仕様の製品がもつ付加価値の高さに着目した経営戦略である。

こうしたＢ社のような企業は、東アジアには中国を筆頭に、タイ、ベトナム、インドネシアに多数存在している。世界水準の安全管理を行う原料生産と水産加工業の存在は、この地域の食料産業全体の資本力、技術力、開発力を高めている。日本の水産業及び水産加工業は、完全に中国及び東南アジアの後塵を拝しているのである。

## おわりに

世界の消費市場圏の需要を踏まえながら、分散する生産現場を消費にリンクさせる役割を果たしているのは、中国及び東南アジアの食品製造業である（山尾、２０１７年）。この地域は、世界の漁業・養殖業生産と水産物消費との間にある結節点にあり、世界が求めるフードチェーン・アプローチが具体化される場所である。

冒頭述べた第３のフード・レジームは多国間貿易を特徴とするが、注目したいのは、中国及び東南アジアのグローバルな輸出対応企業や関係諸国が、食の安全管理に関するイニシアティブを発揮しつつあることである。国際食品規格を策定するＣＯＤＥＸ委員会では、農水産物の主要生産地であると同時に食品製造業の拠点をもつこの地域の発言力が増している。

世界の食料貿易の結節点にある中国及び東南アジアには、食料産業に関する資本・技術・知識が集積されており、当然、この地域は、日本の安全保障、食の安全管理に深く関わっている。

世界有数の漁業生産を誇る東アジアでは、資源利用をめぐる国家間の利害対立が激しさを増している。歴史的にこの地域の水産資源利用は、争いと協調の間を揺れ動いてきた。複数国が共同で利用する海域は日本海、東シナ海、南シナ海などがある。中国漁業勢力の拡大の影響を受けて、自国２００カイリ内の漁業生産力の拡大をはかるために、外環島しょ部に新たな水産基地を建設する動きが東南アジアでみられる。だが、いずれの国でも漁獲された資源は、東アジア水産業のビジネス・ネットワークのなかで加工・流通される。その意味では、水産資源をめぐるコンフリクトは、消費と加工・流通の側から調整と連携を迫られる可能性がある。

**より学びたい人は――参考文献**

United Nations, Transforming our World: the 2030 Agenda for Sustainable Development, 2015.（持続可能な開発目標、国連開発機構（ＵＮＤＰ）の駐日代表事務所のＨＰには日本語訳が掲載されている）

山尾政博「東アジア水産物貿易の潮流――日本の貿易戦略の検討のために」『水産振興』№５３０、東京水産振興会、２０１２年。

山尾政博「東アジアの水産物貿易――分業化とシステム化の動きを中心に」『農林業問題研究』Ｖｏｌ．50 №４、２０１４年、２４５―54頁。

山尾政博「進化する東アジアの水産物貿易」“Global Asia Review”, No.3, 2017. pp.3-4.

**注**

1 Friedmann, H. and P. Mcmichael. 1989. Agriculture and the State System: the Rise and Decline of National Agricultures, 1870 to the Present, Sociologica Ruralis 29(2), pp.93-117. Friedmann, H., 2005. From Colonialism to Green Capitalism: Social Movements and Emergence of Food Regimes, In New

Directions in the Sociology of Global Development, F. F. Buttel and P. McMicheal, ed. Amsterdam: Elsevier, pp.227-264. 後藤拓也「フードマイレージ論の展開と地理学への適用可能性」『２００５年度地理学会秋季学術大会』、２００５年。

2 FAO, The State of World Fisheries and Aquaculture, 2015. p.60.

3 United Nations Conference on Trade and Development (UNCTAD) SUSTAINABLE FISHERIES: International Trade, Trade Policy and Regulatory Issues, United Nations, 2016. p.13.

4 Transforming our World: the 2030 Agenda for Sustainable Development

5 食品の安全性に関する各国の規準は、ＳＰＳ（Sanitary and Phytosanitary Measures：衛生と植物防疫のための措置）協定において、ＣＯＤＥＸ委員会が策定する基準に準拠することとされており、ＷＴＯ体制下の国際ルールとして位置づけられている。内外無差別の原則によって、輸入先の施設に対しても国内と同様の食品安全管理を要求することが可能になる。事実上の輸入規制として働く。

6 Lin, W.Y., Yamao, M. Prospects of the Components of Myanmar Food Control System for Health and Trade Efficacy, Annals of Tropical Research, 36(1), 2014. pp.1-16.

7 ＨＡＣＣＰはＦＡＯと世界保健機関（ＷＨＯ）によって成立したＣＯＤＥＸ（食品規格）委員会によって発表され、現在では国際的に広く認められている。

# 20章　アジア共通の食料安全保障の戦略展望
## ——食料自給は国境を超えて

豊田　隆（東京農工大学名誉教授）

**ポイント**

○ＡＳＥＡＮ＋３緊急米備蓄＝人道的公共的な共同米備蓄と災害・飢餓への放出・援助の贈与。
○ＡＳＥＡＮ食料安全保障情報システム＝主要５作物のネットワークと人材育成の地域協力。
○アジア共通農業政策＝貿易自由化から受ける利益を「アジア共生基金」に構築し再分配する。

### はじめに

世界の８億人の飢餓人口のその63％はアジアに住む。貧困と飢餓の脅威となるグローバル食料危機に対し、アジア共通の食料安全保障を究明するため、２００８年「東アジア・フード・

セキュリティー研究会」が発足した。その学際的・国際的かつ実践家との共同研究の集大成として、２０１６年『食料自給は国境を超えて――食料安全保障と東アジア共同体』（花伝社）を上梓した。同書は、「食料自給率39％で日本の〈食〉は大丈夫か？（……）稲作文化を共有するアジア諸国による国際食料協力に光をあて、孤立国家の食料自給論から脱皮し、東アジア地域の包括的な食料安全保障へ歩み出す道を提起」した（帯文より）。東アジアの緊急米備蓄、食料情報共有、食品安全の地域協力を検証し、さらに食料の国際秩序を、食料危機と多極化世界、世界貿易機関と地域連携、ＴＰＰか地域包括連携か、日本産食料の輸出戦略より考察し、東アジア共通食料政策を展望した。

本章は、同書第9章の第一戦略と第二戦略とを、以下に再録・修正した。また、国境を超えた食料安全保障を求める知の共同体、ささやかな「食と農の広場《プラザ》」を構築するため、２０１７年「国際アジア食料研究所（ＩＡＦＩ《イアフィ》）」（https://tydt.jimdo.com）が多くの方々の絆により創立された。アジアの食料安全保障に対する「脅威や不確定要因」（地球温暖化、バイオエネルギー競合、耕地・水資源の減少、食品ロスの増加、農業投資の減少、貧富の格差）に対する分析と政策・戦略の提言は喫緊の課題となる。

## 第一戦略――食料安全保障と食の安全の統合戦略

第一戦略はリージョナルセキュリティーとしての食料安全保障・食品安全地域協力の3本柱（備蓄・情報・安全）をコアとする礎石の布陣である。

### 政策提案・第1――東アジア緊急米備蓄（APTERR）の拡充

ASEAN＋3（日中韓）13カ国は、内部に経済格差と財政負担力、米需給の米輸出入国・自給国の多様性を抱える。「東アジア緊急米備蓄」は自助努力を尊重した互助制度である。2002年にパイロットプロジェクトとして開始し、2012年に条約に準拠する地域組織として発足した。各国間の利害を調整し、人道的公共的な備蓄への政策協調を行う。緊急米備蓄は、太平洋島嶼部の共同体における「贈与と返礼の互酬性」の知恵に学んだ。「贈与の力」（柄谷行人『世界史の構造』岩波現代文庫、2015年）は、国境を超えた共同体を展望する礎石である。

第一に市場原理による投機的米備蓄を抑制し、「人間の安全保障」の観点から人道的公共的な米備蓄・援助を促進する。寡占化する国際米市場では、輸出国の売り惜しみに対し、備蓄放出は効果が大きい。投機的備蓄は、価格を引き上げ、短期的な利潤を生む。適切な監視とガイドラインの導入が求められる。公共的な備蓄を構築し、人道的な食料援助を行う。災害・飢餓時に備蓄を放出させ、貧困削減・インフラ復旧のセキュリティーとなる。食料安全保障は、難民や内乱を回避する社会的効果が大きい。各国の政策協調をはかり、投機的備蓄を規制し、公共政策として米備蓄発展が不可欠である。

第二にＡＳＥＡＮ内部の多様性を尊重し、柔軟な米備蓄を構築する。食料脆弱国、富裕食料輸入国、米純輸出国相互の財政力と多様性を尊重する合意が必要で、経済負担力・国民総生産・米純輸出量を基準とし、備蓄負担料を決定する。

第三にＡＳＥＡＮイニシアティブを活かし、日中韓3カ国の連携を強化する。日韓は、食料純輸入国で、食品安全関心が高い。連携した食品安全ルール化、農業団体主導の需給調整を構想する。中国は、巨大な食料自給国で、ＡＳＥＡＮ＋３（日中韓）の連携に積極的である。ＡＳＥＡＮ共同体のイニシアティブを活かす方向で、日中韓3カ国連携を強化する。

第四に、備蓄米放出システムの整備である。東アジア（ＡＳＥＡＮ＋３）緊急米備蓄の事務局機能を抜本的に強化し、共同申告備蓄米（イア・マーク：加盟各国在庫のうち共同拠出を申告する部分、計78・7万トン）における、第一階層の域内二国間放出合意を確実に発動する仕組みを制度化する。「輸出規制」を監視・制限し、ペナルティーを財政負担させる。現物備蓄米の第3階層、及び貧困削減・飢餓克服（ＰＡＭＥ）プログラムのニーズが高い後発国への備蓄放出量を抜本的に拡充する。東アジア（ＡＳＥＡＮ＋３）農林大臣会合は、国連食糧農業機関（ＦＡＯ）や世界食糧計画（ＷＦＰ）と協力し、各国開発援助をパッケージ化、備蓄米供出を一本化する。

第五に、漸次、緊急米備蓄財政の「日本任せ」から脱し、互助制度方式の財政戦略を構想する。日本政府の財政支援は、ＡＳＥＡＮ事務局との間で公文書を交換し運営される。国際協力機構（ＪＩＣＡ）も長期専門家・政策アドバイザーを派遣した。日本国内の現物備蓄在庫は保管コストがかさむ。タイ米純輸出国の現地籾貯蔵方式の申告備蓄在庫の権利を譲渡しうる「米備蓄権取引機構」の創出を提案したい。二国間カップリングを地域協力の枠組みのなかで仲介し、南南協力を生み出す。互助原則に立つ枠組みとその財務負担のルールを明確化し、ＡＳＥＡＮ＋３の食料安全保障財政のプール化、共通化を実現する。

## 政策提案・第２――ＡＳＥＡＮ食料安全保障情報システム強化

東アジア各国制度を調整し、共同化と協力枠組みを明確化する。「ＡＳＥＡＮ統合食料安全保障」（ＡＩＦＳ）構想や「東アジア共通農業政策」の提案にとって、東アジア・フード・セキュリティー地域協力は、未来への礎石となる。

第一に、農業統計情報を開発・管理する人的資源を開発する。２００３年開始のＡＳＥＡＮ食料安全保障情報システムは、各国間における情報処理能力の格差を埋めるため、情報人材を開発し、知識とスキルを向上させる。「アジア食料情報管理リーダーズ」育成のために、トレーニング、ワークショップ、セミナー、調査法・データ分析・予測能力の向上、システム・ネットワークなどの分野を強化する。

第二に、主要5作物の農業情報ネットワークを促進する。ASEAN食料安全保障情報システムは、主要5作物（穀物）の米、トウモロコシ、大豆、サトウキビ、キャッサバの統計、特に人口、国民総生産、作物別生産や輸入・輸出量、価格、消費量、備蓄量、及び所得、土地利用、灌漑などの22項目を集積・公開した。これを充実し、正確度・信頼度をさらに向上させる。

第三に、早期警戒情報システムを強化する。ASEAN食料安全保障情報システムの第二段階の早期警戒情報は、主要5作物の生産予測情報、作付・収穫面積、生産量、単位面積当たり収量や作物作柄情報、被害情報を作成した。状況を正確にモニターし、障害や困難を関係機関に通報する機能を高める。洪水・旱魃《かんばつ》による収穫量と収穫面積の減少などを早期警戒情報で評価し、増産方向をリードする政策を策定する。

第四の、JICAプログラムのように日本の先駆的な統計情報経験を各国へ普及する。国際協力機構の「タイ農業統計及び経済分析開発計画」（2004—8年）は、日本伝統の「坪刈法」を適用、統計精度を向上させた。拠点国タイを重視し、情報人材を育成し、ASEAN食料安全保障情報システムの講師として、ラオス・カンボジア・ミャンマーなどの近隣の後発途上諸国へ派遣、南南協力により統計技術伝播を強化する。地域協力の波及効果である。

第五に、食料安全保障情報を共有する地域協力のネットワーク化をはかる。ASEAN食料安全保障情報システムは、広域農業統計協力の最初の取り組みであり、評価は高い。生産情報から分配・運輸・流通等の情報協力へも拡充し、島嶼や山岳・僻地等、災害によって人間生存が脅かされる地域の不安を解消する。政策形成と統計情報のカップリングは、不測の事態を予測し、食料を必要とする人々へ迅速・的確に援助を行う平和の砦である。グローバルな情報ガバナンスを広く深く、下方へ拡散させる。「贈与の力」である。

第六に、政策形成と統計情報を設計する企画調整機能を高め、東アジア（ＡＳＥＡＮ＋３（日中韓）の13カ国）農林大臣会合の事務局を、恒常的事務局として設置・強化する。情報コアは、①貿易・海外直接投資、アグリビジネス・食品産業、商品先物市場、技術移転、知的財産権などの情報を集積し公表する。②農業の多面的機能と水利灌漑施設、農業経営と集落構造、バイオ燃料等情報を共有する。③後発・脆弱地域の食料リスク、災害・食品安全・農村貧困などの情報を創造する。貿易自由化と地域協力を並存させる包括的な経済連携協定を充実する。日本の役割は、先端知識をアジア各国へ移転し、アジアの共通市場を拡大する「知識基盤型の国際貢献」にある。

**政策提案・第３——食の安全の共通政策の創出**

食品安全共通制度では、まずＷＴＯの衛生検疫措置、ＦＡＯとＷＨＯ合同の「国際食品規格委員会」（ＣＯＤＥＸ）を改革する。欧州食品安全機構、アメリカ食品安全検査サービス、日本食品安全委員会とリンクし、国際食品規格委員会を食料輸出国主導から、食料輸入・消費者重視体制へ転換する。

つぎに国際食品規格委員会のアジア地域調整委員会を母体に、新たに「アジア食品安全評価委員会」を設置することを提案したい。狂牛病（BSE）、新型インフルエンザ、食品偽装、外来生物などの国境を越えて広域化した脅威の解決をリードする。さらに農林規格法、世界標準規格ISO 9000品質・12000食品安全、食品安全危害分析重要管理（HACCP）、適正製造規範・適正農業規範、トレーサビリティー（生産遡及性）、農産物情報公開システムなどの、グローバルな食料の安全性を確保する食品規格・認証制度の導入を促進する。さらに中国・緑色食品、韓国・無農薬農産物、タイ・減農薬ドイカム・ブランドなどのアジア各国の食品安全規格を共通化する。地域経済連携の食品安全協力を推進し、消費者に認知されたアジア食品安全共通政策を確立する。

## 第二戦略――アジア共通食料市場における戦略的互恵ルール

第二戦略はアジア共生の貿易互恵ルールと利益再配分政策によって共通市場を創出する。

## 政策提案・第4——食料貿易における戦略的互恵の保護削減ルール

農業は、生命を育む産業で、国土環境・大気・水・森、美しい景観を守り、人々の魂を癒す多面的機能をもつ。世界の多様な農業が共存し、矛盾や摩擦を調整する「重要品目ルール」は不可欠である。WTOのドーハラウンド農業交渉は、世界の多極化、途上国・新興国の本格的な登場と、途上国・先進国、輸出入国の立場の違いを鮮明にし、最終包括合意へ向けて難題をかかえ、2010年以降はレーム・ダック（死に体）に乗り上げた。

全加盟国一致のWTOに対して、自由貿易協定や経済連携協定は、特定地域・特定分野の選択的自由化である。日本・メキシコ経済連携協定など、農産物関税の撤廃・削減を含む協定は、北米自由貿易協定等の経験を活かし、国内農業への影響を調整する手法である。南米南部共同市場（MERCOSUR）等の途上国を含む貿易協定・関税同盟は、関税の段階削減やセーフガードなど、多岐に渡る農業措置を含むことを示す。WTO農業交渉の「重要品目ルール」を包摂して活用する道である。

日本政府の掲げる「みどりのアジア経済連携協定・推進戦略」は、①食料輸入の安定化・多元化、②安全・安心な食料輸入、③国産食品輸出、④食品産業ビジネス環境整備、⑤アジア農山漁村の貧困解消、⑥地球環境保全に貢献する地域協力を統合する。日本・フィリピン経済連携協定は、貧困農民が生産するモンキー・バナナ（長さ7～9㎝のミニバナナ）の関税撤廃に力点をおく。農業の多面的機能、構造改革を進める「守るべきものは守り、譲れるものは譲る」の基本戦略である。新大陸型の農業を装備する米・豪などのアグログローバリズムの「単線型の自由化」とは異なるアジア共生の戦略政策である。アジア共通重要品目を包摂し、関税の段階的撤廃、地域の自主性と柔軟性を尊重した農産物貿易のバランスの取れた「複線型の自由化ルール」構築である。

WTO交渉の早期再開・正常化を期待しつつ、新しいアジアの食料の国際枠組みは、FAOとJICA、アジア開発銀行との協力を核に、「一帯一路」構想やアジアインフラ投資銀行AIIBとも連携し、ASEAN＋3による①東アジア緊急米備蓄、②ASEAN食料安全保障情報システム、③食品安全の地域協力手法をコアとする、「食料安全保障と農業開発の地域協力」トライアングルの新しい枠組みとして提案したい。

## 政策提案・第5——共通重要品目におけるアジア共存の貿易体制

国際アジア共同体学会の北京会議共同宣言は、「貿易自由化から受ける利益を原資とした東アジア共通農業政策の具体策」と「開発と飢餓に対処できる東アジア食料安全保障」を提唱した。『農が拓く東アジア共同体』は、「アジア共通重要品目」ルールの確立と、各国農業の共存、アジア共通市場の創出という英知に注目した。共通重要品目は、ASEAN食料安全保障情報システムが対象とした重要5作物をまず対象とする。「東アジア食料安全保障の道」は、開発と飢餓に対処する食料安全保障の地域協力を出発点とし、農業技術開発の地域協力、保険医療を支える農業協力、漁業における国際協力、開発輸入と食料共同体へ至る道筋である。つまり域内互恵貿易の促進と地域の相互協力を2本柱とする統合戦略である。

すでに日本ASEAN包括的経済連携は、貿易自由化と農業協力とをバランスさせ、重要品目のルール化で合意した。貧困農村支援、農協間協力、食品安全協力、バイオエネルギー・環境協力を推進する2階建て（ダブル・デッカー）自由化を基本装備する。豪州やインドを含むASEAN＋6のアジア地域包括的経済連携協定RCEPの巨大な共同市場へ拡大する基本原則である。日本の知的資産による貢献は、共同体構築の最先端として、アジア諸国と連携し、多様な農業国際協力を盛り込む相互依存・互酬性・地域協力の方向にある。

## 政策提案・第6——財政を協調し利益を再分配する共通農業政策

米などアジア共通重要品目を対象に、貿易自由化から受ける利益を原資とし、「アジア共生基金」（仮称）にプールし、同基金から再分配する「アジア共通農業政策」を構想したい。EUを参考に、アジア各国は、国民総生産に応じた拠出による基金を造成し、偏在するアジア貿易協定の利益を再配分する。

「東アジアASEAN＋3緊急米備蓄」、及び「ASEAN食料安全保障情報システム」の経験から、加盟各国の自助・互助原則による財務負担ルールに立ち、この枠組みを段階的に拡充して、財政協調をはかる。再配分原資は、各国の農産物低下の収益減少分を埋め合わせ、アジアの実情に見合った直接支払い、環境保全努力とリンクする環境支払いである。東アジア共通農業政策を具体化するには、「アジア共生基金」構築の合意が不可欠である。アジア金融危機に対処する域内通貨融資制度（チェンマイ・イニシアティブ）の延長上に、リーマンショックと金融リスクへ対処するアジア各国の金融制度共同支援の方向が定められた。チェンマイ・イニシアティブの融資総額は2400億ドルに達し、驚くべきテンポで形成された。アジア通貨バスケット制も提案され、事実上の共通通貨の枠組み、「アジア・コモン・カレンシー」が展望される。地域金融協力の延長上に、アジア食料共生基金が可能となる。

## 政策提案・第7——共通市場の米需給調整と日本産食品輸出戦略

「アジア共通農業政策」構想は、各国農業が共生するアジア共通市場を創出する。日本ASEAN包括的経済連携は、貧困農村支援・食品産業支援・食品安全協力を推進し、重要品目ルールを実現、米麦、乳製品、牛肉・豚肉、砂糖などは関税削減の除外で合意した。日本ASEAN包括的経済連携を内実化させ発展させて、さらにアジア地域包括的経済連携協定RCEP（ASEAN＋6）へ拡張する道は、巨大なアジア共通市場を創出する。そのためTPP（TPP11）や日欧EPAの交渉妥結の深化した教訓をも活用しつつ、相互依存・多様性・互酬性を尊重したアジア共通市場の食料秩序を構築する。

ASEAN＋3、13カ国のマクロ米生産量は、ASEANと中国の計3・7億トンが太宗をなす。日本米と韓国米の計1600万tは4%のニッチ市場である。おいしくて高品質で安全志向のジャポニカ米（「ごはん」）は、生産調整を解除すれば米過剰の隘路へ入り、価格乱高下のリスクを負う。東アジア米市場の調整手法は、供給量を制限しつつ、米から小麦・大豆や飼料米などを拡大する農業経営支援改革である。アジア型の直接支払へ緩やかに転換する。

アジア共通市場の内部における農業・食品産業内の棲み分け協業は、知識集約型の食料輸出を拡大する。ASEAN＋3の域内で2億人余の富裕・中間層が形成された。香港・台湾・中国沿岸部・ASEANと続く高付加価値の「東アジア共通市場」の成熟である。日本産食料輸出戦略は、付加価値産品（果実・野菜・米・加工食品）を中心に展開する。食料生産サイドの「美味しい日本食」の知的資産やブランドを活かすプッシュパワーと、食料消費サイドの「豊かさを消費する」富裕・中間層ニーズを取り込むプルパワーとが有機的に結合する。食料の生産から消費を連結するバリューチェーンにおけるパートナーシップ構築である。アジア各国相互の検疫衛生措置、国境措置の緩和、ニセブランド規制の知的財産権の相互保護、アジア知財権制度の改革が不可欠である。

## 結語——歴史展望

以上みた食料の地域協力は、地域経済統合を切り拓く道である。ロングランの歴史展望からみれば、食料自給の単位は、EU統合のごとく、国境を超えていく。同時に食料の生産者と消費者の身近でローカルな提携をも再生する。人間が生活する上で食べ物と環境は、根源的な生存条件であり、「地産地消」は食料の大原理である。生態系（エコロジー）と食文化を根源に、各共同体の人口規模は、食料生産が決定してきた。食料自給の単位と考えられている国民国家は、大航海時代以降に有効になったにすぎない。食料文化は平和な時代に開花する。食料の豊かで多彩な発展の道は、国境を超えた食料共同体による持続可能な農業再生をめざす、ロングランの歴史展望にある。

**より学びたい人は——参考文献**


堀口健治・豊田隆・矢口芳生・加瀬良明共著『食料輸入大国への警鐘——農産物貿易の実相』農山漁村文化協会、1994年（総合研究開発機構NIRA政策研究・東畑記念賞受賞）。

豊田隆『アグリビジネスの国際開発——農産物貿易と多国籍企業』農山漁村文化協会、2001年。

豊田隆『農業政策』（『国際公共政策叢書・第10巻』）日本経済評論社、2003年。

進藤榮一・豊田隆・鈴木宣弘編『農が拓く東アジア共同体』日本経済評論社、2007年。

豊田隆『食料自給は国境を超えて——食料安全保障と東アジア共同体』花伝社、2016年。

# コラム

## コラム1 「共通問題への共同の取り組み」が共同体形成を可能にする

西原春夫（早稲田大学元総長）

「アジア共同体」を計画する場合、EUのような硬い超国家組織をイメージしたら必ず失敗する。イギリスのEU離脱はヨーロッパ統合計画そのものの挫折ではなく、「統合の進め方の失敗」に起因すると考えているが、それにしてもEUのような政治組織はヨーロッパ独特の諸条件が具備していたから可能なのであって、国の規模、発展の度合いの差が大きいアジアでは実現不可能である。

しかし、あらゆるものが国境を超えて走り回る現象をグローバリゼーションと言うならば、それは科学技術発達の必然の出来事であって、科学技術が捨てられない以上、人類はもはやこれを止めることは出来ない。とするならば、人類共通、あるいは地域共通の利益を損なう越境活動に対し、これをコントロールする政策も、一国のみで対応しうる限界を超え、何らかの形の国際組織が超国家的なルールを作って抑止しなければならない時代に入ったことは明白である。

人類共通な大問題には国連が対処すべきだろう。しかし今の国連にはそのすべてに対処する能力がない。とすれば、利害関係を共通にする「地域」がまとまってこれに対応するほかはない。EUは早くからよい前例を作ってくれた。しかしアジアはEUのような組織を作る条件を備えていない。この矛盾をどう解決するか。

私は考える。ナショナリズムが強かろうと、国の規模の差が大きかろうと、国境を越える「共通に困った問題」が発生すれば、共同して対処しなければならないという意欲、意識が必然的に生まれる。この意欲、意識をうまく統合して、「この困った問題を皆で共同して克服しよう」という国際的な協議機関の形成に成功すれば、そこから共通のルール作り（立法）、取り締まり（行政）、制裁の平等化（司法）を実現しようという地域的な共同政策が生まれる。

改めて言う。アジアにおける共同体形成は、「共通に困った問題への共同の取り組み」の集積という形でのみ可能だと考える。

## コラム2　日中韓協力から見る東アジアの共同体の方向性

梅澤彰馬（日中韓三国協力事務局次長）

日中韓3カ国の閣僚級対話枠組の中で、最も歴史ある大臣会合をご存知であろうか。1999年に始まり今年で19回を数える日中韓環境大臣会合である。3カ国の間には21の閣僚級会合の枠組が機能しており、環境分野の他にも広義の安全保障分野にまで踏み込んだ協力が広く進められ、食糧安保分野として農業大臣会合、経済や金融の分野として経済貿易大臣会合並びに財務大臣の会合、自然災害分野として防災大臣会合、そして健康・生活安全分野として保健大臣会合が設置されている。このように、3カ国は共通の「グローバルな危機や課題に対して一致団結」する地域協力を築いてきている。

この地域協力の関係は、3カ国首脳の枠組の変遷にも現れている。3首脳による初めての会談は、1999年のマニラにおけるASEAN関連会議の機会で、アジア通貨・金融危機後の対応が背景にあった。そして、2008年に福岡にて、年次定例会議として3カ国首脳サミットに格上げした背景には、リーマン・ショックを契機とする世界金融危機への対応があった。このように首脳間の枠組は、「3カ国共通の脅威に対する危機管理」対応型として進展してきたと言えよう。

そうした中、3カ国の関係を更なる次元に高めるべく、2011年、「制度化された協力枠組」として、政府間の国家約束に基づき、国際機関「日中韓三国協力事務局」が設立された。この機関は、3カ国の協力関係促進を目的として、閣僚級会合等の政府間対話を支援し、それら対話のもとでの協力事業を実施・促進することを主な任務としている。即ち、21ある閣僚級会合を頂点とする「分野別の取組を通じた機能的協力」の実施体制を築いている。

ここで日中韓も参画するASEAN+3首脳が、その協力強化・深化のために2012年にまとめた「東アジア経済共同体2020」構想に触れたい。この共同体は、単一市場・生産拠点、並びに金融安定化・食糧エネルギー安全保障を主要構成要素に掲げるとともに、「国家権限の移譲は求められていない」と記されている。

このように東アジアの共同体は、グローバルな危機や課題等共通の脅威に対応すべく、分野別取り組みを通じた高度な機能的協力を制度化するもので、他方、国家権限の移譲までは視野に入れていない方向で進んでいるのではないだろうか。

## コラム3　夢物語でない？「アジア再エネ共同体」

小森敦司（朝日新聞経済部記者）

高原を吹き抜ける力強い風を思い出す。東京電力福島第一原発事故から2年後の2013年夏。私はモンゴル・ウランバートル近郊の風力発電所を見学した。

それは事故後、脱原発を唱えるソフトバンクグループの孫正義社長が打ち出した構想に沿うものだった。

モンゴルや中国の風力や太陽光、さらにロシアの水力といった再生可能エネルギーを、国境を越える送電線で日本や韓国に持ってくる——。

当初は「大風呂敷」とみられたが、私はいま、実現するかも、と思い始めている。内外の電力事情が急激に変わりつつあるからだ。

日本では原発事故前、大手9電力が、あたかも幕藩体制のように地域に君臨していた。だが、事故で批判を受けて、国はまがりなりに電力の小売り自由化や発送電分離を進めている。

世界に目を転じれば、送電技術は目まぐるしく発達し、再エネのコストは大きく低下しつつある。逆に原発のコストは安全規制の強化で高まるばかりだ。ということで、構想実現の障壁となっていたモノが急ピッチで壊れつつある。

この構想は、石油の中東依存という日本の弱点を補強することにもなり、原発は「エネルギー安全保障」のためにも必要だという、大手電力らの主張にも有効だ。

なにも日本は大陸側から再エネを買うばかりでない。北海道や東北は風力が、九州や四国は太陽光が豊かだ。再エネが増えすぎだと嘆く大手電力は、大陸側にそれを売ればいい。

その先には「アジア再エネ共同体」が見えてくる。

福島の事故に続き、東芝の苦境を目の当たりにしている「原子力村」は、この構想をてこに生まれ変わってみてはどうか。

きっと、すがすがしい。

## コラム4　成長の限界は環境破壊からくる

谷口　誠（元国連大使・ＯＥＣＤ初代事務次長）

人類は賢いように見えても、意外とおろかな所がある。国連が環境問題に気づいたのは、第2次大戦後30年近くたった１９７０年代に入ってからであった。それまでは戦後の復興と経済成長に追われ、環境問題などを唱える風潮はなかった。日本もその例外ではなく、当時の著名なエコノミストたちは一斉に「所得倍増計画」の成功に酔い、環境問題への警告を発するものはいなかった。そのため、日本は１９６４年の東京オリンピックの開催をはじめ、経済の飛躍的な発展を遂げた反面、環境問題では水俣病をはじめ多くの悲惨な経験をした。日本はその反省を活かして１９７１年に環境庁を創設し、１９９７年には京都で国連環境会議を開催し、「京都議定書」を提唱した。

日本はこのように遅ればせながら環境問題に取り組み始めたが、日本の隣国の中国の環境汚染はすさまじいものがあった。１９９０年年代末、中国の環境問題を視察する機会があったが、貴州省のセメント工場などの環境汚染はひどいものであった。世界の工場といわれる中国が、石灰石の山を切り崩し、石炭をどんどん燃してセメントを製造している現場を見て、これは大変なことになると心配した。その中国に対し、ＯＥＣＤは環境汚染防止のため研究文献を中国語に翻訳し、当時の李鵬首相に私より直接手渡したことがあった。李鵬首相は世界銀行は中国の環境問題のために資金援助をしてくれるが、ＯＥＣＤは理屈ばかり言って資金援助はしてくれない――と不満げであった。しかし、その次の年に中国を訪問した時には、中国は環境対策のスローガンとして、ＯＥＣＤが主張していた「汚染者負担原則」（ＰＰＰ：polluter-pays principle）を掲げていた。

中国の環境問題も大問題ではあるが、中国はそれなりに環境改善のための法整備は努めており、環境汚染を行っている工場は強制的にシャットダウンしていた。一方、問題は現代の米国であり、トランプ大統領になってから、パリ協定の離脱に踏み切った。中国がパリ協定に加わったことは大きなプラス要因となったが、その反面米国の離脱は大きなマイナス要因であり、これは世界の環境問題にとってきわめて深刻な問題である。今こそ世界は１９８７年に発表された「ブルントラント報告」における、"Our Common Future"（我々の共通の未来）の思想に立ち戻り、環境問題が人類の破滅をもたらすことを再認識すべきである。

## コラム5　東南アジアのグリーン成長を目指して

玉木林太郎（OECD事務前次長・元財務官）

　このまま温暖化が進んでいくと経済にどのような影響が生じるかを推測するのは難しい作業だ。ましてや地域別に分析するとなると困難は更に増す。OECDでも環境・経済モデルを駆使してこの作業を行い、「気候変動の経済的帰結」（もちろんケインズの『平和の経済的帰結』に引っ掛けたやや不遜なタイトルだが）なるレポートを発表したことがあるが、$CO_2$の増加に対する気候の感応度（ECS）によって結果が大きく変わってくる。それでもこの種の推計は、東南アジア・南アジアがサブサハラ（サハラ以南）・アフリカとともに最も気候変動の影響を受ける地域であることでは一致している。東南アジアでは、降雨パターンの変化がLVMC（ラオス・ベトナム・ミャンマー・カンボジア）諸国の農業に多くの打撃を与えるであろうし、多くのメガ・シティが沿岸洪水のリスクにさらされていることは言うを待たない。

　それにしても、東南アジア諸国の温暖化対応の動きが少しのんびりしていると感じるのは、私が長くヨーロッパにいるからだろうか。夏から秋にかけてインドネシアの山林火災による煙害（ヘイズ）がマレーシアやシンガポールを襲うのはもう年中行事のようだが、大気汚染ばかりでなく、この火災による$CO_2$排出はブラジルの年間排出に相当すると報じられている。A

SEAN当局者も、地域統合の議論は依然として貿易円滑化やコネクティビティ向上に力点が置かれ、環境面で地域レベルの議論が行われることは稀だと認める。個別に見れば、ベトナムの環境税制など注目すべき進展はあるものの、地域全体としては、中国・韓国などに比べ（日本については言わないが）従来型の成長モデルの色彩が濃い。

東南アジアでは、長年不十分なインフラが成長のネックになりかねないとしてインフラ投資の増加こそが重要だと言われ続けてきた。しかし脱炭素への動きが急な今、従来型のインフラ投資を量的に拡大することは、それが今後長く地域の成長の「型」を規定してしまう（インフラ投資のロック・イン効果）だけに、将来の成長の制約要因になりかねないことを懸念するべきだろう。多くの資本を投下し、ドナー（援助国）としての存在も大きい日本がこの地域の持続的な成長を考えるにあたって、大いに留意すべき点であろう。

## コラム6 「予防原則」を活かしてほしい、水田生態系の価値

嘉田由紀子（環境社会学者・前滋賀県知事）

日本で最古で最大の湖、琵琶湖は、周囲に広がる水田や水路とともに、フナやナマズなど多

様な生物を育む淡水生態系の宝庫でした。湖には60種近くの在来魚類が生息していますが、沖合で産卵する種類は皆無です。すべての種が湖周辺のヨシ帯や水田に入り込んで産卵をしていました。まさにヨシ帯や水田は「魚のゆりかご」でした。

しかしその価値を知ることなく、1940年代以降、琵琶湖には開発の影響が3点あらわれます。1点目は食糧増産のための水田拡大です。湖周辺にひろがる「内湖」という付属湖を干拓して水田化しました。内湖で育っていた魚類は致命的な影響を受けました。

1960年代以降は、水田農業の近代化により、圃場整備という水田のつくりかえが始まり、用水路と排水路が分離され、湖と水田の間の水路も深く掘り下げられ、水路から水田に魚が登れなくなりました。それまで水田で産卵していたコイやフナなどが産卵場を失いました。1980年代には、レジャー用にブラックバスなどが侵入し大きな影響がでています。

2000年代になって、産卵場としての内湖や水田の価値が見直され、一旦水田化した内湖を元に戻す政策を始めました。また水田に魚道をつくり、魚が水田で産卵できるような政策をすすめています。しかし、これらの政策には巨大な予算とエネルギーが必要です。内湖や水田の生態的役割をあらかじめ知っていたら、開発の仕方も変わったはずです。

モンスーン地帯における水田生態系という意味では東南アジアも日本と共通の特色があります。生態系の仕組みと価値をあらかじめ知って備える「予防原則」を、開発の指針とすべきでしょう。

私自身は、40年間以上、水田地域の環境保全の研究を行いその成果を政策に活かしたいと、自ら手をあげて知事として政策を進めてきました。今開発途上にある東南アジアの皆さんに、琵琶湖の経験を是非ともお伝えしたいと思います。

## コラム7　主導権握る中国、日本の影は薄く

安藤　淳（日本経済新聞編集委員）

第22回国連気候変動枠組み条約締約国会議（ＣＯＰ22）がモロッコで開催された２０１６年11月、トランプ氏が大統領選に勝利したとの一報が入った。会場に動揺が走るなかで、存在感を高めたのは中国だ。

２０１５年に米国と中国が主導してパリ協定のスピード合意と採択が実現したが、米国が離脱を決めて重要な一角が崩れたいま、中国が交渉全体をリードしようという意図がはっきり見える。面白いのは米国の有力シンクタンク世界資源研究所（ＷＲＩ）が中国の政府系研究機関などのバックについていることだ。米政府がパリ協定から離れても草の根の交流は続く。

ＷＲＩは中国の環境政策づくりにかかわり、排出量取引の拡大でも協力する。排出量取引で

は、先行する欧州連合（ＥＵ）とも情報交換を密にしているようだ。韓国も炭素市場の確立に動いており、国際連携が広がりつつある。

再生可能エネルギーの普及でも、中国や韓国を軸にアジアで協力機運が高まっている。太陽光発電などは天候に左右され電力の安定供給に不向きとされるが、国際間の送電網を整備できれば、変動をある程度吸収できる。欧州南部とアフリカ大陸北部を送電網でつなぎ、アフリカの砂漠地帯などでつくった電力を欧州に運ぶ構想などは参考になる。

残念ながら、国際炭素市場にしても再生可能エネルギーのネットワーク構築にしても、日本の関与は極めて薄い。原子力発電所にどこまで依存するかなどの難題を抱え、大胆な温暖化ガス削減策を打ち出せないからだ。しかし、気候変動への対応はエネルギー安全保障の中核をなす重要な課題でもある。日本にはアジア諸国を束ねるくらいの積極性と政策決定のスピードが求められる。

## コラム8　福島の教訓

鈴木達治郎（長崎大学核廃絶研究センター長・前原子力委員会委員長代理）

２０１１年3月11日の大震災、そしてその後の東京電力福島第一原子力発電所の過酷事故は、私の原発に対する「リスク」の考え方を根本的に変えた。工学的リスク評価では、（確率）×（損害）でリスクを評価する。今回の事故の教訓を踏まえると、そのようなリスク評価手法の根本に疑問を抱かざるを得ない。

まず「確率」の不確実性だ。原発の安全評価で使われている「確率論的リスク評価」は、事故の確率を個々の事象の確率から計算するが、それぞれの事象が独立であることが前提だ。しかし、今回のように「地震」「津波による停電」が同時に起きる確率は想定外であった。津波自体の確率もまともに評価できていなかった。次に「損害」の評価も予想を超えたものになった。福島事故以前の原子力損害賠償の想定額は１２００億円、最大の米国でも１・５兆円程度であった。今回の事故に伴う総費用は、政府・東電の予測でも先日11兆円から22兆円に倍増、筆者の評価では50~70兆円に膨れ上がるとみられる。

さらに損害は、単なる経済的損害に終わらない。長年住み慣れた土地、ふるさとを離れることを余儀なくされ、生きる目標を失ったり、離婚や家族分裂という経験をされた避難住民の人権を考えれば、「人間安全保障」の観点からの「リスク評価」が必要だ。ドイツが「倫理委員会」を設置して、「工学的安全性が保たれたとしても、原発のリスクはもたらす利益を超えている」との判断を下したのは、重要な意味をもつ。日本は、まだそのような総合的な原発のリスク評価を実施していない。

アジアは、世界の原発成長の今や中心となっている。政府・原子力産業界・研究者は、その波にのって原子力復活を夢見ているようであるが、果たしてそれでよいのだろうか。アジアのエネルギー協力で日本がまず貢献すべきこととして、福島事故の教訓を謙虚に反省し、原発のもたらすリスクについて総合的評価を行って、それをアジアで共有すべきではないか。

## コラム9　アジアから脱原発で気候変動対策の道筋を示せ

蒲　敏哉（東京新聞宇都宮支局長）

東日本大震災から6年目となった2017年、アジアでは原発政策を巡る大きな動きが2つあった。台湾、韓国の〝脱原発政権〟の登場だ。福島第1原発事故の教訓をもとに、脱原発ルネッサンスが始まった。

台湾では、蔡英文氏が「２０２５年までの原発ゼロ」を公約に掲げ総統選に勝利。行政院（内閣）が提出していた、この脱原発政策に基づき「25年までに原発全てを停止する」ことを盛り込んだ電気事業法改正案が２０１７年1月、国会にあたる立法院で可決された。

台湾で原発が電源構成に占める割合は14％。第1原発から第3原発まであるが、２０２５年までに運転期間が終わる。第４原発は、反対運動などで稼動を凍結している。

台湾は、地球温暖化対策に向けたパリ協定に加わっていないが、２０３０年の温室効果ガス排出量を２００５年比で20％削減。さらに長期目標として２０５０年までに、２００５年比で50％以上削減する目標を掲げている。風力などの再生可能エネルギーの比率は、現在の４％から25年には20％にすることを目標としている。

一方、韓国。２０１７年、1月に就任した文在寅大統領は6月19日、「原発政策を全面的に再検討し、原発中心の発電政策を破棄する」と演説で宣言した。韓国では原発24基が稼働中で、4基が建設準備中だ。文氏は、福島原発事故を引き合いに「原発は安全でも安くも、環境に優しくもない」と強調。「再生可能エネルギーへの取り組みこそが、これからの韓国発展への原動力となる」と訴えた。

両国に共通しているのは、日本と同様に頻繁に大地震に見舞われていることだ。3・11の原発事故直後、首都をはじめ多くの人が逃げ惑い、いまだ帰還できない人々がいることを、かの国の国民は知っている。こうした施策は、政治家含めた民意の反映でもある。

ではどうか。パリ協定で、２０３０年までに２０１３年比で26%の温室効果ガスの削減を目標とし、その手法の一つとして$CO_2$を排出しないことを理由に原発を掲げている。

恐らく、他国の人々は、福島第1原発から、依然として汚染水流出が続く状況を見て「$CO_2$削減の前に、放射性物質を太平洋に流すのを止めてほしい」と思うだろう。

パリ協定からの離脱を表明している米トランプ政権が非難される陰で、国連の枠組みに入れない状態でパリ協定にも加わっていない台湾が脱原発を掲げ、温暖化対策に取り組む姿勢を示しているのは、もっと国際的に評価されるべきだろう。

筆者は、現在、宇都宮支局に勤務しているが、栃木県は、放射性物質で汚染された1万３０００トンの指定廃棄物が１６０カ所に点在し、誰も引き受け手が決まらぬまま、農地に黒いフレコンバッグが積まれた状態だ。

２０１６年には、宇都宮市の小学校で汚染されたタケノコが給食に入り、子どもが食べた後で発覚し問題となった。県民からは「山で採れたキノコを安心してすき焼きに入れられない。渓流で釣ったイワナも怖い」とため息が聞かれる。

２０２０年の東京五輪のお祭りムードがメディアにあふれるが、市民生活にいまだ甚大な影響を与えながら、脱原発を掲げない日本は、台湾、韓国など外国の人々から冷ややかな目で見られているのではないか。震災による未曾有の原発事故を起こした国として、アジア発の新たな再生可能エネルギーをもとにした温暖化対策へのリーダーシップが求められている。

## コラム10　ＴＰＰゾンビ、ＴＰＰプラスの根絶——アジアの真の繁栄に向けて

鈴木宣弘（東京大学教授）

ＴＰＰは米国民によって否定され、トランプ大統領が永久離脱を宣言したにもかかわらず、我が国はＴＰＰを強行批准し、米国にＴＰＰをベースにして「ＴＰＰプラス」を受ける姿勢を示した。ＴＰＰが破棄されたのだから、「更地」から議論すべきなのに、なぜこのようなことになるのか。根本的に、ずるずると米国の要求に応え続ける政治・外交姿勢から脱却できない限り、問題は永続することが明白になったといえる。

一方で、ＴＰＰがダメなら日欧ＥＰＡをＴＰＰプラスで決めて成果にしようと、ＴＰＰであれだけ批判されたのに、まったく情報開示もせずに、官邸主導で強引にＴＰＰプラスの内容の日欧ＥＰＡを大枠合意してしまった。

また、米国抜きのＴＰＰを日本が主導するとして、「日米ＦＴＡを避けるためにＴＰＰ11ないしＴＰＰ5を提唱し、ＴＰＰへの米国の復帰を待つ」という政府説明を真に受けてはならない。情けない話だが、日米ＦＴＡはＴＰＰプラスで行うつもりで米国にはＴＰＰ以上を差し出すのだから、日米ＦＴＡと当面の米国抜きＴＰＰは矛盾しない。いずれも米国への従属姿勢のアピールだ。米国内のグローバル企業とその献金で生きる政治家は、米国民の声とは反対に、

今でも命や環境を犠牲にしても企業利益が最大限に追求できるＴＰＰ型ルールをアジア太平洋地域に広げたいという思いが変わらないから、そういう米国のＴＰＰ推進勢力に対して、日本が「ＴＰＰの灯を消さない」努力を続けているところを見せることも重要な米国へのメッセージなのである。

日本のグローバル企業も徹底した投資やサービスの自由化でアジアからの収奪を目論んでいるので、米国のＴＰＰ推進勢力と同じ想いがある。だから、今後のアジアとのＦＴＡなどではＴＰＰを投資・サービスの徹底した自由化をアジアの途上国に強要する最低線とし、アジアに軸足を置いた柔軟で互恵的なルールにしていける可能性があるＲＣＥＰ（東アジア地域包括的経済連携）もＴＰＰ水準をベースにすると日本政府は言い始めている。

ＴＰＰ型のルールを、アジアや欧州を含め、世界に拡大していくような流れは、世界の食と農と市民の暮らしの未来を奪うことになる。米国のＴＰＰからの永久離脱が宣言された今こそ、「ＴＰＰプラス」に奔走する愚さに気づき、一部の企業への利益集中をもくろむ「時代遅れ」のＴＰＰ型のルールではなく、「共生」をキーワードにして、命・環境・人権を尊重し、あまねく行き渡る均衡ある発展（Inclusive growth）と富の公平な分配（Equitable distribution of wealth）が確保できるように、特に、食料・農業については、零細な分散錯圃の水田に象徴されるアジア型農業が共存できる、柔軟で互恵的な経済連携協定の具体像をＲＣＥＰにおいて明確に示し、実現に向けて日本とアジア諸国が協調すべきときである。思考停止的・盲目的な米国追従から脱却するには、アジアと世界の人々の共生のためのビジョンと青写真を早急に提示する必要がある。

## コラム11　RCEPにおける「知的財産権」条項

内田聖子（NPO法人アジア太平洋資料センター〈PARC〉共同代表）

RCEP（東アジア地域包括的経済連携）とはASEAN10カ国と日本、中国、韓国、オーストラリア、ニュージーランド、インドの計16カ国が交渉中のメガ貿易協定だ。

その交渉分野には、農産物の関税の削減や、工業品の関税削減など、従来の貿易交渉の主な分野が含まれるだけでなく、「サービス貿易」（保険、医療、観光、教育、水道サービスなど）や、医薬品特許や著作権などの「知的財産権」、公共事業などにかかわる「政府調達」など非関税部分（ルール）も広く含まれる。

ところが、RCEPもTPPや日欧EPA同様、交渉内容は完全に「秘密」だ。参加国のNGOや農民団体、労働組合等は協力してリーク文書を分析したり、情報交換を行っている。

我々が強く懸念しているのは、「知的財産権」に関わる条項だ。医薬品特許の問題で、日本と韓国がＴＰＰと同水準の強い特許権保護を主張しているとされている。もしこうした提案が実現してしまえば、企業が持つ薬の特許期間が延長され、安価なジェネリック医薬品の製造は困難となり、アジアの貧困国でエイズやマラリア、その他の感染症などに苦しむ人々の治療はこれまで以上に困難になってしまう。ベトナムやマレーシア、ラオス、カンボジアなど貧困層も多い国の市民からは、「日本の提案を撤回してほしい」という強い懸念も表明されている。「国境なき医師団」はＲＣＥＰにおいて製薬大企業の利益が優先されることへの警告を発信している。

ＲＣＥＰにはラオス、カンボジア、ミャンマーなどの後発開発途上国（ＬＤＣ）も含まれる。ＲＣＥＰで国有企業やただちに民営化されたり、大幅な規制緩和がなされれば貧困解決どころか、国内の産業育成も不十分のまま格差の拡大が懸念されている。貿易が人々の命や暮らし、人権に有害な結果をもたらすことになりかねない。

これまでＲＣＥＰに参加する国の市民社会は、人々の声を交渉に反映させようと努力をしてきた。交渉も長期化し、２０１７年には妥結という目標が立てられる中で、「貿易と人権・環境・貧困削減」という対立的な課題をどのように調和させ、未来の貿易のあり方を提言していけるのか、日本の市民社会が果たすべき役割は大きい。

## コラム12 アジア経済共同体構想に関する2つの難題

原洋之介（東京大学名誉教授）

東アジア経済共同体、その一部としての食料共同体。これらの構想を実現させるに際して、管見によると余り明示的に論じられていない2つの難題を指摘しておこう。

第一に、東アジアにおいて経済共同体構想が登場する決定的な契機となった前世紀末のアジア金融・経済危機の教訓を忘れてはならない。資本移動の自由、為替レートの安定、金融政策の独立性という3つを同時に達成させることは不可能であったのである。東アジア諸国の間で、食料供給を安定させる方向での、地域的食料備蓄政策を含めた貿易政策を構想するにあたって、単に各国が国境で課している関税等の調整だけでは不十分なのである。プラザ合意以降の円高が日本農業に与えた影響を思いおこせば、東アジア諸国の多数通貨の交換比率である為替レートの長期的安定が不可欠であることは、明らかであろう。そのためには、共同体参加国が揃って自由な資本移動を制限するか、金融政策の独立性を放棄する必要がある。果たしてそんなことが可能なのであろうか。

第二に、食料という必需品に関する多国が参加する地域的農業政策を構想するに際しては、各国の食料政策をひとつの政策へと転換させることが必要となろう。そして、そのためには、米に代表される基本的食料の市場制度が、東アジア諸国間で、均一の市場制度に収斂されることが求められる。歴史的に米の輸出国であり続けてきたタイでは、輸出商人が核となって作りあげられてきた市場制度が存在している。一方、植民地時代からほぼ一貫して米輸入国であったインドネシアにおいては、政府系機関が重要な役割を担う形での米穀市場制度が進化してきている。このように、それぞれ国には、その経済発展の歴史的経路に応じて進化してきた多様な食料市場制度が存在している。果たして、このような異なった市場制度の均一化が、そう容易に実現しうるのであろうか。

## コラム13　ネットの時代、アジアの共同体形成を加速する

朱　建榮（東洋学園大学教授）

環境対策、クリーンエネルギーの開発および「安全・安心」の食料の確保などの分野において、中国は長年、日本に大きな後れを取っていた。東アジア全域においても、経済発展の水準によってその対応にばらつきが大きい。

もっとも、インターネットの急速な普及は、環境共同体の形成に新しい可能性をもたらして

いる。

政治的に一党支配の中国だが、ネット時代にいち早く突入し、２０１７年6月の時点でＰＣやスマホなどによるネット利用者数は7億人を超えている。ネットの普及は、中国の社会と国民意識に大きな変貌をもたらしている。中国に来ている20カ国の外国人留学生に対するアンケート調査の結果、「自国へ持ち帰りたい中国の物」として、最も多く挙げられたのは「高速鉄道」と、「モバイル決済」、「シェア自転車」、「ネットショッピング」、「微信（WeChat）」などであった（「Record China」サイト掲載、２０１７年5月12日記事による）。「高速鉄道」を除いた各項ともネットの普及による産物だ。

このようなネット時代の到来により、中国民衆の環境意識は急速に高まり、環境汚染などの問題は瞬く間に暴露され、当局も重い腰を上げざるを得なくなっている。産業構造の改革という圧力も中国政府に環境対策重視、「安全・安心」のセーフティーネットの構築にハンドルを切り替えさせている。その結果、中国は今、日本などから環境対策のノーハウを真剣に学んでおり、それに関する地域共同体の形成にも熱心になっている。

中国の例から、他の途上国に対しても、ネットの普及に協力することを通じて、その社会全体における環境意識の向上、各国間の協調を促進し、その行方に地域共同体の形成が加速されることになる——とのヒントが読み取れる。

## コラム14 「一帯一路」と環境問題

中川十郎（名古屋市立大学特任教授・国際アジア共同体学会学術顧問）

２０１７年3月インド洋に面する21カ国参加の「環インド洋連合」（ＩＯＲＡ）の初首脳会議をジャカルタで開催。世界人口の約30％を占める連合が動き出す。5月横浜のアジア開銀年次総会には67カ国から４０００人が参加。アジア・ユーラシアのインフラ投資が加速する。

5月北京の「一帯一路」首脳会議には19カ国首脳、70国際機関代表、１３０カ国代表１５００人が参加。6月アスタナの上海協力機構（ＳＣＯ）首脳会議ではインドとパキスタンを正式メンバーに承認。ユーラシアでの中国、ロシア、インド、パキスタンなど有力国の連携が強化される。6月韓国・済州島のアジアインフラ投資銀行（ＡＩＩＢ）年次総会で加盟国は80カ国に増加。米国格付け会社ムーディーズがＡＩＩＢに世銀、アジア開銀、欧州復興開銀同様「Ａａａ」の最高格付けを付与。7月ハンブルグのG20首脳会議では米国以外の19カ国が結束して地球温暖化対策国際的枠組み「パリ協定」への取り組みを宣言した。

「一帯一路」は陸と海からアジアと中央アジア、中東、アフリカ、欧州を結ぶ21世紀のシルクロード構想だ。沿線国は66カ国。戦後の欧州復興計画・マーシャルプランをしのぐ。運輸、エネルギー・インフラ、文化教育、環境保全を含む壮大な構想だ。さらには「利益、運命、責任」共同体形成を目指し「低炭素・インフラのグリーン化、低炭素化建設と運営管理を強化。建設では気候変動の影響を十分に考慮する」と宣言され、低炭素エネルギー共同体構築を目指している。世界のインフラ開発の中心となるユーラシアで中国を中心にインド、ロシア、パキスタンなど域内諸国が環境に留意した経済開発に努力することを期待したい。

## コラム15　日米原子力協定——日本の再処理とプルトニウム保有への米国の懸念

猿田佐世（新外交イニシアティブ事務局長・弁護士）

日米原子力協定は、使用済み核燃料の再処理を日本に対し包括的に認めるものである（「包括的事前同意方式」）。1988年に締結された現行協定であるが、その後30年が経過し、2018年7月に満期を迎える。包括的事前同意方式が継続されないとすれば、日本は再処理政策の見直し、ひいては原発政策全体の見直しを迫られることになるため、注目を集めている。

1988年当時、核不拡散の視点から、現行協定は米国において厳しい批判にさらされ、成立が危ぶまれる中かろうじて成立した。米国は、1970年代以降商業用再処理を行なっていない。日本の再処理政策、あるいは、プルトニウム大量保有については、米国の多くの政府関係者や専門家が懸念を表明してきた。他国にも保有のインセンティブを与え核不拡散の方針に反するし、中国・韓国といった日本の潜在的核抑止力を脅威と捉えかねない国々との緊張関係も生じうる、といった安全保障上の理由による。

満期到来に際し、日米両国のいずれかが改定等を言い出さない限り、協定は自動延長になると規定されており、現在、日本政府は包括的事前同意を維持すべく、自動延長を前提に動いているとみられている。もっとも、懸念を示し続けてきた米側が実際に改定交渉を求めるとも見られていない。「日本は重要な同盟国。関係にヒビを入れるべきでないと考えられている」、「米国が主張しても日本はやめない」と米国の核不拡散の専門家は唇をかみながら話す。

核燃料サイクル構想は停滞し、多くのプルサーマル炉の稼働停止が相次いだことも重なり、日本は48tという膨大なプルトニウム在庫を抱えこんでいる。

果たしてこのまま自動延長によってこの2018年問題を決着させてよいのか。再処理政策についての日米における、そして日本社会におけるオープンな議論が望まれる。

# あとがき　ユーラシア新世紀をひらく政策知へ

「日本よ、中国の世紀に向き合え。〔日中韓〕三国が協議して問題解決を図る何らかの制度をつくり出すことだ。それを、米国をはじめとする地域外の大国が支持する。だがその制度は、地域内から生まれてこなければならない」

——フランシス・フクヤマ、『中央公論』２００９年９月号

「欧州統合は『石炭鉄鋼共同体』の創設からスタートした。北東アジア地域統合は、『石炭と鉄鋼』を『グリーン技術とグリーンエネルギー』に置き換えることで始まる」

——韓昇洙韓国元首相、「アジアの未来」第15回会議、２００９年５月

「気候変動は、トランプ政権が示した（一国主義的で軍事的な）ホッブス的世界像では解決できない問題の究極のかたちを象徴している」

——ロレンス・ティクリアーナ、〝Project Syndicate〟、２０１７年６月10日

本書のねらいは、この3つのエピグラフに集約される。歴史はらせん階段を昇るように進む。どう後戻りがあろうと歴史は、国と地域を超えて進んでいく。

「戦後レジームへの回帰」や「地球儀俯瞰外交」、はたまた「美しく強いニッポンを取り戻す」といった戦前回帰の大日本主義の道は、歴史の単なる逸脱、もしくは〝悪い冗談〟でしかない。その現実が明らかになり続けている。本書「はじめに『脱 大日本主義』のすすめ」で鳩山元首相が説くところだ。

いまユーラシア新世紀が到来している。AIIBへの参加国は80カ国を超え、先進国の中で米日だけが不参加だ。トランプ政権下で米国はTPPから即時離脱したのに、いまだ日本はその影を追い続けている。5月に北京で開催された一帯一路国際会議で日本は条件付き参加を表明した。ユーラシア新世紀への遅ればせの対応である。

その対応に先んじて地球温暖化の進展がパリ協定を締結させ、脱炭素社会を求め、グリーン経済への転換を社会の各領域で促し続けている。たとえばその小さな一端を、北国の辺境の地で新技術を導入し、産業廃棄物を資源再生産業の原資に変え「地域起こし塾」を支える株式会社北海道エコシスのような地域密着企業が創り上げている。そうしたいくつもの動きが連動し、日本列島を縦断しながら国境を超えて、ユーラシア新世紀をつくり、アジア連携の道をひらいている。

本書は、国際アジア共同体学会の協力の下、環境、エネルギー、食料の各分野の本邦随一の専門家学会員の卓越した諸論稿から成っている。昨年来の共同研究の成果である。併せて第一線で活躍中の諸氏姉には貴重なコラムを御寄稿いただきました。

学会第2期の発展を生み育てて下さる事務局長丹羽裕子さんには、今回もお世話になりました。改めて謝意を表します。偏狭なナショナリズムに抗し、東アジア共同体の夢の実現に寄与下さる花伝社平田勝社長と、編集担当山口侑紀さんにもまた御礼申し上げます。

気候変動下の異常気象続く2017年盛夏

本書編集に多様な形で協力下さった朽木昭文、松下和夫の両先生とともに。

共編者を代表して　進藤榮一

【共編者】
**進藤榮一**（しんどう・えいいち）
1939年北海道生まれ。京都大学法学部卒、同大学院修了。法学博士（京都大学）。プリンストン大学、ハーバード大学、オックスフォード大学、早稲田大学アジア研究機構等の研究員歴任。筑波大学名誉教授、国際アジア共同体学会会長、アジア連合大学院機構理事長。著書に『アメリカ帝国の終焉』『アジア力の世紀』『国際公共政策』『アメリカ　黄昏の帝国』等、編著に『農が拓く東アジア共同体』等。

**朽木昭文**（くちき・あきふみ）
1949年宮崎県生まれ。京都大学農学部卒、同大学院修了。農学博士（京都大学）。アジア経済研究所入所後、ペンシルベニア大学研究員、国際協力銀行、世界銀行上級エコノミスト、東京大学特任教授、ジェトロ理事等を経て日本大学生物資源科学部教授。著書に『日本の再生はアジアから始まる』『テキストブック開発経済学』等。

**松下和夫**（まつした・かずお）
1948年徳島県生まれ。東京大学経済学部卒。環境庁入庁後、ジョンズ・ホプキンズ大学大学院修士課程修了。OECD環境局、国連地球サミット事務局勤務。京都大学大学院地球環境学堂教授、国連大学客員教授を経て京都大学名誉教授。地球環境戦略研究機関（IGES）シニアフェロー。著書に『地球環境学への旅』『環境ガバナンス論』等。

**東アジア連携の道をひらく——脱炭素社会・エネルギー・食料**

2017年9月25日　初版第1刷発行

共編者 —— 進藤榮一・朽木昭文・松下和夫
編集協力— 国際アジア共同体学会
発行者 —— 平田　勝
発行 ——— 花伝社
発売 ——— 共栄書房
〒101-0065　東京都千代田区西神田2-5-11出版輸送ビル2F
電話　　03-3263-3813
FAX　　03-3239-8272
E-mail　kadensha@muf.biglobe.ne.jp
URL　　http://kadensha.net
振替 ——— 00140-6-59661
装幀 ——— 水橋真奈美（ヒロ工房）
印刷・製本— 中央精版印刷株式会社


ISBN978-4-7634-0830-3 C0036

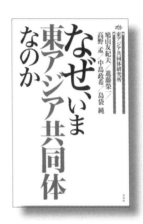